Joachim Fest

Fremdheit und Nähe

Joachim Fest

# Fremdheit und Nähe

*Von der Gegenwart des Gewesenen*

Deutsche Verlags-Anstalt
Stuttgart

Die Deutsche Bibliothek – CIP-Einheitsaufnahme

*Fest, Joachim:*
Fremdheit und Nähe : von der Gegenwart
des Gewesenen / Joachim Fest. –
Stuttgart : Deutsche Verlags-Anstalt, 1996
ISBN 3-421-05028-7


Satz: Utesch Satztechnik GmbH, Hamburg
Druck und Bindearbeit: Druckerei Friedrich Pustet, Regensburg
Printed in Germany
ISBN 3-421-05028-7

# Inhalt

# Vorwort

Wenn zu dem vor Jahren veröffentlichten Essayband des Verfassers gesagt worden ist, es handle sich um ein sehr persönliches, Neigungen wie Irritationen spiegelndes Buch, so gilt das von diesem Band in womöglich noch höherem Maße. Aus der Fülle des in den zurückliegenden fünfzehn Jahren Geschriebenen vereint er nur eine geringe Auswahl.

Was die Entscheidung für oder gegen die Aufnahme einer Arbeit in dieses Buch herbeiführte, kann nicht frei von subjektiven, im Einzelfall sogar willkürlich anmutenden Gründen sein. Natürlich waren Vorlieben für einen Gegenstand, eine Fragestellung oder eine Einsicht im Spiel. Das gilt beispielsweise für die Skizzen über Alessandro Farnese, Goethe oder Thomas Mann bis hin zu Horst Janssen und weiter für Richard Wagner, an dem selbst nach einem weit über hundert Jahre anhaltenden leidenschaftlichen Für und Wider noch immer nicht vorbeikommt, wer die verdeckten Seiten der Gegenwart begreifen will. Dieser Bedeutung des Komponisten, der zugleich einer der in seinem Einfluß noch immer nicht hinreichend gewürdigten Großideologen der Epoche war, entspricht es, daß er sogar mit zwei Stücken aus freilich unterschiedlichem Blickpunkt auftaucht. Und mehr noch trifft das Angedeutete auf die Zeitgeschichte zu, die in dem früheren Band fast gänzlich fortgelassen war, doch diesmal mit gleich fünf Essays vertreten ist und in zahlreichen weiteren zumindest den bedrängenden Hintergrund abgibt.

Zu den Anstößen dafür zählen zweifellos die Ereignisse der Jahre 1989/90 und der Zusammenbruch der Sowjetunion. Das dramatische Geschehen jener Monate hat neben vielem anderen nicht zuletzt den ermüdeten Dauerdisput über die Elemente und Ursprünge jenes Totalitarismus wiederbelebt, von dessen verschiedenen Varianten das Jahrhundert geprägt und bis auf den Grund erschüttert worden ist. Jahrzehnten der Stagnation, die unvermeidlicherweise auch das Denken in Mitleidenschaft zogen, folgte eine Phase, da buchstäblich jeder Tag sich als »historisches Datum« in die Bücher einschrieb. Zugleich damit zerfielen die großen, geschichtsphilosophischen Systeme mit ihren selbstbewußten Verlaufsankündigungen, und statt des lange verflachten Utopiegeredes wurde endlich der Blick für die verdrängte Wahrheit frei, daß auch der Nationalsozialismus eine »Utopie« enthalten hatte. Das noch immer wachsende, ins gleichsam Mythische oder genauer Antimythische ausgreifende Interesse an seiner Herrschaft war ein weiterer Grund, auf die Zeitgeschichte zurückzukommen, und die Anstöße dazu reichten über viele Stationen bis hin zu dem politisch freilich oft mißdeuteten Aufruhr der Jugendbanden. Anders als der beliebig abrufbare »Faschismusverdacht« der Gesellschaft des Landes annimmt, sind sie keineswegs die Vorboten einer neuen, aus Totalitarismus und Gewaltglaube beflügelten Gefährdung. Selbst dort, wo sie in rechtsradikaler Drapierung auftreten und sich zu den widerwärtigen Symbolen und Untaten des Hitlerreichs bekennen, bleiben sie, von einer verschwindenden Minderheit abgesehen, der Ausdruck eines ideologielosen, auf Zusammenrottung und Zerstörung gerichteten Aktionismus, dessen Ziel nicht die Macht, sondern die große Freiheit der »Chaostage« ist.

Gegen solche Umtriebe richten weder verstärkte historische Belehrung noch Gesinnungsbekenntnisse Nennenswertes aus. Die zum zeitgeschichtlichen Themenkomplex in diesem Buch enthaltenen Arbeiten bemühen sich daher weniger um die dem Begriff wie der Sache nach entleerte und nur noch redensartlich angerufene Vergangenheitsbewältigung. Zwar erhoffen sich die Gegenwartspädagogik ebenso wie die Politikerreden, so gutmeinend wie hilflos, davon noch immer eine Art Erlösung von dem Übel. Doch ihre beschwörende Kraft hat sich lange verbraucht. Die Bemühung muß prinzipieller ansetzen.

Martin Broszat hat vor annähernd zehn Jahren die »Historisierung« der nationalsozialistischen Zeit gefordert. Er zielte damit nicht nur auf eine größere Nüchternheit und mehr abwägende Einfühlung in die keineswegs nur verdammungswürdigen Erwartungen, die sich zunächst mit dem Aufstieg der NS-Bewegung verbanden. Es waren, wie er darlegte, weniger ideologische Indoktrination und weniger fanatisierter Irrationalismus dabei im Spiel, als die rückblickende Sicht vielfach annimmt, sondern Bedürfnisse nach Ordnung, Geborgenheit, nationaler Selbstachtung, sozialer Mobilisierung und anderem mehr, wonach die modernen Massen verlangen. Die Debatte darüber hätte zweifellos, jenseits aller besonderen historischen Voraussetzungen und ihrer steuernden Kraft, auch den anthropologischen Grund des Geschehens aufgedeckt. Unseligerweise ist sie jedoch in den Sog des sogenannten Historikerstreits geraten und damit beendet worden, noch ehe sie eigentlich begonnen hatte.

Die Erweiterung der Sichtweise hätte nicht nur die Motive der einstigen Zeitgenossen begreiflicher und damit die Bedrohung sichtbarer gemacht, denen jede freie Ordnung ständig ausgesetzt ist; sie hätte zuletzt auch vergegenwärtigen helfen, zu welchen Barbareien der Mensch gegen den Menschen fähig ist. Denn eben dies ist die weiterwirkende, wenn auch allzu vernachlässigte Erfahrung jener Jahre. Die Kulissen ändern sich unablässig, die Kostüme, die Akteure. Die Gewaltbereitschaft dagegen bleibt, der Verheerungswille, der Schrecken auch, desgleichen die Schuld. Infolgedessen hat die »Historisierung« zumindest für den, dem ideologische Zwecke fremd sind, nichts mit der so erbittert befeindeten »Relativierung« der Verbrechen des Dritten Reiches zu tun. Die Verengung des Streits auf diese eine Frage offenbarte auf seiten der Ankläger wie ihrer Gegner nie viel mehr als die inzwischen eingetretenen Versteinerungen des Denkens. Die eigentliche historische Anstrengung geht indessen wie immer dahin, aus den starren Alternativen herauszutreten. Die Parteibildungen entsprechen zwar dem Stil der Gegenwart, doch nicht dem des wirklichen Nachdenkens.

In dem »Zeitgenosse Hitler« überschriebenen Essay heißt es, daß entgegen dem nach wie vor verbreiteten Bild nicht nur eine ausgehende Epoche von dem Diktator abgeschlossen worden ist. Vielmehr habe er zugleich eine Zukunft eröffnet, die eine lange Vorgeschichte hat. Denn in Zeit und Vergangenheit war es der Hauptgegenstand aller Denkmühen, herauszufinden, wie das vorgegebene, tief in der menschlichen Natur verwurzelte Böse im Zaum zu halten und ein Zusammenleben frei von Angst zu bewerkstelligen sei. Erst die von so vielen hochgesinnten Selbsttäuschungen erfüllte Aufklärung hat dieser uralten Einsicht den Garaus zu machen versucht und eine Art Grundvertrauen in die allmähliche, aber doch unaufhaltsame Besserung des Menschen und der Verhältnisse verkündet. Das ist mit Hitler ans Ende gelangt. Mehr als die Weltkarte jedenfalls, in die er unauslöschliche Spuren einkratzte, hat er das lange herrschende Weltbild verändert.

Insoweit schließt er tatsächlich eine Epoche ab. Was er aber zugleich zurückgebracht hat, ist die weit ältere Erkenntnis von der dauernden Bedrohtheit aller zivilisierenden Anstrengung. Diese womöglich einzig sinngebende Hinterlassenschaft ist weder zureichend erkannt noch angenommen. Das ganze Pathos der Vergangenheitsbewältigung baut nach wie vor auf den angeborenen Sinn des Menschen für die Prinzipien von Vernunft und Moral. Damit machen seine Wortführer sich jedoch blind gegen den Widerspruch, in den sie zu ihrem eigenen Gegenstand geraten. Sie wollen von den schönen, hochmütigen Bildern nicht lassen und tun sich schwer mit dem Skeptizismus. Wo immer aber der Grundzweifel am Menschen nicht in Denken und Empfinden eingegangen ist, sind die Lehren der Vergangenheit so gut wie verloren, so ernsthaft sich die später Geborenen auch darüber beugen mögen.

Nichts anderes gibt auch den meisten der in diesem Band vorgelegten Beiträge die grundierende Farbe. Ihr Skeptizismus knüpft nicht nur an eine ältere, sondern auch bessere oder doch daseinsdienliche Tradition an. Das heißt zugleich, daß nicht die Vergangenheit, sondern die Gegenwart das eigentliche Thema selbst der entlegen anmutenden Geschichte bildet. Von dem erst unlängst wiederentdeckten Henry David Thoreau stammt ein Satz, der trotz aller sprachlich altmodischen Form anhaltend gültig ist: »Die Aufgabe des Historikers besteht nicht darin, herauszufinden, was war, sondern was ist.« Wo eine Schlacht stattgefunden habe, fährt Thoreau fort, wird man nichts finden als die Gebeine von Menschen und Tieren; gelinge es dem Historiker jedoch, den Zusammenstoß als ein Geschehen darzustellen, das gleichsam noch im Gange ist, werde der »Herzschlag« von einst sich noch Generationen später mitteilen. Das gleiche meint die Wendung von der Gegenwart des Gewesenen.

# Vorstellung bei der Akademie

*Wege und Umwege*

Es gibt Halbwahrheiten, die auch dann ganze Lügen sind, wenn sie lange Beine haben. Seit einigen Jahren wird behauptet und inzwischen überwiegend für zutreffend gehalten, daß erst die Generation der Achtundsechziger die Öffentlichkeit zur Auseinandersetzung mit der Vergangenheit veranlaßt und eigentlich genötigt habe. Zu den treibenden Motiven des Protests habe, ganz obenan, die Einsicht gezählt, daß die Älteren die Hitlerjahre, von denen sie belastet oder doch geprägt waren, erst verdrängt und dann zugunsten eines platten und materialistischen Gegenwartsbegriffs einfach erinnerungslos hinter sich gelassen hätten.

Die Behauptung ist geradezu ein Modellfall für die Entstehung und Verbreitung gesellschaftlicher Mythen wider alle Wahrheit und die jedem offenstehende Erfahrung. Ich erinnere mich noch des selbstgewissen Spotts, mit dem die damals progressiven Köpfe auf die Bemühung reagierten, das Geschehen der Hitlerjahre zu erfassen und überhaupt erst einige Begrifflichkeit ins lange noch schwer Begreifliche zu bringen. Wer mit der Zeit ging, hielt sich nicht selten für lange darüber hinaus und fand es angezeigter, den Schrecken angesichts des Vergangenen in Impulse für die schöne neue Welt umzusetzen, deren Zaubersilhouette schon wie greifbar am Horizont auftauchte. Wer sich der Vergangenheit widmete, lautete die verbreitete Bezichtigungsformel, würde gewiß seine Gründe dafür haben.

Diese Gründe gab es tatsächlich, aber sie waren sehr anderer

Art, als der Verdacht es nahelegte. Die Beschäftigung mit den gerade zurückliegenden Jahren, die mich bald und dann über lange Zeit in Anspruch nahm, hatte wenig mit meinen ursprünglichen Neigungen oder Interessen zu tun. Von frühauf fühlte ich mich weitaus stärker von gänzlich anderem angezogen: von Literatur, bildender Kunst, politischer Philosophie auch, und wenn es Geschichte war, so die der Antike oder, mehr noch, die der italienischen Renaissance, ihrer gloriosen Stadtstaaten, in deren Erscheinung sich nahezu alle meine Vorzugsthemen aufs Natürlichste zusammenfanden. Sofern ich damals, in sehr jungen Jahren, je die Vorstellung hatte, mich aufs Schreiben einzulassen, richtete sie sich stets auf dergleichen und gewiß nicht auf die Hitlerjahre. Als Achtzehnjähriger, in amerikanischer Kriegsgefangenschaft, verfaßte ich einen fragmentarischen Dialog zwischen zwei Renaissance-Figuren, von denen die eine Cosimo I. war, Pater Patriae, dem, wie ich es damals sah, der Part des patriarchalisch eingefärbten Vernunftrepublikaners zufiel, während sein Gegenspieler, für den ich, vermutlich aus Mangel an genauerer Kenntnis, keinen historisch belegten Namen fand und deshalb kurzerhand und etwas verblasen Messer Corrado nannte, als misanthropischer Demagoge auftrat – mit all den falschen Leutseligkeiten sowie dem schneidenden Soupçon gegen die Menschennatur, die für diesen Typus kennzeichnend sind. Ein wenig spukten wohl Dostojewskis »Großinquisitor«, Hörensagen über Thomas Manns »Fiorenza«, erste Nietzsche-Erfahrungen, kurz, pessimistisch gestimmtes 19. Jahrhundert in der Sache herum: angelesene Katastrophen-Ahnungen, die aber durch die erlebte Wirklichkeit beglaubigt und überboten worden waren.

Im nachhinein wundert es mich daher kaum noch, daß in den thematisch geordneten Einzelstücken nicht selten und gegen alle Autorenabsicht der krasse Menschenverächter die überlegenen Argumente fand: ein früher Hinweis darauf, wie intellektuell reizlos und blaß bis zur Unansehnlichkeit die Position des politisch Vernünftigen ist, von der ich aber damals schon, sofern ich das so lange Zurückliegende mir zutreffend vergegenwärtige, zu begreifen begann, daß es die unserer, die meiner Generation sein werde. Ein Jahr später, im Verlauf der Entlassung aus der Kriegsgefangenschaft, wurde mir das Manuskript, zusammen mit einigem anderem Schriftlichen, von einem amerikanischen Sergeanten ohne lange Umstände und mit dem Bemerken abgenommen, das brauchte ich nun nicht mehr.

Vielleicht hatte er, ohne es eigentlich zu wissen, nicht ganz so unrecht. Jedenfalls wurden wir, zurückgekehrt in das zerstörte Nachkriegsdeutschland, unablässig darauf gestoßen, daß es anderes, Vordringlicheres gab als solche ausgedachten, durch entlegene Geschichtszonen unbeholfen geisternde Phantasiestücke. Der Zustand des Landes, die ersten Reisen über die Grenzen, die Vorwürfe und Bezichtigungen, denen man sich gegenübersah, führten stets aufs neue vor Augen, wie sehr wir dem gerade Zurückliegenden verhaftet waren. Zwar las ich noch geraume Zeit mit größerem Interesse Jacob Burckhardt als eines der Bücher jener moralisch-politischen Besinnungsliteratur, wie sie damals erschienen, und Kantorowicz' »Friedrich II.« beeindruckte mich ungleich stärker und nachhaltiger als etwa, um ein anderes Buch zu nennen, das mir damals zugänglich wurde, Hermann Rauschnings »Revolution des Nihilismus«.

Aber allmählich sah man sich doch, vor allem über die Schuldfrage, hineingezogen in Aktuell-Politisches, und von dort zwangsläufig in die Problematik der eigenen Geschichte: die exklusiven Positionen waren auf Dauer nicht zu halten. Wir waren, wenn ich an mich selber und den Kreis einiger Freunde denke, nicht ganz so naiv-emphatische Überzeugungsdemokraten, wie dies später von uns gesagt worden ist; und wenn wir vielleicht auch nicht »die skeptische Generation« waren: skeptischer als das Gesellschaftsbild der nachfolgenden Generationen, die den Marxismus, den Anarchismus oder Formen der Basis-Demokratie voll gläubiger Heilsgewißheit für sich entdeckten, ganz als beginne der Tag der Geschichte mit ihnen neu, war das unsere jedenfalls allemal.

Gewiß bedeutete Demokratie für uns vor allem die Absage an die von Unrecht, Verfolgung, Krieg und Menschenausrottung geprägte Vergangenheit; aber manch einer begann damals auch schon zu ahnen, daß er bei solchen rückwärtsgerichteten Negativformeln nicht werde verharren können. Es war eine paradoxe Situation. Das Dritte Reich hatte uns, auf die eine oder andere Weise, politisch gemacht. Sein Untergang bedeutete nicht zuletzt den Gewinn einer Freiheit, die das Menschenrecht einschloß, unpolitisch sein zu dürfen. Aber in Wirklichkeit war dies nicht mehr als eine theoretische Möglichkeit. Die sahen wir, wußten sie aber auch, je länger desto deutlicher, unerreichbar. »Wir Fünfundvierziger«, wie Joachim Kaiser die Generation der bei Kriegsende Achtzehn- bis Fünfundzwanzigjährigen genannt hat, haben, nicht ganz ohne Widerstreben, aber genötigt von Erfahrungen und Umständen, den demokratischen Ausgangsgedanken schließlich akzeptiert, wonach der Mensch nicht so sehr im Privaten, in der Befriedigung persönlicher Neigungen und Vorlieben, kurz in politischer Indolenz sein Glück finde, sondern eingebunden sei in gesellschaftliche Zusammenhänge und ihrem Anspruch unterworfen.

Das klingt, in solcher Verkürzung, pathetischer, als es sich im einzelnen ausnahm. Aber das Verhalten vieler aus jenen Jahrgängen ist von dergleichen Überlegungen geprägt worden: beim Eintritt in eine der Parteien, bei der Übernahme öffentlicher Ämter und auch im Rahmen journalistischer oder schriftstellerischer Beschäftigung sei es mit den Hitlerjahren, sei es mit den Grundlagen oder der Praxis der neuen Staatlichkeit – auch wenn es mitunter nicht ohne ein Empfinden jenes

»Galeerendienstes« geschah, von dem Thomas Mann im Blick auf seine politischen Einsätze gesprochen hat.

So kam ich an die Geschichte, genauer an die Zeitgeschichte. Und so lange es dauerte, so viele Jahre damit hingingen – ganz ohne ein Gefühl des Umwegs bin ich bei alledem nicht gewesen, und niemals habe ich das hochmütige Wort eines Freundes ganz verdrängen können, der, als ich damit begann, von einem »Gossen-Thema« gesprochen hatte.

Nun, wie immer auch – inzwischen habe ich dann und wann die Gelegenheit genutzt, mich den alten, einst unter dem Druck der Umstände aufgegebenen Themen wieder zuzuwenden. Ganz ohne Skrupel ist auch das, wie ich einräumen will, nicht möglich. Denn täuscht die Beobachtung, daß wir uns wieder einer Uferstelle des gleichen Flusses nähern? Jedenfalls scheint der Staat aufs neue in eine Vertrauenskrise geraten, nicht so dramatisch wie einst, aber beunruhigend doch. Seine Mechanismen funktionieren im ganzen noch, aber gewiß ist er nicht mehr die Sache aller.

Hier ist nicht Antwort darauf zu geben, wie das begonnen hat, wo Ursachen und auch Verschulden liegen. Aber die Veranlassungen, aus denen die Krise herkommt, sind aus der eigenen Geschichte, nicht lange zurück, wohlvertraut: die ins Massenhafte gehende Verhexung durch jene verlockenden Idealbilder von gesellschaftlichen Glückszuständen, denen keine Wirklichkeit standzuhalten vermag; der Verlust an Skepsis, der plötzlich um sich greifende Überdruß an einem System geordneter Freiheit mitsamt den Ängsten, totgeglaubten Sehnsüchten nach Feindbildern und irrationalen Kollektiverfahrungen – auch wenn das alles sich, unter vielfachen Maskeraden oder Mißverständnissen, als die wirkliche und verstandene Demokratie ausgibt. Daß der Zweifel mehr Kraft verlangt als die Gewißheit, die sich damit großtut, und daß durch ihn erst menschliche Verhältnisse möglich werden: Das ist, auf eine knappe Formel gebracht, die Erfahrung meiner Generation. Natürlich bin ich mir des Urbedürfnisses nach utopischen Konzepten bewußt. Aber vielleicht schreibt einer doch einmal, auch er bereit zu Umwegen, eine Studie, deren Titel lauten könnte: »Die Geburt der historischen Tragödien aus dem Geist der Utopie.«

Ich selber, so viel will ich sagen, werde es gewiß nicht tun, so wichtig mir die Sache auch erscheint. Aber ein Anlaß wie dieser, der zu einigen Gedanken über die eigene Person und die eigene Entwicklung nötigt, ist vielleicht auch so etwas wie eine Erinnerung, den privatisierenden Neigungen nicht allzu bereitwillig nachzugeben, sich der Gegenwart und dem, was aus der Vergangenheit noch immer herüberwirkt, offenzuhalten; dies alles in dem Bewußtsein, daß die gefundenen Antworten nur kürzere oder längere Stationsaufenthalte sind und gleich dahinter neue Fragen auftauchen.

# Alessandro Farneses Caprarola

*Kastell und humanistisches Märchenschloß*

Alles ist merkwürdig an Caprarola; aber am merkwürdigsten wohl, wie unbekannt es in aller Zeit geblieben ist. Das reizlose, in der grünen Campagna-Traurigkeit gelegene Bergnest, das Alessandro Farnese in den Rang eines der großen Kunstorte erhob, gewann kaum jemals mehr als den literarischen Ruhm, den einige wenige enthusiastische Besucher verbreitet haben. Noch heute gilt, was der preußische Gesandte am Vatikan, Kurd von Schlözer, um die Mitte des vergangenen Jahrhunderts notierte: »Nur selten kommen Reisende in diese verlassene Gegend.«

Aus Briefen und Tagebüchern ist bekannt, daß die meisten Italienreisenden an dem Ort vorüberfuhren. Selbst Jacob Burckhardt, der Caprarola als das »bei weitem wichtigste Bauwerk« Vignolas ansah, hat es, wie er gestand, nur »aus weiter Ferne« gesehen. Einige wenige, die die berühmte Reisenotiz Montaignes über den mit so viel Strenge wie Zauber, Geometrie und Märchenwesen errichteten »schönsten Palazzo Italiens« gelesen hatten oder mit der Kunst des Cinquecento vertraut waren, machten, wenn sie sich der Stadt Rom bis auf etwa eine Tagesreise genähert hatten, bei einer inzwischen vergessenen Poststation an der Via Cassia halt und stiegen eine der nahen Anhöhen hinauf, um nach Caprarola hinüberzusehen: den gewaltigen, scharfkantigen und seltsam fremd über dem Ort errichteten Block, hinter dem sich, die Anhöhe weiter hinauf, eine Gartenanlage erstreckte, deren gemessene, von Marmorfiguren Pietro Berninis gesäumte Ordnung erst allmählich in die grüne Wildnis von Kastanienwäldern und Nußbaumgehölzen überging.

Vielleicht war die Absicht Alessandro Farneses zu exzentrisch gewesen, um das abgeschiedene Dorf Caprarola aus seinem Jahrhundertschlaf zu holen. Seinen eigenen Worten zufolge wollte er den Palazzo als Ort der Zurückgezogenheit und der philosophischen Beschaulichkeit errichten. Aber das waren nur Worte, mit denen er dem Geist der Epoche huldigte. In Wirklichkeit war der Bau das Monument eines Renaissancefürsten, dessen Ehrgeiz bis dicht an den päpstlichen Stuhl, doch niemals zur Herrschaft über die Kirche geführt hatte, und der sich nun daran machte, sein Selbstverewigungsverlangen zu stillen, indem er mit enormem Aufwand und demonstrativer Verschwendungslust Architekten, Maler und Bildhauer zur Arbeit an einem Gesamtkunstwerk heranzog, das die Welt erstaunen machen sollte, »di cui il mondo doveva stupire«.

Dieses Staunen wird, wie es dem Geist der Spätrenaissance entsprach, gerade durch den Verzicht auf alle triumphalen Wirkungen, durch den Kunstgriff des Versteckens und Verschleierns, noch gesteigert. Wer von Falerii Novi auf den Ort zufährt, wird entdecken, daß der Bau gerade nicht, wie es die auftrumpfende Absicht erfordert hätte, auf dem Kamm des Höhenzuges über Caprarola errichtet wurde, von wo der Blick gleichzeitig über die bewaldeten Ufer des Lago di Vico zur Rechten und den Soracte zur Linken geht. Statt dessen ist er vor der Höhe in die fallende Linie eines niedrigen Hügelrückens plaziert. Das hat nicht nur den lauten Effekt verringert, sondern auch die Bedeutung der Anlage als Festungswerk erheblich gemindert; und gleichzeitig ist die Abgeschiedenheit, die der Palazzo gewährleisten wollte, durch das bis unmittelbar an das Gebäude herangeführte, das schwere Mauerwerk geradezu bedrängende Gewirr ärmlicher Häuser beeinträchtigt. Im einen wie im andern offenbart sich eine manieristische Geste, wonach es nicht so sehr auf den Zweck ankam und das Nützliche nie mehr als ein Vorwand war, weil erst die Laune den Gedanken ins Freie führte und die Paradoxie der Dinge sichtbar machte.

Der einen Verblüffung folgt die andere. Denn ursprünglich, noch bevor Kardinal Alessandro Farnese ans Werk ging, war Caprarola von dessen Großvater, Papst Paul III., als Fortifikation entworfen worden und nicht nur der pentagonale Grundriß mit den fünf Eckbastionen, sondern womöglich sogar das untere Stockwerk fertiggestellt. Caprarola sollte einer der befestigten Plätze sein, in den sich die unlängst aus kleinem Landadel nahe Viterbo emporgestiegenen und eigentlich erst durch die Papstwahl zu Reichtum und Macht gelangten Farnese zurückziehen und gegen die älteren Familien behaupten konnten, all die eifersüchtigen Colonna, Medici, Gonzaga oder Este, und gegebenenfalls mochte ein Kastell wie dieses auch geeignet sein, die unersättlich zusammengerafften Schätze wenn nicht vor deren Neid, so doch vor deren Gier zu schützen. Die Verbindung aus unergründlicher Besessenheit, Energie und einer zur Kunst erhobenen Verschlagenheit, die für viele Renaissance-Gewaltige charakteristisch ist, hat Paul III. zu einem der großen Päpste der Gegenreformation gemacht, dem neben Julius II. einzigen Inhaber des Stuhls Petri, den Michelangelo als ebenbürtig empfand; und dank der gleichen Eigenschaften konnte er gegen Ende seines Pontifikats als Begründer einer weitverzweigten und einflußreichen Dynastie gelten.

Einer der Enkel Pauls III. herrschte über das neu errichtete Herzogtum Parma-Piacenza, ein anderer über Castro und zwei weitere Enkel gehörten dem Kardinalskollegium an, darunter Alessandro, der »Grande Cardinale«, wie er nicht ohne befangenen Respekt genannt wurde, der dem Großvater in seiner Unruhe, seinem Machthunger und seiner Prunksucht am nächsten kam. Nachdem er mit seinem Verlangen nach einer großen

Rolle vor der Welt bei seinen ewig mißtrauischen Rivalen gerade wegen seiner ungewöhnlichen Gaben Mal um Mal gescheitert war, wirkte er nur noch als Berater, Gönner, Diplomat und Fallensteller aus dem Hintergrund. Im übrigen zog er sich auf seinen philosophischen Ehrgeiz zurück und suchte seine nie gestillte Gier nach Glanz und großen Umständen zu befriedigen, indem er als Förderer und Prinzipal der Künste auftrat.

Fast so viel wie die Papstkrone sei es ihm wert gewesen, wird berichtet, wenn er von sich sagen hörte, er besitze die drei schönsten Dinge, die das große Rom zu bieten habe: den unter Mitwirkung Michelangelos erbauten Palazzo Farnese, die Tochter Clelia sowie die Kirche Il Gesù. Und dazu die Einkünfte aus dreißig Bistümern, Abteien, Kanonikaten oder Prioraten sowie die Nähe zu Künstlern wie Carracci, El Greco, Vasari und vor allem Tizian, der auf Verlangen des Kardinals das berühmte Gemälde der Danae unter dem Goldregen malte, das Alessandros Geliebte darstellte und die Wand des Schlafgemachs in Caprarola schmückte. Am Ende besaß er die wohl großartigste Kunstsammlung der Epoche, und wenn man gesagt hat, Europa habe von Italien die Kunst des epikuräischen Lebens lernen können, dazu die Kunst der Gottesleugnung, die Kunst des Hurens, Vergiftens und der geistvollen Bestechung, so gewiß auch die Kunst des Mäzenatentums. Was Alessandro Farnese auf diese Weise zusammentrug, hat den Glanz und den Weltruhm des Hauses begründet, die bis in die Gegenwart dauern.

Wie kein anderer, erfolgreicher, rücksichtsloser und auch prahlerischer, war der mondäne Kardinal jenem Sammelfieber verfallen, das als eine neue Leidenschaft die Zeit erfaßt hatte. Seinen Reichtum, seinen Einfluß und gelegentlich auch sein hohes erpresserisches Geschick setzte er von Anfang an dafür ein, seine Besitzungen in jene ›Wunderkammern‹ zu verwandeln, die, dem Wort eines Chronisten zufolge, »Bergen von Gold« glichen. Schon Paul III. hatte sich der gleichen Leidenschaft ergeben und einmal einen Beutezug durch Rom veranstaltet, der in einer einzigen Nacht siebenhundert Ochsenkarren mit einzigartigen Kunstschätzen teils von öffentlichen Plätzen wegräumte, teils zusammenraubte: eine andere Art »Sacco di Roma«, unternommen nur wenige Jahre nach der historischen Plünderung der Stadt durch die Söldner Karls V. Um das Jahr 1550 gab es, nach einer zeitgenössischen Aufstellung, rund hundert bedeutende Privatsammlungen in Rom. Zwar kam keine derjenigen der Farnese gleich, aber alle, die sie begründeten und unablässig erweiterten, waren getrieben von der stets ähnlichen Verbindung aus Gier, selbstverherrlichendem Ehrgeiz und Schönheitskult. Hinzu kam aber immer auch das Verlangen, eine entschwindende, als »Goldenes Zeitalter« begriffene Epoche und ihre »mirabilia« zu bewahren, so daß wenigstens im Kunstwerk festgehalten blieb, was in der Wirklichkeit soeben dahinging. Alles Sammeln und die weitläufige Museumskultur, die aus diesen Anfängen hervorging, war denn auch nie ganz frei von diesem Sentiment und stets auch eine Elegie auf das Vergängliche.

Paul III. war zeitlebens von der Sorge vor dem Fluch umgetrieben, der auf allen rasch aufgestiegenen Herrscherhäusern lastet, den Fürsten ohne Herkunft, Namen und Anciennität. Schon sein Sohn Pierluigi hatte die düsteren Ahnungen bestätigt, die den Vater erfüllten, und sich durch sein tyrannisches Mißregiment, seine Launen und Wortbrüche überall Feinde gemacht, deren Gegnerschaft auch durch die umsichtige Heiratspolitik des Papstes bis hin nach Frankreich und Spanien nicht beschwichtigt werden konnte. Als Paul III. 1549 starb, war es nur dem Witz und diplomatischen Geschick Alessandros, des ältesten Sohnes von Pierluigi, zu danken, daß die Familie vor dem Verlust ihrer Macht, ihres Einflusses und ihrer legendären Besitztümer bewahrt blieb. Etwas vom Hasardeurswesen der meisten Farnese, ihrem ungestümen Glücksrittertum, enthüllt noch das Wahrzeichen der Familie, das zu jener Zeit entstand. Es zeigt das Schiff der Argonauten auf dem Weg durch die felsige Enge des Bosporus, Klippen und hochgehende Wellen auf allen Seiten, und dazu die Aufschrift: »Wir werden durchkommen!«

Doch war der für Caprarola entworfene Festungsbau nicht nur in der Sorge um das zu rasch und womöglich zu leicht Errungene begründet. In den Uffizien und anderen Sammlungen finden sich gerade aus der Zeit des Cinquecento unzählige Skizzen zu ländlichen Villen, die durch vorspringende Bastionen geschützt waren und deren Vorgelände auf allen Seiten vom Flankenfeuer der Hausgarden erreicht werden konnte. Es waren Jahre des Übergangs von den Wirren undurchschaubarer Machthändel und blutiger Familienfehden in festere Herrschaftsverhältnisse. Infolgedessen nahm die Epoche von den burgähnlichen Anwesen, die meist auf Anhöhen lagen und mit Wehrtürmen bestückt waren, allmählich Abschied, zumal die martialische Lebensweise, die hinter ihren Mauern herrschte, dem wachsenden Wohlstand und den verwöhnteren Ansprüchen nicht mehr gerecht wurde. Die Bedürfnisse der Bequemlichkeit und des angenehmen Wohnens auf dem Lande erforderten aber noch immer gewisse Sicherheitsvorkehrungen gegen herumziehende Heerhaufen und Kriegerbanden.

In alledem folgt Caprarola den Stilvorstellungen einer Zeit im Umbruch. Selbst das Pentagon findet sich in den architektonischen Entwürfen Sangallos und seines Umkreises häufig. Aber niemals zuvor und auch später nicht ist dieser Baugedanke auf einen mehrgeschossigen Palazzo angewendet worden. Tatsächlich ist die Wirkung des Baues von außen eher massig und fast schwerfällig, es fehlt, trotz des reichen Fassadenschmucks, an auflockernden Kontrasten und im ganzen treten dem Betrachter zu viele glatte, monoton gegliederte Flächen entgegen. Immer wieder stellt der Eindruck sich ein, als sei

Vignola mit der Erbschaft des ursprünglich geplanten Festungsbaues am Ende doch nicht fertiggeworden. Über dem in der frühen Bauphase vollendeten Teil des Gebäudes, vor allem dem Zugang zu den Keller- und Werkstatträumen mit den roh behauenen, zyklopischen Tuffpilastern, erhebt sich die wuchtige Eckkontur des Oberbaues.

Dessen kristalline Strenge und stereometrische Ordnung hat zwar auch ihre Bewunderer gefunden. Aber die Einzigartigkeit Caprarolas zeigt sich erst im Innern, in der sich unvermittelt vor dem Eintretenden öffnenden Scala Regia mit den dreißig hohen, paarweise angeordneten Doppelsäulen, deren Anstieg so bequem verlief, daß die Bewohner, wie der zeitweise hinzugezogene Architekt Paciotti an den Kardinal Farnese schrieb, »mit dem Pferd bis ans Bett« gelangen konnten.

Noch überwältigender aber war die Wirkung, wenn man von der Treppe in den Innenhof, den Cortile circolare, mit der Öffnung gegen den freien Himmel eintrat. Als wahres Kunststück hat er den Ruhm des Palazzos begründet und auf keinen Besucher jene verzaubernde Wirkung verfehlt, die sich beim Durchgang von einem Bollwerk in ein humanistisches Märchenschloß einstellt. Das Spiel von Licht und Schatten, die unregelmäßig eingesetzten Fensteröffnungen, Fresken und Farben erzeugen seltsam verwunschene Wirkungen, und die kreisende Bewegung von Treppe und Säulenwerk zieht nicht nur den Blick, sondern gleichsam auch den Betrachter nach oben, wo die Spirale aber nicht endet, sondern weiterzulaufen scheint, ehe sie in irgendeiner Unendlichkeit vergeht. Caprarola war in alledem auch ein Triumph des Manierismus, seiner Vorliebe für Gegensätze und überraschende Umkehrungen, die Bewegungen ohne Anfang und Ende sowie für ein Glück, das der Vorstellung der Zeit zufolge stets im Unerreichbaren lag und jenseits aller Realität. Abgeschirmt gegen die Umwelt, ihre Nacktheit, Enge und ihre tausend Häßlichkeiten, gesichert durch Mauern und Gräben, konnten Bewohner und Gäste sich hier, unter den Arkadengängen des Hofes oder auf der Loggia des Piano nobile, zu jener gelehrten und literarischen Republik versammeln, die Alessandro Farnese im Sinn gehabt hatte.

Nicht weniger Beifall hat die Raumdisposition des Gebäudes vor allem bei den Kennern der Architektur gefunden: die phantasievolle, halb spielerische und doch nach festen, wiewohl kaum merkbaren Regeln gefundene Anordnung der Räume im Übergang von der vorgegebenen Form der fünfeckigen Außenmauern zur Kreisform im Innern. Mit unübertrefflicher Leichtigkeit, ohne alle Pedanterie, aber auch ohne jede artifizielle Willkür hat Vignola die Schwierigkeiten überwunden, die sich daraus zwangsläufig ergaben. Gewichtiger als manches enthusiastische Lob ist das nüchterne Urteil Ammanatis, der Caprarola kurz vor der Fertigstellung des Palazzos besuchte: »Seine Schönheit läßt erkennen«, schrieb er, »daß der Architekt zu der allerbesten Lösung gelangt ist, die der ursprüngliche Festungsgrundriß mit dem Fünfeck erforderlich machte.«

Zu den bemerkenswertesten Eingebungen, die Vignola bei seiner Suche nach einer Lösung zwischen Kastell und Palazzo fand, zählt das Gebäude im Gebäude. Das Untergeschoß, das der Dienerschaft zugewiesen war und wo die Versorgungsräume lagen, war den Blicken der übrigen Bewohner entzogen. Es existierte und arbeitete als eine Welt für sich. Gleichzeitig aber blieben die Verhältnisse der Cavallieri und Staffieri, die nur über die Gänge des Innenhofes miteinander verkehrten, von allen Zudringlichkeiten des Personals unbehelligt: ein höfischer Mikrokosmos, der auch innerhalb des Gebäudes gegen die Gewöhnlichkeiten der Welt abgesichert war und, nur auf sich selbst bezogen, in leichter, heller Luft seinen verfeinerten Gedankenspielen nachging. Vielleicht war es diese Atmosphäre von Geist, Schönheit und Abgeschiedenheit, die Carlo Borromeo bei einem Besuch im Jahre 1580 veranlaßte, Caprarola mit dem Paradies zu vergleichen. Auf seine gleichwohl vorgebrachte Frage, ob man das Geld nicht besser an die Armen verteilt hätte, soll der Kardinal geantwortet haben, er habe es den Armen gegeben, aber nicht umsonst. Vielmehr habe er es vorgezogen, sie dieses Geld mit ihrer Arbeit, ihrer Tüchtigkeit und ihrem Schweiß verdienen zu lassen. Immerhin plagte ihn gegen Ende seines Lebens der Gedanke, er habe sich mit seinem nie gestillten Hunger nach Reichtum und nach Ämtern einer Todsünde schuldig gemacht, und folgte schließlich einem seelsorgerischen Ratgeber, der ihm nahegelegt hatte, die eine Hälfte seiner immensen Einkünfte für gute Werke zu verwenden und sich selber mit der anderen zu begnügen.

Seinen Ruhm erwarb das Bauwerk aber nicht nur als Zeugnis der großen Architektur der Spätrenaissance. Mario Praz hat den Palazzo die »formula suprema« des Cinquecento genannt. Die Bemerkung zielte nicht nur auf den ingeniösen Entwurf seines Erbauers; vielmehr wurden auch die riesigen Fresken, die vor allem Decken und Wände der Repräsentationsräume mit Luft, Farbe und festlicher Bewegung erfüllten, nach einem Programm ausgeführt, das auf seine Weise den Geist des Zeitalters oder dessen Essenz enthält und widerspiegelt.

Die Maler erhielten genaue Anweisungen für ihre Arbeit. Von dem gelehrten Dichter und Humanisten Annibale Caro, der zum Umkreis des Grande Cardinale zählte, haben sich Briefe erhalten, in denen er im Auftrag des Bauherrn den Künstlern mit ungeheurem Aufwand an hochtrabenden Worten und wissenschaftlicher Spitzfindigkeit bis ins einzelne vorschreibt, welche Gegenstände sie an Decken, Längs- und Seitenwänden, in Nischen oder über Türen anzubringen hätten: Gegenstände der Mythologie und der alten oder auch jüngsten Geschichte, die mittelbar oder ohne alle Umwege die Taten und den Ruhm des Hauses Farnese verkündeten.

So ist im berühmten Herkules-Saal des Baues der Stock des

Halbgottes mit einer Lilie der Farnese geschmückt, anderswo symbolisieren vier Putten die vier Weltflüsse und zugleich die vier Evangelien, die überall sprudelnden Brunnen sind Allegorien der Wasser des Lebens, der Schild steht für das Wort Gottes, der Speer für die guten Taten als Voraussetzung zum Heil und so fort: fast kein Element, kaum eine Arabeske, ist nur, was sie ist, sondern alles deutet auf größere Zusammenhänge, sei es des farnesischen Ruhms, des Glaubens oder der christlichen Weltordnung.

Der gleichen Lust an Symbol und Metapher dient der Zugang zum Palazzo, die zentrale, steil ansteigende Straße, die Vignola mitten durch den mittelalterlichen Ort gebrochen hat. Sie stößt nicht direkt auf das Gebäude, sondern wird kurz nach der Öffnung auf einen kleinen Platz durch einen Vorbau abgefangen, von dem zwei Rampen zu dem höher gelegenen, eigentlichen Platz führen. Ihre Anlage war nicht allein in der Vorliebe der Zeit für axiale Verhältnisse begründet. Vielmehr bildete sie zugleich ein räumliches Gleichnis für den Weg zum Heil, mit dem Kardinal als dem Vermittler dieses Heils oben auf der Höhe, wo der Palazzo nach dem engen, dunklen Anstieg wie ein Neues Jerusalem im hellen Licht lag.

Zu den vielen Merkwürdigkeiten Caprarolas gehört nicht zuletzt, daß bei einem so früh, schon vor der endgültigen Fertigstellung viel gerühmten Bau der Streit über die Urheberschaft bis heute anhält. Zwar verdankt er seine endgültige Gestalt im wesentlichen Vignola. Aber keine eindeutige Gewißheit herrscht darüber, wie weit der Anteil von Baumeistern wie Sangallo, Peruzzi, Paciotti und anderen reicht. Nicht einmal die vorherrschende Auffassung, wonach ursprünglich eine Festung geplant und, als Vignola die Arbeit aufnahm, in den Grundmauern oder unteren Stockwerken schon errichtet war, ist unbestritten geblieben. Es ist nur eine ironische Pointe in der lange anhaltenden Auseinandersetzung, wenn neuerdings sogar verneint wird, daß es, bei Licht besehen, um den Baumeister Caprarolas überhaupt einen Streit geben könne, der ernsthaftere Motive habe als den Geltungsdrang ehrgeiziger, aber unbeachteter Kunsthistoriker. Die Materialien, so war von einem Kenner des Baues und seiner Geschichte unlängst zu lesen, gäben über alle Einzelheiten hinreichend Auskunft und im ganzen sei Caprarola vermutlich das inzwischen am ausgiebigsten dokumentierte Bauwerk der Spätrenaissance.

Man hat gesagt, das auf einem Felsen errichtete Fünfeck des Palazzo gleiche einer gewaltigen Sonnenuhr, die das Maß einer sinnvoll geordneten Welt anzeige und daß sie einen Tag ohne Ende habe. Doch als Treffpunkt einer geistvollen Villegiatura, als Gelehrtenrepublik für Philosophen, Liebhaber der Kunst und Freunde der Literatur hat Caprarola nur kurze Zeit gedient, weniger als ein halbes Jahrhundert lang. 1589 starb Alessandro Farnese, und schon dreißig Jahre später war das Gebäude unbewohnt, die Zimmerfluchten lagen verwaist, bald darauf wurden auch die kostbaren Möbel fortgeschafft und die abertausend Kunstschätze des Hauses in alle Winde zerstreut. Der größte Teil der Sammlung fiel an die Bourbonen, nachdem Antonio Farnese 1731 ohne männlichen Erben gestorben war. Zumindest an Caprarola vollzog sich doch noch das Schicksal, das Paul III. für alle rasch emporgekommenen, vermeintlichen Söhne des Glücks gefürchtet hatte.

Manchmal jedoch erwachte der Ort dank der großmannssüchtigen oder verrückten Laune eines seiner Besitzer zu hektischem Leben, zuletzt zu Beginn dieses Jahrhunderts, als die Amerikanerin Florence Baldwin den Palazzo mietete und als exzentrische Bühne herrichten ließ, auf der sie zusammen mit ihren drei Töchtern Furore machte: mit verschwenderischen Festen, ausschweifenden Gelagen für die Reichen aus aller Welt, mit Bällen, Eheschließungen und Feuerwerken. Einige Jahre nach ihrem Tod im Jahre 1918 unternahm Giuseppe

Brambilla einen neuen Anlauf, dem Bauwerk die schöne Irrealität von einst wiederzugeben. Aber Brambilla starb schon ein Jahr, nachdem er mit den Wiederherstellungsarbeiten begonnen hatte, und Caprarola fiel in die alte Leere und Unbehaustheit zurück. Nach dem Zweiten Weltkrieg wurde das hinter dem Kastell in den weitläufigen Gartenanlagen errichtete Casino zum Sommersitz des italienischen Staatspräsidenten bestimmt. Aber keiner der Amtsinhaber hat es je bezogen, weil Technik, Komfort und sanitäre Vorrichtungen noch immer aus dem 17. Jahrhundert stammen.

Für den Glanz des Hauses Farnese und die Jahrhunderte, die er währen sollte, erbaut, hat Caprarola nur eine kurze, melancholische Geschichte gehabt. Wie alle gegen die Wirklichkeit geträumten Träume hatte es keine Chance der Dauer. Jetzt endet es, wie das groß Gedachte und Hingestellte immer, als Museum. Aber es liegt, wenn auch nur wenige Kilometer, abseits vom Weg der Touristenströme. Kaum je finden ein paar meist zufällig Vorüberkommende sich ein. Ein geisterhaftes Riesenmonument über einem geduckten, grauen Ort, inmitten der Campagna-Einsamkeit. Zwei Kustoden hocken stumm und mißgelaunt wie heruntergekommene Tempeldiener in der Eingangshalle. Vier Besucher seien heute dagewesen, sagt der eine und stößt bekräftigend vier Finger in die Höhe. Keine einzige Reisegruppe. Wenn es erst einmal soweit sei, daß auch die Reisegruppen nicht mehr kommen, setzt er hinzu, sei eine Geschichte wirklich zu Ende.

# Goethes Fremdheit und Nähe

*Eine Rede in Weimar*

Wer spräche über Goethe – wenn hier nicht Weimar wäre? Ein paar Philologen sicherlich und die wenigen unbeirrbaren Liebhaber seines Werkes auch. Aber wer sonst? Goethe ist, mitsamt der Klassik, während der zurückliegenden Jahrzehnte in mehrere Abgründe des Vergessens gefallen, Mal um Mal tiefer. Vermutlich ist auch jetzt nicht der Augenblick, von ihm zu reden. Zeiten politischer Erregung, der Vorherrschaft des Geschichtlichen, gehen immer mit einer Krise des Klassischen einher. Die Turbulenz der Ereignisse macht die Klassik als das In-Sich-Ruhende oder ruhend Scheinende geradezu zum Widerspruch des eigenen Erlebens, alle Gedanken sind auf Gegenwart und nahe Zukunft gerichtet. Das Vergangene gerät aus dem Blick und wird nicht, wie in Zeiten gesicherter Tradition, als Fluchtpunkt im Durcheinander der Erscheinungen empfunden. Es kommt einfach abhanden. Aber manchmal fragen wir uns doch, ob es mit Gegenwart und Zukunft nicht stärker zusammenhängt, als den meisten jeden Tag bewußt ist.

Zweifellos war Goethe das herausragende Ereignis unserer kulturellen Geschichte, es gibt kein größeres: ein langer Augenblick, in dem die Nation, mehr als je zuvor und irgendwann später, auf inspirierende Weise an der zivilisierten Weltgesellschaft teilhatte. Und dieses Ereignis kam wie aus dem Nichts. Den einen Lessing ausgenommen, der aber eine national begrenzte Erscheinung war, lag dieses Deutschland am unbeachteten Rande der Welt. Und auch das herzogliche Residenznest von damals, mit seinen paar tausend Einwohnern, war in seiner kulturellen Bedeutung ein Abbild des Reiches: seiner freundlichen Enge, seiner Verschlafenheit und paternalistischen Provinzialität. Zwar war Wieland da. Aber niemand anders als Goethe hat es aus seiner Anonymität in den Rang einer Metropole erhoben und zum Begriff der europäischen Geistesgeschichte gemacht. Wir leben bis heute davon.

Auch wenn das kaum noch im allgemeinen Bewußtsein ist. Man kann sogar fragen, wie stark es je darin war. Denn aufs Ganze gesehen ist Goethe, ganz anders als der schon von den Zeitgenossen und dann bis dicht an die Gegenwart heran enthusiastisch in Besitz genommene Schiller, dem eigenen Land immer seltsam fremd geblieben. Schon zu seinen Lebzeiten, an Goethes 74. Geburtstag, versammelten sich in Jena auf dem Marktplatz die Studenten, die auch damals dem Geist der Zeit den unverbildetsten Ausdruck gaben, und brachen in skandierende »Nieder«-Rufe und »Weg mit ihm!« gegen den Abwesenden aus. Sein Tod, 1832, blieb von der führenden literarischen Zeitschrift, dem *Stuttgarter Literaturblatt*, unbeachtet, obwohl sie im gleichen Verlag erschien wie die Werke des Dichters. Das Junge Deutschland überbot sich im Spott auf Goethe, und mit Heine, Börne und anderen als den Stichwortgebern blieb er lange Zeit den Philologen und kleinen Zirkeln der Gebildeten überlassen. Der wilhelminischen Epoche, die ihr Glück und ihren Anschluß an die Welt im Maßlosen suchte, blieb er ohnehin fremd, trotz der Sophienausgabe, die alles je von ihm Geschriebene in 143 Bänden vereinte und an der sich von 1887 bis 1919 zwei Gelehrtengenerationen abmühten. Allenfalls im »Faust« oder doch in dem Bild, das sich die Zeit davon zurechtmachte, glaubte sie sich und ihr Getriebensein wiederzuerkennen. Für das ganze Jahrhundert galt, was Varnhagen schon am zehnten Todestag des Dichters ahnungsvoll in seinem Tagebuch vermerkt hatte: »Mich dünkt, die Zeit von Goethe ist schon weit von uns ab; die Welt hat seitdem eine andere Wendung genommen, sie sieht wenig zurück, sie kann nicht viel zurücksehen, sie hat so viel vor sich.«

Gewiß gab es Schwankungen in der Beziehung, und um die Jahrhundertwende oder einige Zeit danach war sogar die Wendung »Unser Goethe« verbreitet, jedenfalls war das der Titel eines populären Lesebuchs im Bücherschrank vieler Bürgerhäuser. Doch schwer zu sagen, worauf das zielte: mehr auf den Dichter selbst und die Aneignung seines Werkes, oder auf die patriotischen und womöglich sogar »faustischen« Empfindungen, die sich davon herleiten ließen. Auffallend jedenfalls war immer der große Abstand zwischen ihm und der Nation, als habe sie ihm das Wort von den Barbaren, unter denen er leben müsse, von der Achtbarkeit der Deutschen im einzelnen und ihrem miserablen Charakter im ganzen sowie anderes dieser Art, nie verziehen. »Sie lassen mich alle grüßen, und hassen mich bis in Tod«, hat Goethe im »Westöstlichen Divan« über seine Landsleute bemerkt.

Sicherlich aber vereinfacht man das Problem, wenn man es, wie häufig, auf eine bloße Heimzahlungsgeschichte verkürzt. Vielfach und jedenfalls stärker als es der Gegenwart bewußt ist, hat das bürgerliche Jahrhundert Anstoß genommen am Libertinismus des Dichters, den erotischen Eskapaden und Daueraffairen mit den »Misels«. Nicht ohne spitze Mißbilligung vermerkte Frau v. Stein, der Herr v. Goethe sei in Italien »sinnlich« geworden, und die bald darauf einsetzende Verbindung mit Christiane Vulpius, der »Vulpia«, wie sie abfällig genannt wurde, sowie die unverheimlichte Menage im Gartenhaus an der Ilm waren in der bigotten Kleinstadt Gegenstand entrüsteten Klatsches. Als Goethe seine »dicke Hälfte« ausgerechnet in den Tagen der Schlacht von Jena und der Plünderung Weimars heimführte und der Gesellschaft als Frau Geheimrat v. Goethe vorstellte, war alle Welt außer sich. Auch in seinem Werk geriet man zu oft an Anstößiges, von den »Römischen Elegien« bis hin zu den Blocksberg- und Hexensabbatszenen des »Faust« mit dem Hohen Lied auf die Dreieinigkeit von Gold, Schwanz und Schoß. Zwar hatte er diese Stellen den Zeitgenossen nicht zugemutet und in den »infernalischen Walpurgissack« verstaut, aber ins Gerede war er damit und mit manchem anderen doch gekommen. Frau v. Stein nannte den Freund aus früheren Tagen unterdessen den »dickmürrischen Mann« mit den »dummen häuslichen Verhältnissen«, Schiller, äußerte sie, nehme sich neben ihm »wie ein himmlischer Genius« aus, und ganz ähnlich war das Bild, das generationenlang vorherrschte. Ein bis in die dreißiger Jahre verbreiteter Zweizeiler, woher auch immer stammend, hat die Mischung aus Respekt und Befremden, auf die Goethe stieß, auf den Reim gebracht: »Reicht v. Goethens Gedankenflug auch höher,/ Steht v. Schillern uns doch sittlich näher.«

Doch gewiß mehr noch hatte die Fremdheit Goethes mit dem inkommensurablen Zug zu tun, der ihm eigen ist, mit seiner Größe und seinen Rätselhaftigkeiten. Auch sieht man sich immer wieder einer Neigung zu Parabel und Gleichnis gegenüber, die dem raschen Begreifen im Wege steht, und strenggenommen beginnen die Schwierigkeiten schon, bevor man sich dem Werk selber nähert. Es gibt ganze Bibliotheken gelehrter Deutungen über ihn, Generationen bewanderter Verehrer haben sich mit ihm beschäftigt, und vieles davon stammt aus genauer und vertrauter Kenntnis des Dichters. Zugleich aber hat die babylonische Goethe-Philologie immer auch ihre einschüchternden Wirkungen gehabt und nicht nur alle Annäherungen erschwert, sondern auch ein Empfinden ungeheurer Distanz und Unnahbarkeit erzeugt.

Diesem Empfinden hat das erratische, nicht nur im Sinn der »großen Konfession« aus zahlreichen Bruchstücken bestehende Werk weiter Vorschub geleistet. Ich erinnere mich eines Lehrers, der, sooft die Rede auf Goethe kam, auf einen der Widersprüche im Leben und Denken des Dichters oder auf ein neues, anderes Kapitel, seinen Stupor in einer richtigen Lehrer-Metapher ausdrückte: Goethe stehe da wie ein Berg, gewaltig und manchmal sogar entmutigend, mit Höhenzügen und Abstürzen, und von wo man sich ihm nähere, nähme er sich anders aus. Goethe selber hat in einem jener verräterisch glättenden Bilder, hinter denen er die mehrdeutigen Seiten seines Wesens zu verbergen liebte, ein ähnliches Motiv verwandt und von der Pyramide seines Daseins gesprochen, die er sich »so hoch als möglich in die Luft zu spitzen« bemüht habe.

Das alles hat den Zugang zu ihm leicht gemacht und zugleich verbaut. Einiges liegt ganz offen und einladend da, die frühe Lyrik vor allem, die in der Verbindung aus impulsiver Wärme und formaler Vollkommenheit, aus Naturlaut und Kunstschönheit, Wahrnehmung und Vergeistigung nie wieder ihresgleichen hatte. Einige Partien aus dem »Faust« kann man nennen, aus dem »Egmont« vor allem die ganz unklassische Figur des Klärchen, kaum noch den »Werther« oder den Geniestreich des »Reineke Fuchs« mit seinen leichten, nie wieder so frei dahinlaufend exerzierten Hexametern. Früher hätte man vielleicht noch den »Tasso« genannt, auch die »Iphigenie«, obwohl sich die beiden Werke schon zu Lebzeiten des Dichters beim Publikum schwertaten. Immerhin versorgten sie die Zitierfreudigen mit einem reichen Vorrat gereimter Lebensregeln.

Anderes wiederum blieb immer nur den wenigen Eingeweihten bekannt, mythologisch verschlüsselt und schwer zugänglich: vom zweiten Teil des »Faust« bis zu den »Urworten orphisch«. Entfremdend wirkte aber auch Goethes Neigung, sich nicht festzulegen, ein Leben lang mit seinen überwältigend reichen Möglichkeiten zu spielen und sich, wie er selber bemerkt hat, »hinter ein Bild« zu flüchten. Seine ganze Biographie wirkt wie eine Folge wechselnder Launen, er ist Dichter und Minister, malt, forscht und verwaltet, und erst in Italien erkennt er, daß er »eigentlich ... zum Schriftsteller geboren« sei. Aber auch das stellt er sogleich wieder in Frage und wechselt unvermittelt und auf Jahre ins Naturwissenschaftliche, zu der bis zum Marottenhaften verteidigten Farbenlehre, mit der er gegen die modernen Naturwissenschaften ankämpfte, »damit die Sonne doch endlich einmal in das alte Ratten- und Eulennest hineinscheine«. Daneben widmete er sich der Suche nach der Urpflanze, von wo er Begriff und Vorstellung der Entelechie herholte, der Selbstausbildung des Menschen durch die allmähliche Entwicklung zu dem, was ihm vorgegeben und was er im Verborgenen eigentlich ist. Auch das läßt sich als ein wissenschaftlich verbrämter Rückzug ins Unverbindliche deuten, in einen Zustand vor aller Prägung, sogar ins Vegetative.

Bezeichnenderweise stößt man in der Biographie des Dichters immer wieder auf Lebensentschlüsse, die wie eine Flucht aussehen, den Weg nach Weimar gleich zu Beginn, wo er sich, wie er selber bemerkt hat, »ernsten Dingen opferte«, und den alle Erklärungen nur erklärungsbedürftiger machen. Dann der verheimlichte Weggang aus der »Seelenessig-Fabrick« Weimar nach Italien, und dazwischen die häufigen Hals-über-Kopf-Fluchten vor Liebesverhältnissen, sobald sie sich zu Bindungen verdichteten. Die ältere Goethe-Philologie hat ihn für die Freiheit, die er sich bewahrte, gefeiert – aber unterdessen haben wir ein geschärftes Ohr für das kaum wahrnehmbare, aber doch vernehmlich durchtönende »leise Klirren der Kette«, das Goethe seinerseits bei Jean Paul herausgehört hat. Es gibt den Zug ins Grandiose, mit dem er sein Lebensschauspiel inszenierte – aber daneben dann die unverkennbar philiströsen Züge, die darin durchscheinen, das Verstimmte und dauernd Gereizte hinter der »sultanischen Arroganz«, die ein Zeitgenosse an ihm ausmachte. Vielleicht hat Goethes fast ängstliche Abwehr alles Störenden auch mit dem Empfinden zu tun, daß etwas an der

Grundrechnung seines Lebens nicht stimmte, und womöglich kam von daher auch das Bedürfnis nach Daseinsharmonie: »unser Ausgewogenheitsklassiker«, wie Martin Walser in einer »Liebeserklärung« spottete, während Wieland und Herder sowie später noch Jacob Burckhardt bedauernd vermerkten, Goethe habe allzu vielen Nebensachen, die auch ohne ihn vorangekommen wären, einen Teil seines poetischen Genies geopfert. Widersprüche über Widersprüche. Es ließe sich lange so fortfahren.

Die Widersprüche in Leben und Werk haben die Widersprüche der Ausleger nach sich gezogen. Mal erscheint Goethe als Kulturrevolutionär, mal – nach Ludwig Börnes höhnischer Bemerkung – als »Stabilitätsnarr«; hier als selbstlos Liebender, dort als gefühlskalter Egoist, der die Tragödien um sich herum in die Luft spielte und alle Menschen, die ihm nahekamen, von Friederike bis hin zum unglücklichen Eckermann, nur seinen Zwecken, poetischen oder lebensgeschäftlichen, unterwarf. Die einen sehen in ihm den geschmeidigen Höfling, die anderen einen Dichterfürsten, der gerade nicht zu Hofe ging, sondern den Hof in seinem Haus am Frauenplan empfing und wie kein anderer vor oder nach ihm auf dem Vorrecht des Geistes gegenüber jedem anderen Anspruch beharrte. Als die deutschen Länder während der französischen Besatzung Kontributionen leisten mußten, machte Napoleon für Sachsen-Weimar eine Ausnahme, dort war gleichsam nicht die Politik, sondern die Literatur das Schicksal. Goethe selber begriff sich als repräsentative Erscheinung und zugleich als Fremdling im eigenen Land. Und das alles, wie vieles andere Gegensätzliche auch, ist mühelos belegbar. Mit Recht hat Reinhard Baumgart von dem »ungeheuerlichen Stimmengewirr namens Goethe« gesprochen. Der Streit kann noch geraume Zeit weitergehen.

Um so sonderbarer mutet an, daß das zwar immer auf den Kreis der Kenner beschränkte, doch schon zu Lebzeiten des

Dichters begonnene, unendliche Goethe-Gespräch nahezu verstummt ist. Die letzten großen Darstellungen, Gundolf, Beutler, Staiger, liegen lange zurück, und von ihren akademischen Nachfahren ist unterdessen zu lesen, daß auf den Dichter im Grunde »niemand mehr ernsthaft Anspruch« erhebe. Albrecht Schöne in Göttingen und ein paar andere vielleicht doch. Aber im ganzen, so ließe sich trotz aller Neuausgaben, aller Anthologien und der Fülle an Kleingeschriebenem vermuten, könnte Goethe, nach annähernd zweihundert Jahren einer ohnehin nur partiellen Aneignung, das Schicksal aller Klassiker ereilen, ihn womöglich mehr noch als andere: in gipserner Blässe irgendwo im Entrückten zu stehen und nur noch anlaßweise herbeizitiert zu werden. Als eine Jubiläumsgröße, der nichts anderes obliegt, als hundert Jahre bei Hundertjahrfeiern zu werden, zweihundert Jahre bei Zweihundertjahrfeiern und so, die Zeit hindurch, immer weiter, damit die Nation mit Gedenktagen versorgt sei.

Oder kaum einmal das. Wir hatten, einige Jahre zurück, einen solchen Gedenktag, und was die Mehrzahl der zeitgenössischen Dichter oder Schriftsteller dabei an fröhlicher Ignoranz zum Besten gab, wäre anderswo, in Ländern, die sich auf ihre Zugehörigkeit zur kulturellen Gesellschaft etwas zugute halten, schwerlich denkbar gewesen. Eine Schriftstellerin machte sich mit der Formal »Goethe – Nein danke!« einen Slogan aus anderen Zusammenhängen zu eigen, als drohten von dem Dichter Verseuchung und Intoxikation. Und kaum weniger originell war Thomas Bernhard, als er das angeblich letzte Wort des sterbenden Dichters abwandelte: »Goethe – mehr nicht!« Die führenden Theater haben sich das schon lange gesagt sein lassen und zeigen seine Bühnenwerke kaum noch, es sei denn, sie eigneten sich als Vorlage für allerlei exzeßhaftes Regiespektakel. Auch wetteiferten viele darin, die Entmythologisierungen noch einmal aufzugreifen, die längst vorgenommen waren, und im einen wie im anderen schien jedermann bemüht, den Beweis für die Bemerkung aus den »Wahlverwandtschaften« nachliefern zu wollen, es gebe keinen größeren Trost für die Mittelmäßigkeit als den, daß das Genie nicht unsterblich sei.

Gewiß wird irgendwann fast jede Klassik zum leeren Besitz. Der Augenblick tritt ein, sobald diese verehrungswürdigen Erscheinungen nicht viel mehr als das Empfinden statuenhafter Starre erwecken und der Eindruck überhandnimmt, als hätten sie mit dem Leben, wie es ist, nichts mehr zu tun. Zwar bleibt auch dann noch einiges Bewahrenswerte, weil das Vergangene nie nur das Vergangene ist. Aber es wird zum Gegenstand der Pietät: Das ist der allgemeinste jener Abgründe, von denen die Rede war. Der Zusammenhang bricht ab, wo das Bewußtsein verbindender Fragen und Antworten verlorengeht und die Vorstellung um sich greift, als habe die Zeit unterdessen einen qualitativen Sprung gemacht.

Diese Vorstellung eines Sprunges gibt es tatsächlich, und ihr Motiv ist die Erfahrung der dreißiger Jahre. In einem Beitrag zum 150. Todestag Goethes hat Günter Kunert auf diesen Umstand verwiesen und einer eher beiläufigen Werkstelle aus der »Italienischen Reise«, der Schilderung einer drohenden Schiffskatastrophe, entnommen, dem Dichter sei »so vieles Menschliche so fremd« gewesen, daß er den Überlebenden späterer, unheilvollerer Katastrophen nichts mehr zu sagen habe. Andere wenden ein, das deutsche Bildungsbürgertum, das die Klassik wie ein Reservat in Anspruch genommen hatte, habe die Bewährungsprobe der Hitlerjahre nicht bestanden, und damit zugleich das Menschenbild von Weimar, seinen Humanitätsgedanken mitsamt der Formel vom »Wahren, Guten und Schönen«, in seiner ganzen floskelhaften Unverbindlichkeit bloßgestellt.

Das ist vielleicht nicht ganz unzutreffend. Aber zugleich legt der Vorwurf die Frage nahe, wer oder was die Bewährungsprobe jener Jahre überhaupt bestanden habe. Die Gegner von links, die, anders als das Bürgertum, von den neuen Machthabern nicht umworben wurden und ihnen daher weit eher hätten widerstehen können und müssen, jedenfalls nicht. Und der große Geschichtsgedanke, den sie für sich reklamierten, die Idee einer durch die Völkersignale befreiten Welt, ist damals als mindestens ebenso floskelhafte Unverbindlichkeit enthüllt worden wie der Geist der Goethezeit, und das Letzte Gefecht, zu dem sie sich vorgeblich aufmachten, hat nirgendwo stattgefunden. Wo immer die Hitlerzeit Offenbarungseide verlangte, wurden sie ohne Zögern, kaum mit einem Gefühl der Selbstverleugnung, geleistet: Von den Parteien und Gewerkschaften ebenso wie von den Kirchen und vom Militär. Als unfähig zum Widerstand erwiesen sich im Grunde alle Wertvorstellungen und humanen Traditionen, woher sie auch kamen und wie mächtig die Organisationen oder sozialen Gruppen waren, die sie gestern noch vertreten hatten. Wenn es in den Selbstgleichschaltungsräuschen jener Tage überhaupt ein Widerstehen gab, so war es nur bei einzelnen zu finden, die ihre Überzeugungen noch wörtlich nahmen, im Bürgertum so sehr wie in der Arbeiterschaft und anderswo, die Unterschiede sind einzig solche des Charakters, nicht der Ideen. Die Ideen haben, trotz der ihnen häufig zugeschriebenen Macht, allesamt versagt. Von den Klassikern könne man niemals lernen, wie man mit Canaillen umgeht, hat im Jahre 1949 der damalige Rektor der Frankfurter Universität, Franz Böhm, in einer Ansprache zum 200. Geburtstag Goethes bemerkt, sie könnten nicht einmal den Sinn für die Freiheit wecken, sondern allenfalls Menschen hervorbringen, die unter einer Schreckensherrschaft dazu bestimmt sind, in einem Konzentrationslager zu enden. Gerade Bildung, Gewissen und Humanität machten bis zu einem gewissen Grade waffenlos.

Die Frage ist, ob die Geringschätzung der Klassik, die in Deutschland derzeit so viel weiter geht als irgendwo sonst, tatsächlich mit den Bloßstellungen jener Jahre zu tun hat; ob die Verabschiedung von heute mit dem Versagen von damals erklärt werden kann. Oder ob die Erfahrungen des Hitlerreiches der jüngeren Generation nicht nur zum Vorwand dienen, die Geschichte, ihre Mühen und Maßstäbe, loszuwerden. Alle Spätzeiten kennen das »pereant qui ante nos nostra dixerunt«, das Goethe in den »Maximen und Reflexionen« zitiert, das Empfinden, daß die Vermächtnisse so vieler Vergangenheiten eine Last zu werden beginnen, der man sich durch das Trugbild eines erinnerungslosen Neubeginns zu entledigen versucht. Dies viel eher als die Behauptung, daß die Klassik und ihr Menschenbild durch die Hitlerzeit entwertet worden seien, stand hinter den Lossagen seit den sechziger Jahren. Ihre Wortführer wollten gerade erst herbeiführen, was sie als schon eingetreten behaupteten. Verhielte es sich so, hätten wir weniger Anlaß zur Besorgnis. Denn irgendwann kehren sich, nach der Mechanik des Generationenkonflikts, die Frontstellungen wieder um.

Aber so einfach liegen die Dinge offenbar nicht. In der Tat ist uns die Klassik ferngerückt, aus Gründen, die in ihr wie in uns selber liegen. Das naive oder doch fraglose Einvernehmen, das noch unsere Väter zu ihr hatten, ist weithin verlorengegangen. Thomas Mann erwähnt in seiner Schiller-Rede von 1949 den dänischen Dichter Hermann Bang, der in der Schilderung einer bürgerlichen Abendgesellschaft von einem der Anwesenden sagt, er sei der einzige im Saal gewesen, der in der »Glocke« nicht ganz sicher war. Und obwohl Goethe zu keiner Zeit auch nur annähernd die Popularität Schillers erlangt hat, hätte es, ein oder zwei Generationen zurück, doch einiger Mühe bedurft, im gebildeten Bürgertum diejenigen ausfindig zu machen, die Gedichte wie »Willkommen und Abschied«, »Wanderers Nachtlied«, die Mignon-Lieder und manches andere nicht jederzeit abrufbereit im Gedächtnis hatten; auch Einzelheiten aus Eckermanns Gesprächen oder Episodisches aus den Biedermannschen Berichten. »Jeder Trost ist niederträchtig, und Verzweiflung nur ist Pflicht«, hörte ich in jungen Jahren, unter Hinweis auf die politischen Ereignisse der Hitlerherrschaft, den Vater eines Freundes sagen. Der Gedanke taucht schon in den »Wahlverwandtschaften« auf, aber in dieser Form findet er sich an abgelegenem Ort, in einer der verworfenen Stellen aus dem zweiten Teil des »Faust«. Man kannte sich aus.

Diese Vertrautheit mit dem Werk und mit der Person besteht nicht mehr. Zu den Gründen zählt offenbar, daß Goethe dem Zeitgeist, der herrschaftssüchtiger und unduldsamer ist denn je, auffallend entgegensteht. Schon der aristokratische, ins zeremoniell Hochmütige reichende Stil seines Auftretens schafft Befremden; desgleichen, daß er zur Strenge und Selbstnötigung fähig war und lebenslang allem auswich, was ihn hätte beirren, gefährden oder gar ruinieren können, während die Gegenwart diesen Ruin, als Voraussetzung für ihr Interesse, geradezu verlangt und die großen Zerbrochenen feiert: Lenz, Kleist, Hölderlin. Von Goethe dagegen stammt der schneidende Begriff der »Lazarettpoesie«, der alles umfaßte, was nur Sentiment, nur Selbstliebe, »nur Genie« war und, wie er bemerkt hat, in einem fort »Brandraketen« in den Himmel steigen ließ, aber nichts wußte vom Ethos der Schreibtischmühsal sowie von der Moralität des Am-Leben-Bleibens und Altwerdens. Fast die ganze romantische Dichtung rechnete er dahin und meinte frostig, das Überflüssige solle man in der Literatur nicht befördern. Als ihm ein junger Lyriker 1830 einen Band mit Gedichten zuschickt, antwortet er steif: »Ihr Büchlein habe angeblättert. Da man sich aber bei eindringender Cholera vor störenden Unpotenzen hüten muß, so leg' ich's bei Seite.« Er hatte viel von sich fernzuhalten, Fremdes und mehr noch Eigenes.

Irritierend wirkt auf die Gegenwart auch, daß er gegen die demokratische Tendenz der Epoche lebte, Mehrheitsbeschlüsse sowie Mitspracherechte verachtete und über die »Verrücktheit« der Masse höhnte, die sich einbildete, aus »lauter Göttern der Selbständigkeit« zu bestehen. »Nichts ist widerwärtiger als die Majorität«, setzte er dagegen, »denn sie besteht aus wenigen kräftigen Vorgängern, aus Schelmen, die sich akkomodieren, aus Schwachen, die sich assimilieren, und der Masse, die nachrollt, ohne nur im mindesten zu wissen, was sie will.« Dabei trat er keineswegs auf die Seite des Bestehenden und der »Scheiskerle«, wie er die Weimarer Hofgesellschaft schon früh charakterisierte. Er weigerte sich nur, den vom Tag ausgegebenen Parolen irgendein Gehör zu schenken. Als er einmal aufgefordert wurde, seine Feder in den Dienst einer politischen Sache zu stellen, das Land vor Anarchie zu bewahren, erwiderte er kühl, er halte es für unmöglich, die Schriftsteller und die Mächtigen zu gemeinsamen Zwecken zusammenzubringen. Anders als Schiller war er ganz und gar unfähig, irgendein Interesse für abstrakt-humanitäre Begriffe zu entwickeln. Den Brand eines Bauernhofs betrachtete er als wirkliches Unglück, wie er sagte, das Wort vom »Untergang des Vaterlandes« dagegen als betrügerische Phrase. »Es war nie meine Art, gegen Institute zu eifern«, heißt es einmal, »und ich habe deshalb immer nur ein entferntes Ende der Stange leise berührt.«

Diese Distanz Goethes, sein Heraustreten aus dem ganzen Meinungswesen der Epoche, hat nicht erst die Gegenwart bemerkt. Sie ist schon von den Mitlebenden, meist mit Unmut, wahrgenommen worden und später, in den Zeiten verehrender Inbesitznahme, durch das Bild vom »Dichterfürsten« nur verdeckt gewesen. Der Kanzler v. Müller sprach, im Blick auf Goethes Geringschätzung aller Zeittendenzen, auf seinen Pessimismus und seinen Mangel an humanitärer Gesinnung, von der »ungläubigen Neutralität« des Dichters. Andere beklagten, daß er »immer seinen Panzer anhabe«, und so sehr er in seinen frühen Jahren, wohin er auch kam, alle Welt verzauberte, so häufig sind schon bald die Hinweise auf seine Verdüsterungen und

»bitteren Apathien«. Als wolle er seine zahlreichen Kritiker ins Recht setzen, schrieb er 1778, noch keine dreißig Jahre alt, er sei nicht zu dieser Welt gemacht: »Wie man aus seinem Haus tritt, geht man auf lauter Kot.« Sogar vom »bösen alten Mann« ist im Weimar der letzten Lebensjahre die Rede. Was darin zum Vorschein kommt, hat natürlich auch mit den Bedrückungen zu tun, die, ohne irgendein Hinzutun, von allem majestätischen Alter ausgehen und deshalb von ihm auch nicht einfach hinweggetan werden können.

Aber viel häufiger und durch eine kaum benennbare Zahl von Äußerungen belegt, ist der Vorwurf der Menschenferne. Milde und nicht ohne einen Ton der Verehrung schreibt noch Frau v. Stein: »Es ist immer etwas um ihn, entweder eine Wolke, ein Nebel oder ein Glanz, wo man nicht in seine Atmosphäre kann.« Aber überaus schroff urteilt Schiller in dem Brief, den er bald nach dem ersten Zusammentreffen mit Goethe an seinen Freund Körner richtete: »Öfters um Goethe zu sein, würde mich unglücklich machen«, heißt es da. »Er macht seine Existenz wohltätig kund, aber nur wie ein Gott, ohne sich selbst zu geben.« Und dann folgt der erschreckende, aus Scheu, Bewunderung und eingestandenermaßen auch aus Eifersucht gemischte Satz: »Ein solches Wesen sollten die Menschen nicht um sich herum aufkommen lassen.« Zwar weiß man, daß Schiller sich bald anders besann, aber ähnlich beklommene Urteile halten, von vielen Seiten kommend, über die Jahre hin an. Zum Hausfreund jedenfalls und zum Mann der Kalendersprüche ist Goethe wenig oder allenfalls satzweise geeignet, auch wenn er lange dazu gemacht wurde. Er verstand zuviel, um nicht viel zu verachten. Vielleicht hat der Überdruß, den er häufig hervorruft, mehr mit dem pädagogisch verkürzten Bild zu tun als mit dem Werk oder gar der Person des Dichters.

Genauer sicherlich hat Lavater ihn gesehen, als er in einem Kupferstich dem teuflischen Versucher die Züge Goethes geben ließ, und ähnliches meinte Frau v. Stein, als sie schrieb, Goethe arbeite unaufhörlich »an seinen Prometheusschen Menschen«, die, ob gut oder böse, sämtlich »seine Lieblinge sind«. Alle diese Einwände haben ihren kürzesten Ausdruck in dem Satz eines Besuchers gefunden, der davon sprach, daß Goethe »tolerant (sei), ohne milde zu sein«. Was ist das aber anderes als eine Fremdheit, die von Gleichgültigkeit kaum zu unterscheiden ist, ganz als sei, was andere behelligt, nicht der Rede wert? Er lebe wie die unsterblichen Götter, sagt er einmal über sich, und habe weder Freud noch Leid. Mitunter hat man denn auch den Eindruck, Goethe habe ein immerwährendes, ganz in die eigenen Sachen verlorenes Selbstgespräch geführt. Das Politische, die Aufregungen der Zeit und der Menschen, ihre Hoffnungen und Befürchtungen, versanken davor im Wesenlosen oder traten nur störend in Erscheinung. Er beklage nicht Zustände, sagte er zu Sulpiz Boisserée, sondern Ottilie, die junge Frau aus den »Wahlverwandtschaften«, die er geliebt und die ihn unglücklich gemacht habe.

Ein beiläufiges, aber bezeichnendes Beispiel für Goethes Fremdheit gegenüber der eigenen Zeit ist sein Verhältnis zur Geschichte. Die zahlreichen Äußerungen dazu ergeben am Ende wiederum nur ein orakelndes Stimmengewirr. »Das Wahre kann bloß durch seine Geschichte erheben und erhalten, das Falsche bloß durch seine Geschichte erniedrigt und zerstreut werden«, heißt es in einem Brief an Zelter. Aber dann auch, zum Beispiel im »Werther«, die Geschichte sei »ein ewig verschlingendes, ewig wiederkäuendes Ungeheuer« oder, im geplanten Vorwort zum dritten Teil von »Dichtung und Wahrheit«, ebenso entschieden: »Die Geschichte, selbst die beste, (hat) immer etwas Leichenhaftes, den Geruch der Totengruft«, und drohe, alles Lebendige in sich hineinzuziehen. Man kann lange fortfahren, zu jedem Satz wäre mühelos der Gegen-Satz ausfindig zu machen, als habe Goethe sich zeitlebens an die

Erinnerung aus dem Arbeitsprogramm zum »Faust« gehalten: »Widersprüche, statt sie zu vereinigen, disparater machen.«

So souverän Beliebiges, einander Ausschließendes deutet, neben vielem anderen, auch ein Unverhältnis zu allem Geschichtlichen an, das um so sonderbarer anmutet, als Goethes Lebenszeit in die Epoche des sich entfaltenden historischen Denkens fällt. Damals gewann die Erkenntnis an Boden, daß die Zeiten und die Gesellschaften nicht nach einer idealen Modellvorstellung, sondern nach ihren eigenen Voraussetzungen und Bewegungsgesetzen zu beurteilen seien; daß jede Epoche eine unverwechselbare Lebenseinheit darstelle, deren Wesen sich in allen Erscheinungsformen, von der Politik bis zur Kunst, von der materiellen Kultur bis hin zu den Lebensformen spiegelt. Von solchen Einsichten blieb Goethe jedoch unberührt, und das neue Interesse beeinflußte weder sein Werk noch sein Denken. Die Deutschen des späten 18. und dann des 19. Jahrhunderts waren aber geradezu von einem historischen Fieber erfaßt, die Geschichte hatte lange eine Art Kronrecht unter den Wissenschaften – auch da trennten sich die Wege und führten zu wachsender Fremdheit.

Kaum anders verhielt es sich mit der Gegenwartsgeschichte: die Französische Revolution mit ihren Erschütterungen und vielfältigen Impulsen, das Entstehen neuer gesellschaftlicher Strukturen, die napoleonischen Ereignisse samt der erwachenden deutschen Nationalbewegung – das alles hat bei ihm nicht viel mehr als ein von Abwehr und Unwillen gespeistes Echo gefunden. Er provozierte seine Umgebung gern, indem er von Napoleon als »meinem Kaiser« sprach und noch nach dessen Niederlage das Kreuz der Ehrenlegion trug.

Einmal, im Kreis einer national ereiferten Gesellschaft, verließ er den Raum und kam etwas später mit ein paar Versen zurück, die mit der Zeile begannen: »Ich hab mein Sach' auf nichts gestellt.« So sehr er den Kaiser als den einzigen Pair empfand, fürchtete er, daß seine Eroberungen einen patriotischen Egoismus aufrühren müßten, der den Völkern keine Ruhe lassen werde, wie er ein Jahr vor seinem Ende zu Eckermann sagte, »als bis wieder ein großer Despot unter ihnen aufsteht, in welchem sie das auf der höchsten Stufe sehen, was sie selber zu sein wünschen«. Aus der Gegenposition notierte Achim v. Arnim während der Napoleonzeit, er sei »fast niemals ohne eine Art Verzweiflung von ihm gegangen«. Immer wieder schien es, als wolle Goethe seinen Abstand von allen politischen Überzeugungssachen geradezu demonstrativ hervorkehren. Er hatte jedenfalls keinen Teil daran. Statt dessen wich er in ein Griechentum aus, das er nicht, wie die Arbeiten der gleichzeitigen Historiker, als geschichtliche Welt, sondern als zeitlose Norm begriff. Es war das Dauernde im ständigen Wandel, was sein Interesse anzog, das naturhaft Menschliche. Die Geschichte gab nur das Theater ab, in dem es sich darbot, sie lieferte die Kulisse und die Kostüme dazu, aber gespielt wurde stets das gleiche: Komödie oder Tragödie, auf eines von beiden lief es immer hinaus.

Die Geschichtsverachtung Goethes macht es denn auch nahezu unmöglich, den zeitlichen Hintergrund etwa der »Wahlverwandtschaften« oder des »Wilhelm Meister« zu bestimmen: in unhistorischer Ruhe entwickelt sich das Panorama einer bürgerlichen Ordnung, in der die Zeit durch nicht viel mehr als den Wechsel der Generationen in Erscheinung tritt. Wo, wie in »Hermann und Dorothea« oder in den »Unterhaltungen deutscher Ausgewanderten«, die politischen Ereignisse gleichwohl ins Bild treten, zeichnet er den Vordergrund zwar anschaulich und detailgenau bis zum Genrehaften; die historischen Prozesse dagegen bleiben ganz im Abstrakten, Schicksalhaften, das der Dichter mit einer Wendung ins Magistrale, manchmal auch mit dem Sarkasmus des heiter-verdrossenen Weltweisen abtut. »Einem tätigen, produktiven Geist«, schreibt er 1793, »wird man es zugute halten, wenn ihn der Umsturz alles Vorhandenen schreckt, ohne daß die mindeste Ahnung zu ihm spräche, was denn besseres, ja nur anderes daraus erfolgen solle.«

Solche Äußerungen machen es auch so falsch, in Goethe, wie es die marxistische Germanistik getan hat, einen Dichter des bürgerlichen Klassenkampfes oder gar, mit einem Frankfurter Kulturdezernenten, einen »konservativen Kryptomarxisten« zu sehen. Denn zu den wenigen, das gesamte Werk durchziehenden Motiven gehört der Gedanke von Ausgleich und Versöhnung, er verabscheute geradezu alle politische Gewalttätigkeit, sie war »Vulkanismus«, das heißt Schrecken, Willkür, unkontrollierbare Eruption, die nur zu Schlimmerem führte. Mit einigen Zuspitzungen kann man sogar die These bestreiten, daß Goethe der Aufklärung hinzuzurechnen sei. Natürlich ist der »Sturm und Drang« eine Früh- oder Nebenform davon, auch »Egmont«, auch der »Tasso« lassen sich dazu zählen. Aber zugleich stand Goethe immer über solchen Zurechenbarkeiten, das »große Zeitablehnungsgenie«, wie Heine ihn genannt hat, und schon die »Iphigenie« drückt allenfalls insoweit den Geist des neuen Zeitalters aus, als sie daran erinnert, daß der Mensch, vor aller Zugehörigkeit zu einem Stand oder einem Volk, als Mensch zu sehen sei. Und der »Reineke Fuchs« sollte in einer Epoche utopischer Glückserwartung und der Hoffnung, daß die Revolution alles neu mache, dem Leser vor Augen rufen, daß der alte Mensch immer der alte Mensch bleibe und das schlaue und ruchlose Wesen wie eh und je triumphiere: die Anthropologie war zuletzt stärker als alle Modelle einer besseren und gerechteren Ordnung.

Auf der anderen Seite ist es ebenso verfehlt, in Goethe, wie es im Zuge der wissenschaftlichen Klassik-Abwertung behauptet worden ist, den Repräsentanten der »Weimarer Hofklassik« zu sehen, er ist, nicht anders als Schiller, Herder oder Wieland, kaum ohne den bürgerlichen Hintergrund zu denken, aus dem er stammte, und die Art, in der er zusammen mit dem jungen Herzog die höfischen Verhältnisse von Weimar durcheinanderwirbelte, zeigt, wie weit er von der Rokokowelt der Etikette und des förmlichen Staatsschauspiels entfernt war. Es war gerade die Verbindung von bürgerlichem Wirklichkeitssinn und feudaler Kultur, die das besondere Wesen der deutschen Klassik ausmacht und ihr die anhaltende Wirkung ins 19. Jahrhundert hinein und darüber hinaus gesichert hat.

Aber mitunter erfaßt uns doch eine Ahnung, wieviel Nähe, bei aller Fremdheit, in so viel Ideologieverachtung und so viel radikalem Skeptizismus stecken könnte; und was es mit einer Nüchternheit auf sich hat, die keinem Glauben oder parteiischem Prinzip anhängt und sich von keiner sogenannten großen Idee beirren läßt, sondern in allem nur ein durchgängiges Ordnungsgesetz entdeckt und behauptet. Goethes kritischer Sensualismus hielt sich stets an die Erscheinungen selber und verharrte außerhalb jener Nebelzonen des Denkens, in denen die Deutschen sich, zu ihrem Glück und ihrem Unglück, bis heute so heimisch fühlen. Man solle nicht hinter den Phänomenen suchen, lautete seine lakonische Lebensregel, sie selber seien die Lehre oder: »Die Sinne trügen nicht, das Urteil trügt.« In einem Brief aus der Zeit des noch tastenden Beginns ihrer Freundschaft hat Schiller an Goethe den Blick gerühmt, der nie Gefahr laufe, »auf den Abweg zu geraten, in den sowohl die Spekulation als die willkürliche und bloß sich selbst gehorchende Einbildungskraft sich so leicht verirrt«. Und: »Da sucht man lieber Kräuter und treibt Mineralogie, als daß man sich in leeren Demonstrationen verfinge.«

Zu solchen Demonstrationen gehörte alles Denken in großen Formeln und Projekten für eine neue Welt, zu deren Heraufkunft sich das Jahrhundert beglückwünschte. Der anschaulichste Beleg dafür ist der Schluß des »Faust«, der von den progressiven Ausdeutern des Werkes bis in die jüngste Zeit als

Apotheose jener Utopie verstanden worden ist, deren Demaskierung er gerade betreibt. Die Weltbeglückungsträume sind nichts anderes als Chimären, die aus der Blindheit kommen und in Gewalt enden. Philemon und Baucis gehen daran zugrunde und ungezählte andere: »Menschenopfer mußten bluten, nachts erscholl des Jammers Qual.« Es war eine erkältende Absage an die ausschweifenden Entwürfe zur Neuerschaffung aller Verhältnisse nach den Gesetzen der Vernunft und ohne die Fehlgriffe des biblischen Schöpfers, die darin zum Ausdruck kam, sowie eine hochmütige Geringschätzung des Verbesserungsfurors, der das Zeitalter soeben zu erfüllen begann und bis in unsere Tage umtrieb. Und welches höhnische, das Pathos aufklärerischer Erwartungen desavouierende Bild lieferte die Figur des erblindeten Faust, der in den klirrenden Spaten ringsum auf freiem Grund ein freies Volk zu vernehmen glaubte und doch nur das Werken der Zwangsarbeiter hörte, die ihm das Grab schaufelten.

Goethes Geschichtsferne war geprägt von seiner Herkunft aus dem »Reich«, dem weder zu Preußen noch zu Habsburg zählenden Kerngebiet des Landes, das spätestens seit dem Dreißigjährigen Krieg nur noch Objekt der Mächte gewesen war und gleichsam der Balg, um den sie stritten. Die von den umliegenden Staaten herbeigeführte und über alle Wechselfälle aufrechterhaltene Ohnmacht eines Systems parzellierter Kleinherrschaften hat im Fortgang der Geschichte sowohl der lokalen Blickverengung als auch dem Höhenflug in philosophische Weltentwürfe Vorschub geleistet und im Denken des Landes eine lange nachwirkende Tradition begründet. Unter ihrem Einfluß tat man sich schwer mit der Erfassung der Wirklichkeit sowie der bestehenden Machtverhältnisse. Nie hat der politische Gedanke in Deutschland die Lebensferne ganz vergessen machen können, die sein Erbteil war, und sich dafür durch den Stolz schadlos zu halten versucht, in einer Welt der Halbheiten und der falschen Kompromisse das reine Prinzip zu verkörpern. Es ist eine alte, über allen historischen Wandel bis heute bewahrte Geschichte, an die man damit gerät, Wirklichkeitsfremdheit und Weltungeschick, die sich eine Berufung daraus machen, einer trägen und selbstzufriedenen Menschheit moralisch lästig zu fallen.

Aber Goethe ist die störende Gegenfigur in dieser Tradition. Er hat, was zumindest den eigenen Lebensweg angeht, die Entwirklichung des Denkens frühzeitig als Gefahr erfaßt. Was immer seine Motive für den Entschluß waren, als junger Mann dem Ruf nach Weimar zu folgen: die Flucht vor dem Vater, vor der Verbindung mit Lili Schönemann oder vor dem Eingebundensein in ein absehbares Alltagsgrauen, war doch auch die Absicht dabei, von den Büchern und den bloßen Gedankenspielen weg den Schritt in die Realität zu machen, sich in einer »Weltrolle« zu versuchen, wie er 1776 an Merck schrieb. Jedenfalls hat der Herzog ihn nicht als Dichter oder Begründer eines Musenhofs nach Weimar kommen lassen, sondern als Ratgeber in Staatsgeschäften.

Goethe hat sich damit ein Feld praktischer Erfahrung und Lebenskenntnis erschlossen wie kaum ein Dichter vor oder nach ihm. Zwar häuften sich nach den ersten Jahren, als trotz der Zugehörigkeit zum Geheimen Conseil noch alles Laune und Verrücktheit war, die Klagen über die Last der politischen Tätigkeit, die er keineswegs als bloßes Ehrenamt auffaßte. Verhandlungen, Aktenstudium und Eingaben füllten den Tag, er war nacheinander Mitglied der Wege- und Wasserbaukommission, der Kriegskommission, der Bergwerkskommission, Direktor der Kammer, das heißt Finanzminister, auch verantwortlich für den Neubau des Weimarer Schlosses und die Gartenarchitektur in Tiefurt, Dornburg, Belvedere und Ettersburg sowie anderes mehr: Direktor des Hoftheaters, Regisseur, Bühnengestalter und Schauspieler, Übersetzer sowie Bearbeiter von

Stücken und italienischen Opern, dazu Arrangeur von Maskenzügen, Feuerwerken, höfischen Aufzügen und Repräsentationsspektakeln. Aber trotz der tausend Mühen und Lästigkeiten, die mit alledem einhergingen, und den ständigen Abhaltungen hat er die Isolation in der Buchstabenwelt des Literaten für weit bedrohlicher gehalten. Als er an der »Iphigenie« arbeitete, schrieb er an Frau v. Stein: »Hier will das Drama gar nicht fort, es ist verflucht, der König von Tauris soll reden als wenn kein Strumpfwürcker in Apolda hungerte.« Aber er gab, ein Leben lang, das eine nicht für das andere auf, erst beides zusammen machte das Ganze, die Wirklichkeit und der Gedanke, der immer in Gefahr war, die Bodenhaftung zu verlieren und ins Luftige zu entschwinden, wo der Denkende nicht nur die Welt aus den Augen verlor, sondern auch sich selber.

Es ist nur eine zufällig herausgegriffene Überlegung, die damit angestellt wird. Sie soll lediglich als ein Beispiel dienen, wie man Goethe, oder die Klassiker überhaupt, auch lesen und begreifen kann; und daß der Zusammenhang von Frage und Antwort, der erst ihr Nachleben ausmacht, keineswegs abgerissen ist. Wenn Goethe auch nicht zu den Zerbrochenen zählt, so offenbart seine Lebensgeschichte doch, wie nahe er dem Zerbrechen immer war, und seine Biographie läßt sich auch als eine einzige, jederzeit bewußt verfolgte Strategie der Absicherung auffassen, die aus ungezählten Ängsten, Absturzschrecken und Zerrüttungsgefahren herrührte, all dem, was er als Dämonenwesen so häufig beschwor und wie sonst nur noch Tod und Vergessensein fürchtete.

Niemand hat je ohne Bewegung den berühmten letzten Brief Goethes gelesen, wenige Tage vor seinem Tod an Wilhelm v. Humboldt geschrieben, in dem er von »diesen sehr ernsten Scherzen« spricht, die sein Lebenswerk ausmachen, und das Ergebnis so lang verfolgter, seltsamer Bemühungen »an den Strand getrieben« sieht, »wie ein Wrack in Trümmern daliegen und von dem Dünenschutt der Stunden zunächst überschüttet«. Da ist alles, was er noch an Hoffnung besitzt, auf das eine Wort »zunächst« vermindert. Doch zugleich kommt noch einmal das depressive Wesen unter seinem Olympiertum zum Vorschein, jener am Ende doch alles in den Sturz zerrende Vergeblichkeitsgedanke, der ihn sein Leben lang begleitet hat und dessen Vorechos zunehmend lauter wurden. Um sich herum sah er eine Generation hochkommen, in deren Augen sein Werk »für nichts geachtet wird, eben weil ich verschmäht habe, mich in politische Parteiungen zu mengen«, wie er im März 1832, wenige Tage vor seinem Tod, zu Eckermann sagte. »Um diesen Leuten recht zu sein, hätte ich müssen Mitglied eines Jakobinerklubs werden und Mord und Blutvergießen predigen!«

Zufällig und herausgegriffen wirken zweifellos auch diese Überlegungen im ganzen, es kann nicht anders sein. Ihre paradox anmutende Absicht ist es, gerade durch den Hinweis auf die Fremdheit Goethes das Interesse an ihm und seinem Werk zu beleben. Das setzt freilich das Ertragen von Widersprüchen voraus, mit dem, wie man wiederum bei Goethe lesen kann, alle Kultur erst beginnt. Aber wozu gäbe es die Klassiker überhaupt, wenn sie es nicht ermöglichten, Abstand von uns zu gewinnen? Aus der zeitgenössischen Literatur läßt sich allenfalls erfahren, wer wir sind; aus der klassischen dagegen, dem richtigen Verständnis zufolge, wer wir sein könnten. Zwar ist das Bedürfnis begreiflich, sich in ihr auch wiederzuerkennen. Daneben aber sollte man das andere Bedürfnis entwickeln, von Fall zu Fall aus sich herauszutreten, die Erscheinungen und Augenblickszustände der Epoche, die niemand ohne Voreingenommenheit und zeitbedingte Irrtümer wahrnehmen kann, aus der Distanz zu betrachten; sich gleichsam ans entfernte Ende der Stange zu begeben, wo sie sich nur noch leise rührt.

Dieser Absicht dient aber gerade die Fremdheit eines Klassikers mehr und besser als jedes, oft dazu noch täuschende Bewußtsein problemloser Übereinstimmung. Ich erinnere mich eines italienischen Gelehrten, mit dem ich vor Jahren wie über vieles auch über Goethe sprach, und er meinte, die Literaturgeschichte habe sich da einen grandiosen Irrtum erlaubt. Die Deutschen hielten zwar den Faust für die Figur, die ihr Wesen am treffendsten zum Ausdruck bringe, und die Idee des Teufelspakts habe, zumal nach der Erfahrung der Hitlerjahre, diesem Mißverständnis noch Vorschub geleistet. Auch Thomas Mann sei von dem Schauder vor der eigenen Dämonie nicht losgekommen. Aber viel eher seien die Deutschen das Volk des »Don Quichote«. Jedenfalls deute darauf ihre Eigenart, im Gedanken ebensooft recht zu haben wie im Leben auf nicht selten verrückte und absurde Weise unrecht. Sie seien außerstande, das eine mit dem anderen zu versöhnen. Und gerade weil Goethe dies auf so exemplarische Weise vermocht habe, frage er sich, wie er überhaupt unter dieses Volk geraten sei. Die Lust des Dichters am Lebendigen und an dessen Erscheinungen, sein Wirklichkeitssinn und die Idee des Maßes, der er sich im Leben wie im Werk oft unter Schmerzen gebeugt habe, empfinde er als widerdeutsch bis zum Grotesken.

Es ist womöglich auch nichts anderes oder nicht viel mehr als das genuin und unbelehrt Deutsche, das sich in den abfälligen Urteilen über Goethe zu Wort meldet. Es beharrt auf der Geringschätzung des Wirklichen, der Vorherrschaft der Idee über die verächtliche Realität und dem universellen Pädagogisieren: sowohl die öffentliche Debatte als auch der wachsende Anhang politischer Gruppierungen, die in hohem Grade aus solchen Komplexen leben, deutet auf die Fortdauer dieser Tradition hin. Der Blick in die Geschichte lehrt, daß darin, unter wie wechselnden Vorzeichen auch immer, eine der Ursachen für manche Abwege liegt, auf die das Land geriet.

Friedrich Meinecke hat unmittelbar nach dem Krieg, im tiefen Erschrecken über »die deutsche Katastrophe«, angeregt, in jeder Stadt »Goethegemeinden« ins Leben zu rufen, die das Werk des Dichters pflegen und dessen verlorengegangene oder nie übernommene Maßstäbe zurückbringen sollten. Man kann den Hinweis nicht ohne eine Art von Rührung aufnehmen, weil er auf seine Weise teilhat an der Wirklichkeitsfremdheit, die er zu überwinden sucht. In einer gleichsam vorweggenommenen Antwort hat Karl Löwith während der Emigration geschrieben, es sei nicht möglich, zu Goethe zurückzukehren, aber auch nicht, über ihn hinauszukommen.

Allerdings setzen Überlegungen wie diese auf eine Gewähr, die aus der Kenntnis der Klassiker zumindest in moralischer oder gar politischer Hinsicht folgt. Doch so einfach liegen die Dinge nicht, und die Frage ist, ob man sie überhaupt mit irgendeinem Vorsatz lesen sollte. Anders als der Zeitgeist und die totale, auf den Nutzen versessene Dienstleistungsgesellschaft unserer Tage glauben machen wollen, ist ihre Lektüre keine Sache verwertbarer Gebrauchsanleitungen. Ihr Gewinn liegt jenseits aller Zwecke und nimmt gerade mit der Absichtslosigkeit von Werk und Leser zu. Allenfalls gerät man durch sie an Einsichten, wie sie Goethe nach der napoleonischen Tragödie in Moskau beschrieb: »So fühlen wir denn freilich, in welcher Zeit wir leben und wie hochernst wir sein müssen, um nach alter Weise heiter sein zu können.« An irgendein nutzbares Ende jedenfalls kommt man damit nicht. Sondern zu immer neuen Rätseln und antwortlos bleibenden Fragen, die ihren Reiz und ihren Sinn in sich selber haben.

# Der Süden als der Tod von allem

## *Richard Wagner und Italien*

Jeder, der mit Biographie und Werk Richard Wagners halbwegs vertraut ist, kennt das aus vielfältigen persönlichen und künstlerischen Verbindungen geknüpfte Beziehungsgeflecht des Künstlers zu Italien. Der Ruhm, der ihn dort umgab, die aus südlichem Enthusiasmus und Scheu vor dem Fremdartigen, germanisch Abgründigen gemischte Bewunderung war schon zu seinen Lebzeiten außerordentlich, und Wagners zahlreiche Reisen nach Italien, insonderheit die oft über mehrere Monate dauernden Aufenthalte der letzten Lebensphase, haben ihn in jenem Lande zu dem neben Verdi unbestritten größten Musiker der Zeit und sogar populär gemacht. In Venedig schrieb er den zweiten Akt des »Tristan«, den Herbst 1876 verbrachte er in Neapel und Sorrent, in Neapel war er 1880 wiederum für mehrere Monate, später in Palermo, wo er den »Parsifal« beendete. Schließlich kehrte er im September 1882 noch einmal nach Venedig zurück, und dort, im Palazzo Vendramin, ist er am 13. Februar 1883 gestorben.

Darüber hinaus weiß man aber auch von künstlerischen Wechselwirkungen. Die alles überragende Herrschaft der italienischen Oper während der dreißiger Jahre des 19. Jahrhunderts blieb auch auf Wagner nicht ohne Einfluß. Ihre dramatische Lebendigkeit, ihre generöse und humane Wärme, meinte er, schlage selbst bei schwächerem musikalischem Genie immer wieder durch, und das »Liebesverbot« war ebenso ein Versuch, sich die Wirkungen der italienischen Tradition zu eigen zu machen, wie der »Rienzi« dem französischen Vorbild folgte, und selbst in Wagners früher Oper »Die Feen«, die an die deutsche romantische Überlieferung anknüpft, sind die Einflüsse der einen wie der anderen Richtung auffindbar. Aber von alledem rückte er bald ab. Schon als Zwanzigjähriger schrieb er in der »Zeitung für die Elegante Welt«, derjenige werde Meister sein, der weder im italienischen noch im französischen Stil schreibe – und auch nicht im deutschen; sondern derjenige, der die neuen Formen, das, was Wagner dann »die Musik der Zukunft« nannte, hervortreibe.

Dennoch überwältigte die italienische Musik seinen Sinn für Wirkungen auch später immer wieder. Einen seiner Bayreuther Mitarbeiter tadelte er, als dieser gestand, die Ouvertüre zur »Diebischen Elster« nicht zu kennen: »Mein Bester, über Rossini geht nur Beethoven.« Und als er einmal am Klavier einige Themen von Bellini gespielt hatte, meinte er: »Das ist bei aller Pauvretät wirkliche Passion und Gefühl, und es soll nur die richtige Sängerin sich hinstellen und es singen, und es reißt hin. Ich habe davon gelernt, was die Herrn Brahms & Cie. nicht gelernt haben, und was ich in meiner Melodie habe.« Im gleichen Zusammenhang brachte er aber auch zur Sprache, was ihn unterdessen davon trennte. »Nachdem er das cis moll Prälude gespielt«, heißt es in Cosimas Tagebuch weiter, »sagt er, auf die italienischen Melodien, deren eigentümliche Passion wir eben anerkannt, anspielend: Das ist pour le monde, aber dies hier (das Prälude), das ist die Welt.«

Umgekehrt begegnet man immer wieder der Auffassung, die Spätwerke Verdis, insbesondere »Otello« und »Falstaff«, überschritten so weit die italienische Operntradition, wie sie Elemente des Wagnerschen Musikdramas enthielten. Bessere Gründe aber kann die Ansicht ins Feld führen, daß Verdi und eigentlich alle Opernkomponisten der Zeit in Ausgangspunkt wie Ziel gänzlich andere Wege einschlugen, auch wenn sie im

Technischen zu mancherlei ähnlichen Ergebnissen kamen wie Richard Wagner. Trotz aller repräsentativen Züge blieb er stets der große Einzelgänger der Epoche. Die »unabsehbare Entfernung ... von der Welt«, von der er nach dem ersten Anhören des Vorspiels zum »Tristan« gesprochen hat, galt lange Zeit zugleich auch im Verhältnis der komponierenden Zeitgenossen zu ihm und seinem Werk.

Verblüffenderweise hat es in Italien, trotz aller verbreiteten Begeisterung für Richard Wagner, keinen eigentlichen »Wagnerismo« gegeben wie, mit entsprechenden Abwandlungen, in Frankreich oder England, sofern man von d'Annunzio, einigen Essayisten sowie den Operndichtungen Arrigo Boitos absieht. Das mutet um so merkwürdiger an, als der romantische Pessimismus Wagners zahlreiche Motive und Figuren der europäischen Décadence bündelte, die in Italien eine lange, teils eigene, teils rezipierte Geschichte besaß. Verdi selber warnte einige Jahre nach Wagners Tod die jüngeren italienischen Komponisten vor aller Nachfolge: »Wenn die Deutschen, bei Bach beginnend, bei Wagner angekommen sind, machen sie Oper wie gute Deutsche, und damit basta. Aber wir Nachkommen Palestrinas begehen eine musikalische Untat, wenn wir Wagner nachahmen.«

Von einigen epigonalen, rasch vergessenen Komponisten abgesehen, bedurfte es jedoch dieser Warnung kaum. Es war, wie Verdi erkannte, der zuletzt unüberbrückbare Gegensatz von Plastik und Gedanke, von Kunstinstinkt und spekulativer Versenkung, der das eine vom anderen trennte. Weit abseits der niemals gänzlich schwindenden Erinnerung an den schönen Drehorgelton, der in aller italienischen Musik des 19. Jahrhunderts mitklingt, von ganz anderen Ausgangspunkten her, entwickelte Wagner eine kompliziert ausgedachte, von Ideen, Anspielungen und herrischen Zumutungen befrachtete Erlösungskunst. Alle Überlegungen, die von Vorbild oder Nachfolge sprechen, verfehlen daher die Sache. Was Wagner und Verdi verband, reichte über den Zufall der Generationszugehörigkeit kaum hinaus.

So scheinen die Materialien, nimmt man dies und anderes zusammen, am ehesten die These einer vom bloßen Beziehungsglanz überdeckten Beziehungslosigkeit zu stützen, und hinter Wagners italienischer Neigung käme, sieht man von den Jugendwerken ab, nicht viel mehr als die touristische Vorliebe der Zeit zum Vorschein. Eine etwas dunklere Farbe brächte allenfalls das Fluchtmotiv ins Spiel, das seit Goethe der treibende Beweggrund so vieler Reisender auf dem Weg nach Italien war. Schon der erste Venedig-Aufenthalt Wagners hatte damit zu tun, desgleichen die Reise mit Cosima, 1868, die den endgültigen Entschluß zur Trennung von Hans v. Bülow brachte. Auch als Wagner nach den Erschöpfungen und dem »Nie wieder!« der ersten Bayreuther Festspiele im Herbst 1876 zu längerem Aufenthalt nach Neapel und Sorrent aufbrach, geschah es, um »von der Welt, namentlich von unseren schrecklichen Operntheatern, nichts zu hören und zu sehen«, wie er Ludwig II. schrieb.

In der Tat hat Richard Wagner in Italien wohl vor allem gesucht, was das Land dem Reisenden schon lange verhieß. Der große Mythagoge der Zeit hatte, wie jedermann, teil an dem bürgerlichen Mythos, wonach alles Reisen, der Idee nach, immer Italien zum Ziel habe: sein mildes Klima, den unerschöpflichen Bildersaal von Kunst- und Naturschönheit sowie die größere Leichtigkeit des Daseins: »les doux accents d'Italie«, wie Wagner zu sagen liebte. Daneben suchte er, angesichts der anhaltenden nervösen Leiden, die ihm zu schaffen machten, von der Gesichtsrose über die Brustkrämpfe bis hin zu den gastrischen Beschwerden, in Italien immer auch Linderung, und seine Fähigkeit zur Selbstüberredung ließ ihn, kaum daß Plan und Vorbereitung einer Reise begannen, stets schon Befreiung von den Krankheiten empfinden, unter denen er litt.

Wie wir den Briefen, den autobiographischen Hinterlassenschaften oder auch den Tagebüchern Cosimas entnehmen können, waren die Zeugnisse der großen Kunst mehr oder minder an ihm verloren. Zwar lief er, wie es dem Reisebrauch der Zeit entsprach, die Sehenswürdigkeiten bereitwillig ab. Aber sein reizbarer Sinn, der auf Eindrücke eigentlich aller Art leidenschaftlich reagierte und noch dem ihm Fernliegenden ein geistreiches oder verdrehtes Aperçu abgewann, blieb seltsam unberührt von den Kunsterfahrungen, die er machte. Was er beispielsweise über den Besuch der Brera in Mailand äußerte, über den Dom der Stadt oder Leonardos Abendmahl, könnte in all seiner bloß registrierenden Belanglosigkeit auch die Notiz eines Omnibus-Reisenden unserer Tage sein. Zu den wenigen Bekundungen von Gewicht zählt seine Bemerkung über die Sixtinische Kapelle mit Michelangelos Jüngstem Gericht, die aber eben deshalb überliefernswert ist, weil sie gerade nicht dem Werk gilt, sondern den Zusammenhang mit dem eigenen Schaffen herstellt, an dem er alles maß: »Das ist wie in meinem Theater, hier merkt man, daß nicht gescherzt wird.« Nicht selten gewinnt man darüber hinaus den Eindruck, sein Urteil sei von der Lektüre beeinflußt, die ihn jeweils beschäftigte, wie überhaupt an den Aufzeichnungen Cosimas auffällig ist, daß die von soviel großartigen wie turbulenten Formen und Farben erfüllte italienische Welt bei Wagner selber nur blasse Erlebnisspuren hinterließ.

Aufs Ganze ist während aller Aufenthalte, von Krankheit und Arbeit abgesehen, viel mehr von Gelesenem als von Gesehenem die Rede. Wie in der Musik blieb ihm vermutlich auch in der bildenden Kunst die mediterrane Wesensart schwer zugänglich. Ihre Lust am Stilisierten, dekorativ Gebändigten, an der so leicht ins Schöne flüchtenden Rhetorik war ihm fremd, zumal sie nichts von den »schrecklichen Krämpfen der Weltgeburt« ahnen ließ, die seine eigenen Werke noch in der Vollendung erkennen ließen. Der Einfluß der Latinität sei der Tod von allem, hat er bei Gelegenheit bemerkt, und man hat Gründe anzunehmen, daß dies mehr war als eine jener aphoristisch übertreibenden Sentenzen, die er um ihres Effektes willen liebte.

Paradoxerweise hielt er sich in Italien auch das Italienische lange Zeit fern. Das Mobiliar seiner Räume pflegte er umzustellen, kaum daß er sie bezogen hatte, einmal verhängte er die Zimmer, eines nach dem anderen, mit schweren Stoffen und baute sie zu jener Alchimistenhöhle aus, die seine Musik als unmögliche Mischung aus Weltflucht, Rausch und Berechnung zu ihrer Hervorbringung benötigte. Wie seine Vorhaben und Unterlagen brachte er stets auch seine Umgebung mit, Freunde, Ärzte und das vertraute Bayreuther Personal bis hin zu seinem Barbier, er mied Straßen und Plätze und Menschen. Nur selten drang ein Unbekannter zu ihm vor. Die Wirklichkeit brauchte er nicht, sie ermüdete ihn rasch und hemmte seine produktive Energie, er war ein Genie der Realitätsaussperrung. In einem jämmerlichen Gasthof fertigte er die Exzerpte und Notizen für die »Meistersinger« an, deren Dichtung er anschließend im Hotel Voltaire in Paris niederschrieb. Was er mehr als die Welt brauche, versicherte er, sei »die große Einsamkeit und Zurückgezogenheit«, in ihr sammle er seine »schmerzlich zerstückten Lebenskräfte«, um sein Werk voranzubringen. »Dann will ich mich einmal umsehen, welches Gesicht mir die Welt zeigt ... Bis dahin bleibe ich mit ihm in meiner hiesigen, lebendig gewordenen Traumwelt allein.«

Und doch ist die Aussperrung der Welt nicht alles, durchweg sind, sobald die Figur Wagners ins Spiel kommt, die Dinge verschlungener, als es auf den ersten Blick erscheint. Denn sicherlich war es kein Zufall, daß er sich zur Arbeit am »Tristan« gerade nach Venedig zurückzog. Er liebte die entrückte Atmosphäre der Stadt, ihr unwirkliches Wesen, und was er einmal über die Kirche San Marco bemerkt hat, galt im Grunde für Venedig im ganzen: »Es sei einfach eine Zauberei, jedes Mal, daß er sie erblicke ..., sie konnte ebenso gut über Nacht verschwinden.«

Einiges von dieser Zauberei ist, mehr als in jedes andere Werk, in den »Tristan« eingegangen, wieviel oder wenig davon er hinter den dunkelroten Tüchern und Portieren, mit denen er die Wände seines Wohnsaals verhängt hatte, auch erfaßte. Es gibt wohl kein genaueres Wort als »Kunstinstinkt« für das, was ihn begreifen ließ, wie die Wirklichkeit hinter allen Drapierungen war und was seinem Werk davon zugute kam. Nietzsche hat von Wagner gesagt, daß er allem in der Natur, was bis dahin nicht reden konnte, eine Sprache gegeben habe, und nannte »Morgenröte, Wald, Nebel, Kluft, Bergeshöhe, Nachtschauer, Mondesglanz«, deren »heimliches Begehren«, zu tönen und Musik zu werden, Wagner empfunden habe. Das sind durchweg romantische Begriffe. Auch zu nennen wären Farbenspiel, Verschwendung, Marmor, Verfall, bengalisches Feuer, Maskerade oder Taumel. Jedenfalls hat die einzigartige Magie der Stadt, die Verbindung aus Raffinement, Erotismus und Ermüdung, auch aus Schönheit und Grausamkeit, den deutsch-romantisch formulierten Tragödienstoff unerhört erweitert und jene Vorgriffsmusik erst möglich gemacht, die der »Tristan« bis heute geblieben ist, der Traum, wie Wagner schrieb, »den ich dort zum Klingen gebracht habe«.

Dieser Kunstinstinkt, der nur den flüchtigsten Reiz benötigte und alles weitere, in zusehends dichter verwobenen Mustern, aus sich herausspann, war es auch, der ihn in La Spezia, von Fieber und Erschöpfung gezeichnet, im Halbschlaf die Vorspielmusik zum »Rheingold« finden ließ, das »Wiegenlied der Welt«, und in Venedig, vor Tizians Himmelfahrt Mariens, ihm den Entschluß eingab, die »Meistersinger« mit der Entsagungsfigur des Hans Sachs zu komponieren. Wie man weiß, hat Wagner, was er sich in oft mühevollem Suchen erfand, später gern zur plötzlichen, mit der Gewalt einer Erleuchtung über ihn kommenden Eingebung stilisiert, am nachweislichsten im Falle des Karfreitagszaubers, und mitunter hat er auch eingeräumt, wieviel Legende und Lebensinszenierung dabei im Spiel war, es sei »eigentlich alles bei den Haaren herbeigezogen«. Immerhin gibt es eine szenische Inspiration, die dieses Eingeständnis dementiert und sein besonderes Ingenium auf höherer Ebene doch beglaubigt. Sie betrifft den »Parsifal«, Klingsors Zaubergarten, dessen Bild er aber nicht, auf wie verwandelnden Wegen auch immer, aus irgendeiner Wahrnehmung, sondern gänzlich aus der Phantasie entwickelt hat, der die Wirklichkeit erst die Bestätigung und dann noch einmal, fast schon im nachhinein, das noch treffendere Urbild zulieferte.

Am 26. Mai 1880 besuchte er, zusammen mit Cosima, von Amalfi aus, das kleine, auf einem überstehenden Hang hoch über dem Meer gelegene Bergnest Ravello. Und hier, im Palazzo Ruffolo, einer weitläufigen Anlage aus maurisch-normannischer Zeit, deren Mauern und Türme sich zu einer abgesenkten Aussichtsterrasse mit Brunnen, Nischen und Steinbänken öffneten, zwischen Kaskaden von Rosen, entdeckte er das Phantasiebild, das er sich von der Gegenwelt der Gralsritter, von Klingsors Reich, gemacht hatte. Seiner ursprünglichen Vorstellung zufolge war der Ort irgendwo im »arabischen Spanien« zu denken. Aber nun schrieb er, in einer Mischung aus Überwältigung und Stolz über die Genauigkeit seiner dichterischen Traumwahrheiten, in das Gästebuch des Anwesens: »Klingsors Zaubergarten ist gefunden!«

Zwei Jahre später hielt er sich, während der Abschlußarbeiten am »Parsifal«, in Palermo auf, und hier erst, im tropischen Park der Villa Tasca mit seinen fremdartigen Bäumen, den morastigen Tümpeln und bizarren Dickichten, fand er das wirkliche, Ravello noch einmal überbietende Bild von Klingsors

Garten. Jedenfalls behauptet das die Familienüberlieferung der Tascas, mit denen Wagner damals engen Umgang hatte. Im Halblicht dieses exotischen Kunstgartens mit seinem gewaltsamen Grün und all den verschwenderisch darüber hingeschütteten, giftig oder kränklich verbleichenden Farben kann der Besucher noch heute nachempfinden, daß die Eindrücke, die Wagner hier gewann, dem präfigurierten Phantasiebild weit genauer entsprachen als die verwunschene Märchenidylle von Ravello, die doch viel eher dem intimen, höfisch eleganten und liebenswürdig gezierten Charakter der ritterlichen Welt zur Erscheinung verhalf.

Im Grunde war die maurische Zitadelle nur so etwas wie ein kunstvoll erdachtes Gobelinbild der mittelalterlichen Welt, während ihm für Klingsors Reich eine weit laszivere, von Verführungs- und Verbotsgeheimnissen umgebene Fabelwelt vorgeschwebt hatte. Kundry, meinte er einmal, müßte auf der Bühne eigentlich »wie eine Tizianische Venus nackt daliegen«, und etwas von dieser Nacktheit und bewußtlosen Schamlosigkeit, die ihm vorschwebte, hat er hier erst gefunden. Cosima notierte denn auch, Richard Wagner habe zuzeiten täglich den Park aufgesucht, den »zaubrischen Garten«, wie es anspielungsvoll heißt, dessen vegetatives Treiben seiner Doppelvorstellung von Sünde und Reinheit, Begierde und Unschuld ein ebenso einfaches wie anschauliches Sinnbild bot.

Der »Parsifal« sollte immer seine letzte Oper sein, das »Weltabschieds-Werk«, wie er Ludwig II. im Januar 1883 schrieb, und der pathetische Begriff des Bühnenweihfestspiels, den er dafür erfand, war sicherlich auch vom Bedürfnis nach äußerster Steigerung des eigenen, nun als beendet gesehenen Lebenswerks eingegeben. Sosehr die Entstehungsgeschichte gerade dieses Werks ihn noch einmal mit Italien verbunden hatte, mit Neapel, Sorrent, Ravello und Palermo sowie mit Siena, wo ihm im Dom, »zu Tränen hingerissen«, aufging, wie er sich den Gralstempel im mystisch gebrochenen Dämmerlicht vorzustellen habe – die Stadt wie keine andere blieb für ihn Venedig. Mitte September 1882 mietete er für mehrere Monate das Mezzanin des Palazzo Vendramin am Canal Grande, achtzehn Räume für Familie, Dienerschaft und Gäste. Es mag sein, daß er mit diesem Aufenthalt nur den Bayreuther Behelligungen oder dem rauhen fränkischen Winter entkommen wollte. Doch nahe liegt auch der Gedanke, er habe, in einer letzten Inszenierungsidee seines theatralisch gelebten Lebens, das Ende gerade in Venedig erwarten wollen, der Tristanstadt, die seinen einst tiefsten Empfindungen, zusammen mit dem Gefühl von gewesener Größe und ausgegebener Kraft, in aller feierlichen Verfallsstimmung Ausdruck gab.

Dafür sprechen die Todesgedanken, die ihn schon bald nach der Ankunft, häufiger als je zuvor, erfüllten. Der Dauerregen während der ersten Wochen nährte immer neue Cholera-Ängste, und die schwarzen Gondeln erschreckten ihn wieder wie einst. Es war eine Zeit der Rückblicke, er sprach von den vielen Mühen und fehlgeschlagenen Hoffnungen sowie von seinen verleideten Empfindungen gegen die Welt. Alle kamen noch einmal, als stellten sie sich zum Abschiednehmen ein, Franz Liszt, Hermann Levi, Rubinstein, Humperdinck und viele der bloßen Connaissancen, die er im Laufe rastloser Jahre hier oder dort gemacht hatte. »Nur ab und zu lodert es in ihm auf wie bei einem halb erloschenen Feuer«, schrieb Cosima. Er arbeitete unter Krämpfen, widmete sich letzten essayistischen Bemühungen sowie Überlegungen, wie das Werk zu bewahren und Bayreuth weiterzuführen sei. Mitunter spielte er der Umgebung sein Sterben vor oder intonierte, zum Schrecken aller, eine volkstümliche Weise mit dem Text »Harlekin, du mußt sterben!«. Auch Tizians Assunta übte den alten Zauber auf ihn aus, in der Musik, hatte er einmal bemerkt, gebe es »nichts so Vollendetes«.

Oft saß er in dem kleinen Garten des Palazzo Vendramin oder ließ sich vom Gondoliere Luigi zur Piazza San Marco fahren, wo er sich auf einer steinernen Bank am Dogenpalast niederließ, die eine Hand gegen die Brust gepreßt und mit vornübergebeugtem Kopf das Treiben beobachtend. »Es ist schön«, sagte er, »in der Nähe von so etwas zu leben.« Aber auch: »So werde man ihn eines Tages als Leiche finden.« Nietzsche hatte, als er den Gegensatz und gleichzeitigen Zusammenhang von musikalischer Einsamkeit und Massenwirkung in dem nun zurückliegenden Werk beschrieb, Richard Wagner einen Künstler genannt, der »am liebsten still in den Winkeln zusammengestürzter Häuser sitzt« und dort »seine eigentlichen Meisterstücke« hervorbringt. Jetzt kam das Bild auf andere Weise zur Deckung mit dem Gedanken.

An einem der ersten Februartage fuhr er abends mit Cosima und den Kindern nach San Marco, um die festlich düstere Trauerprozession des Prinzen Carnavale zu sehen und wie er, an der letzten Station angelangt, auf der Piazzetta den Verbrennungstod erlitt. Als sie lange nach Mitternacht in den Palazzo Vendramin zurückkehrten, hörte Cosima ihn vor sich hinsagen: »Ich bin wie Othello, mein Tagwerk ist vorbei.«

Das Motiv des Liebesverbots zieht sich, von allem Anfang an, durch Wagners Werk, in jeder seiner Opern findet sich, wie Peter Wapnewski beobachtet hat, mindestens eine Figur, die daran leidet und in Entsagung oder Übertretung davon freizukommen sucht. Auch wenn es sich verbietet, allzu weitreichende oder jedenfalls ins einzelne gehende Schlüsse daraus zu ziehen, kann doch die bestimmende, Wagners Biographie überschattende Bedeutung des Motivs kaum zweifelhaft sein. Mathilde Wesendonck und Judith Gautier sind nur die grelleren Namen einer sichtlich lebenslangen Erfahrung, und auch die Verbindung mit Cosima war, von ihrer Seite in selbstquälerischen Reueanfällen immer wieder ins Bewußtsein gerufen, nie ganz frei von der Empfindung des Verbotenen und Unerlaubten. Es liegt eine unendliche, vom Bedeutungsvollen bis ins Komische reichende Ironie darin, daß während der letzten Stunden dieses Lebensthema noch einmal hervortritt und möglicherweise sogar Wagners Ende mitbewirkt hat.

Wenige Monate zuvor hatte sich eine junge, überaus attraktive Sängerin, Carrie Pringle, in Bayreuth vorgestellt und war von Wagner als Solistin für die Partie eines der Blumenmädchen im »Parsifal« engagiert worden. Nach der Premiere, bei einem Empfang in Wahnfried, hatte er sich einige Zeit im Kreis der Sängerinnen bewegt, glücklich, auch geschmeichelt, und dabei allzusehr enthüllt, wie bezaubert er von Miss Pringle war. In Cosimas Tagebüchern, die dergleichen eher verschweigen oder unkenntlich machen, heißt es immerhin noch einen Monat später: »R. sagt, er habe Sehnsucht nach den Blumenmädchen, er habe ihnen nicht genügend seine Freude an ihnen zeigen können, wenn er auch bei jeder Aufführung laut sein Bravo über das ganze Publikum hinweg zugerufen hat.«

Einige Gründe sprechen dafür, daß Anfang Februar, als Hermann Levi im Palazzo Vendramin war, um mit Wagner die Besetzung des »Parsifal« für die kommenden Festspiele zu besprechen, wieder der Name Carrie Pringle fiel. Sie lebte inzwischen in Italien, hatte an der Mailänder Scala gesungen, und die Biographen vermuten, daß Levi den Auftrag erhielt, sie nach Venedig einzuladen. Offenbar war sie es auch, der Richard Wagners Gedanken am Vorabend seines Todes galten, als er von den »Undinen-Wesen« sprach, »die sich nach einer Seele sehnen«, nicht anders als einige Zeilen weiter der letzte Satz, mit dem Cosimas Tagebücher unvermittelt abbrechen: »Ich bin ihnen gut, diesen untergeordneten Wesen der Tiefe, diesen sehnsüchtigen.«

Am nächsten Morgen jedenfalls kam es zwischen ihm und Cosima, wie die Tochter Isolde berichtet hat, zu einer erregten

Auseinandersetzung, deren Ursache aller begründeten Wahrscheinlichkeit nach die Einladung an Miss Pringle war. Anschließend zog sich Wagner in seinen Arbeitsraum zurück und nahm auch nicht, wie sonst immer, am Mittagessen teil, während Cosima nebenan Schuberts »Lob der Tränen« spielte. Als man noch bei Tische saß, kam die Nachricht, daß der Meister sterbend zusammengebrochen sei. Nachdem der Hausarzt Dr. Keppler gegen drei Uhr den Tod festgestellt hatte, notierte er in seinem Befund, psychische Aufregungen hätten das Ende beschleunigt, doch wolle er sich »auf diesbezügliche Vermutungen nicht einlassen«.

Bis dahin hatte Richard Wagner sich aus allen Liebesverboten stets in die Arbeit gerettet, sein Werk ist nicht zuletzt ein immer neuer Anlauf, aus dem Leben und seinen dauernden Ausweglosigkeiten in die Kunst zu entkommen. »Enfin, je fais la musique du Parsifal«, hatte er an Judith Gautier geschrieben, als er die Vergeblichkeit auch dieser Passion zu erkennen begann. Jetzt, erschöpft und mit den Kräften am Ende, in dieser »ungeheueren Übermüdung«, von der er in einem seiner letzten Briefe gesprochen hatte, erwies sich der lebenslange Fluchtweg zum ersten Male als versperrt. »Zum Zaubern fehlt mir jetzt die Kunst.« Womöglich war es nicht zuletzt diese Einsicht, die den Rest seiner Lebenskraft zerstörte.

Gewißheiten gibt es nicht, sondern nur die »diesbezüglichen Vermutungen«, auf die sich der nüchterne Dr. Keppler nicht einlassen wollte. Doch Wagners Leben ist, nicht anders als sein Werk, ein einziger, Vermutungen stimulierender und durch bewußt eingefügte Doppelsinnigkeiten noch befördernder Gegenstand, der erst im Hypothetischen zu seinen Wahrheiten kommt. Das Unbezweifelte jedenfalls ist so gut wie stets das Falsche.

Denn er wendete alles ins Rätselhafte, im hohen, oft aber auch trivialen Sinne Zweideutige. Er war ein Meister der Verschlüsselungen, des Verbergens und Verdrehens, auch darin fremd allem Italienischen, seiner prunkenden und naiven Lust am Effekt. Immer stellt sich der Eindruck ein, als müsse er alles ins gleich mehrfach Gebrochene übersetzen, es eindunkeln, und selbst der Glanz hat niemals bloß auftrumpfende, sondern stets auch grüblerische, nicht selten verzweifelte Begleittöne.

Von hier aus fällt noch einmal ein Licht auf Wagners Fremdheit gegenüber allem Italienischen. Natürlich war dabei stets etwas von der Beziehungslosigkeit eines lebenslang Getriebenen zu jeder Art von Welt im Spiel, und bezeichnenderweise hat man an seinen Opernfiguren, vom Holländer bis zu Mime, Wotan oder Kundry wieder und wieder das Entwurzelte, Heimatlose und nahezu »Ahasverische« ausgemacht, das über ihnen allen und, wie ein freilich produktiver Fluch, auch über seinem Leben lag. Doch der Lösung näher kommt wohl die Einsicht, daß er, wie so viele Italienreisende des 19. Jahrhunderts, von den Deutschrömern bis zu Böcklin und Thomas Mann, die Andersartigkeit des Südens benötigte, um sich seiner Herkunft und tieferen Bindung zu vergewissern. Das hochpathetische Eingeständnis zu Beginn der siebziger Jahre, daß er »gleichsam am Kreuze des deutschen Gedankens« hänge, war zwar in anderem, eher politischem Zusammenhang gesprochen; doch konnte es zuletzt nur aus der Erfahrung mediterraner Fremde kommen. Eine parodistisch anmutende Kehrseite hatte die Bemerkung aber auch. Während jenes Aufenthalts in Siena, wo er im Dom das Dämmerlicht des Gralstempels entdeckte, las er anschließend tagelang, Jahrgang für Jahrgang, die »Fliegenden Blätter«.

Wie anekdotisch sich dieser Hinweis auch ausnehmen mag, bleibt doch richtig, daß Richard Wagner erst in Italien der Gegensatz von Deutschtum und Latinität bewußt wurde, von protestantischer und katholischer Lebensform, und wie stets hat er die Verschiedenheiten sogleich zum Weltkonflikt erhöht. Im sogenannten Kulturkampf ist er folglich auch an die Seite Bismarcks getreten und hat nur beklagt, daß der Kanzler die Auseinandersetzung nicht mit einer »derberen Sprache« führe. Das nicht selten aufdringlich Deutsche, das ihm trotz aller gelegentlichen Ausfälle dagegen eigen war, hat in Italien erst seine exzentrische Ausformung erfahren, und seine Ereiferungen machten schließlich nicht einmal vor der Renaissance halt, von der sich die »naiven Deutschen« so hätten imponieren lassen, daß ihr Wesen und, wie es einmal heißt, ihr eigenes Gefühl »beinahe zu Grund gegangen« seien.

In den letzten Lebenstagen, als sie über die Musik sprachen, bemerkte Cosima, die italienischen Melodien entwickelten sich »wie im Einklang mit der Luft und dem Himmel«. Wagners Antwort deutet an, was ihn davon trennte, er liebte es nur, »in der Nähe von so etwas zu leben«. Er wußte gleichwohl, welchen Zauber es auf ihn ausübte und wie er ihm fast erlegen wäre. Aber er hatte sich früh davon entfernt, und inzwischen war der Abstand riesengroß geworden. Die italienische Musik war gerade nicht der Einklang mit der Luft und dem Himmel, sondern in allem nur »Kunst«. Seine Verehrung für Homer, Shakespeare, Cervantes oder Goethe begründete er gern mit dem Bemerken, daß in ihren Werken die Unterschiede zwischen Kunst und Natur aufgehoben und nichts darauf hindeute, daß sie »gemacht« seien. Der Widerspruch, in den er sich damit zu seinen eigenen hochreflektierten Schöpfungen begab, in denen nichts »Natur« ist und der Verfertiger bei keinem Wort und keiner Note hinweggedacht werden kann, ist nur ein weiteres jener ungezählten Paradoxe, zu denen die Beschäftigung mit dem Rätsel Wagner hinführt.

In der Tat war der Süden mit seiner Offenheit, der vom großen Passionstheater überdeckten Gedankenleere »der Tod von allem«, worauf seine Kunst hinauswollte. Er bewunderte nur dessen schöne Kulisse. Die selige Diesseitigkeit, die davor herrschte, die bloße Affären-Tragik der italienischen Musik, der Mangel an Untergangsstimmung, Spekulation, Geheimnis und Metaphysik, kurzum an allem »Deutschen«, war unterdessen das schlechthin Fremde. Eine Arien-Zeile wie »Ah, che bel vivere, che bel piacere!« wäre ihm nicht einmal als Rollentext eingefallen. Sie beschrieb einen Weltabstand. Auf Cosimas Bemerkung erwiderte er daher, auf eine Distanz hinweisend, die er längst als unüberbrückbar empfand: »Bei uns muß alles verschlossen sein, und da ertönt ein anderes, welches mit der sichtbaren Welt nichts gemein hat.« Im Süden war alles Außenseite, Farbenglanz oder schöner Schein, und dahinter das offene, sich ins Leere oder doch Unbefragbare erstreckende Nirwana. Bekräftigend fügte er denn auch noch einmal hinzu: »Es muß alles verschlossen sein«, ganz als beginne hinter dem Sichtbaren erst die Welt.

# Kein Ende der Affäre mit Gott

*Versuch über Graham Greene*

Die verbreitete Unterschätzung, der das Werk Graham Greenes seit je begegnet, geht nicht zuletzt auf den pathetischen Kulturbegriff eines Publikums zurück, das literarischen Rang nicht ohne Verständnismühe und einen Hauch anspruchsvoller Langeweile denken kann. Nichts ist dem Ruf dieses Autors abträglicher gewesen als der in annähernd fünfundzwanzig Romanen und zahlreichen Kurzgeschichten eigensinnig wiederholte Versuch, Ängste und Elend des Menschen, die unheilbaren Brüche einer Welt nach dem Sündenfall, in einer spannenden Geschichte zu erzählen, man kann auch sagen, Weltliteratur mit der Kolportage zu versöhnen.

Alle Mißverständnisse, die Graham Greene erweckt hat, haben mit diesem doppelgesichtigen Zug seiner Bücher zu tun. Die einen sehen in ihm einen Autor hintergründig getönter Kriminalromane, doch beharrt er darauf, nie einen Kriminalroman geschrieben zu haben: »Bücher dieses Genres, besonders der englischen Spielart, beginnen in der Regel damit, daß auf einem einsamen Landsitz ein Toter in der Bibliothek liegt, doch wo liegt, zumal auf einsamen Landsitzen, je ein Toter in der Bibliothek?« Fast ungehalten weist er zurück, ein katholischer oder gar politischer Schriftsteller zu sein, »ich schreibe nicht für eine Sache«, und von allen Formeln, auf die man sein Werk verkürzt hat, läßt er am ehesten die eines Unterhaltungsschriftstellers gelten.

Doch steckt in dem bereitwilligen Zugeständnis des Autors

mehr Lust am Understatement als der Wahrheit zuträglich ist. Schon die Handlungsorte, die er bevorzugt, die trostlosen Vorstadtbezirke, die in der Hitze dämmernden, Fäulnis und Korruption ausbrütenden exotischen Drecknester sowie das verlorene, in Haß, Bitterkeit und Selbstquälerei merkwürdig entblößt wirkende Personal, sind von den eleganten Kulissen aller Unterhaltungsliteratur weit entfernt.

Vergleichbar ist allenfalls eine Äußerlichkeit. Die Entfaltung von Charakteren und Problemen vollzieht sich durchweg im Zusammenhang einer den Leser gefangennehmenden Handlung. Sie setzt meist beiläufig und jedenfalls ohne den einschüchternden, vollen Registerton großer Literatur ein: »Seit Castle vor mehr als dreißig Jahren in die ›Firma‹ eingetreten war, aß er zu Mittag immer in einem Pub hinter der St. James's Street, nicht weit von seinem Büro.« Nichts erscheint, nach derart trivialen Einsätzen, abwegiger als der Gedanke an eine Sache auf Leben und Tod in einem mehr als vordergründigen Sinn, an Verzweiflung, Ausweglosigkeit, Schuld und letzte Dinge. Doch bald weitet sich der Rahmen, das scheinbar Belanglose gewinnt an Schwerkraft, neue Handlungselemente verwikkeln und verschärfen die zunächst nur angedeuteten Konflikte, und unversehens zeigt sich, daß es innerhalb der nach wie vor eingängigen Geschichte um eben nichts anderes als um letzte Dinge geht. Vom Kriminalroman stammt nicht mehr als das Verstrickungsmotiv schuldig Unschuldiger, die aber nicht von Polizei und Detektiven, sondern von Gott oder doch einer verborgenen, im Bewußtsein des Menschen tätigen Macht gejagt werden.

Zwei Stränge laufen in diesen Romanen zusammen. Der eine geht auf die angelsächsische Tradition der Literatur als einer geselligen Einrichtung zurück, die der intelligenten Zerstreuung dient und den Besitz an Erfahrung, Welt- und Lebenskenntnis erweitert. Ihre Regeln verbieten alles Schwere, schwerfällig Gebildete, den anspruchsvoll entfalteten Ernst, und halten als schärfstes Verdikt jene Wendung bereit, die auch im sozialen Umgang jede Auseinandersetzung abrupt beendet: daß eine Sache zu langweilen beginne. Und obwohl dieser weitläufig belesene Autor gewiß nicht zu den bewußtlosen Traditionalisten gerechnet werden kann, sondern hinter der von ihm übernommenen, wenn auch charakteristisch entwickelten Form der »novel of action« die reflektierte Entscheidung eines Schriftstellers steht, der die anspruchsvoll neuen Tendenzen der Literatur, Virginia Woolf oder James Joyce, kennt, aber meidet, zieht er selber eine einfachere Deutung vor. Er habe früh zu lesen begonnen und sei deshalb nicht von der großen Literatur beeinflußt worden, wie man sie erst als Heranwachsender in die Hand bekomme; vielmehr hätten ihn Abenteuerromane, auch Mantel- und Degenstoffe, die Bücher seines Großonkels Robert Louis Stevenson, Rider Haggards »King Salomon's Mines« oder Marjorie Bowens berühmte »Viper of Milan« weit stärker geprägt und seine unverlierbare Neigung zum Melodramatischen ausgebildet. Und obwohl keines seiner Bücher zu einem Abschluß kommt, der die gestörte Ordnung wiederherstellt und die Verzweiflung der Akteure endet, fühlt er sich, wie er bemerkt hat, in schlechten Filmen noch heute selbst vom unglaubwürdigsten Happy End gerührt und ergriffen: »Das Leben ist nicht so. Solche Tapferkeit und solche Treue erträumen wir nur; aber in meiner Bedrängnis wünsche ich, es gäbe sie wirklich.«

Die Äußerung deutet zugleich auf das andere Hauptmerkmal seiner Bücher. Es reflektiert das grüblerische, von Melancholien heimgesuchte Temperament des Autors, der in der spekulativen Anstrengung nach jenen kaum wahrnehmbaren Möglichkeiten sucht, das ununterdrückbare Gefühl von Leere, Grauen und Gottverlassenheit ins Unrecht zu setzen. Graham Greene hat gelegentlich von den »Wüsteneien« gesprochen, die er bewohne, und sich als manisch-depressiv bezeichnet. Hinter den zahlreichen Reisen, die er zeitlebens vor allem in die Gefahrengebiete der Welt unternommen hat, nach Malaya und Vietnam, in das Kenia der Mau-Mau oder das Haiti des Papa Doc Duvalier, stand weder der traditionelle britische Exotismus, das Angestecktsein von den Tropen, noch die Absicht, abgelegene Stoffe und Schauplätze ausfindig zu machen, als vielmehr das Bedürfnis, dem taedium vitae, der quälend empfundenen Eintönigkeit des Lebens durch Erfahrungen der Angst und des äußersten Risikos zu entrinnen.

In der Erinnerung an seine frühen Jahre hat Graham Greene geschrieben: »Vor dem Schrecken läuft man schreiend fort; Angst hingegen hat etwas seltsam Verführerisches, Angst und sexueller Reiz sind geheime Verbündete.« Und nicht anders als in seiner Reiseunrast sieht er auch in der Literatur einen Fluchtversuch, der zweite Band seiner fragmentarischen Autobiographie trägt den Titel »Ways of Escape«, gemeint ist immer die »acedia«, die alte Mönchskrankheit, der er zu entkommen trachtet, und das Schreiben selber hat er als »Königsweg der Flucht« definiert: »Manchmal frage ich mich, wie alle jene, die nicht schreiben, komponieren oder malen, es zuwege bringen, dem Wahnwitz, dem Trübsinn und der panischen Angst zu entfliehen, die dem menschlichen Dasein innewohnen.«

Das Fluchtmotiv hat schon die Phase früher Bewußtwerdung mit der Kraft einer Zwangsvorstellung beherrscht: »Die Schrecknisse begannen, als ich dreizehn war.« Damals trank er eine Fixierlösung, die er für giftig hielt, aß Tollkirschen, schluckte Kokain und ein anderes Mal zwanzig Aspirintabletten – dies alles, um der demütigenden Gleichförmigkeit des Internatslebens, dem Mangel an Einsamkeit, der ordinären Promiskuität dieser Zwangsgemeinschaft zu entkommen. Auch das zu jener Zeit mehrfach wiederholte Spiel mit dem Russischen Roulette entstammte weniger dem Entschluß zum Selbstmord als dem Verlangen, die entwürdigende Monotonie durch einen Schuß zu beenden und den Tod für einen Adrenalinstoß in Kauf zu nehmen. »Das Merkwürdige ist«, hat er später dazu bemerkt, »daß auch das Gefühl der Gefahr langweilig werden kann.« Nach sieben oder acht Versuchen gab er das Spiel mit dem Revolver auf.

Die in der literarischen Kritik häufig anzutreffende Tendenz, Leben und Werk eines Schriftstellers zu verknüpfen, wird nicht selten bis zu dem Punkt getrieben, wo das eine, auf fast mechanische Weise, nur noch zum Beleg des anderen dient. Doch im Fall Graham Greenes scheinen alle bestimmenden und literarisch produktiv gewordenen Motive weniger der Biographie, als lediglich einigen wenigen Jugendjahren zu entstammen. Das gilt ebenso für die Idee des Russischen Roulette, das in dem Roman »Dr. Fischer aus Genf« wiederauftaucht, wie für den Dauerhader mit Gott, der für das Gesamtwerk des Schriftstellers kennzeichnend geworden ist. Seine Konversion zum Katholizismus im Jahre 1926 führt er zwar gern auf äußerliche Anlässe zurück, auf die Konfession der Frau, die er bald darauf heiratete, sowie, noch beiläufiger, auf sein Bedürfnis nach Zeitvertreib. Aber hinter dieser Neigung, die existentiellen Probleme und Lebensentscheidungen ins Banale hinunterzuspielen, steckt viel eher die Intimscheu eines Menschen, dem die schriftstellerische Arbeit das Äußerste an Selbstpreisgabe abverlangte. Schon als Schüler jedenfalls veröffentlichte er eine preisgekrönte Erzählung über das Glaubensproblem sowie einen Disput zwischen Gott und dem Teufel, die sich bei einer Schachpartie gegenübersitzen; und nicht ohne Grund liebt er es, ein Gedicht von George William Russell zu zitieren, wonach die großen Leiden der Welt aus den »Schatten und Dämmerungen« der frühen Jahre kommen, und »in Judas' verlorener Kindheit Christus verraten ward«.

Das alles ist in noch auffälligerem Maße vom eigentlichen Leitmotiv im Werk Graham Greenes zu sagen. Im Mittelpunkt stehen durchweg gebrochene Charaktere, eine Personnage seltsam moroser, von Zweifeln zerfressener Menschen, die, unbegabt zu jeder Form der Treue und Loyalität, in Bewährungsproben geraten, denen sie nicht gewachsen sind. Daß die Menschen schwach sind und die Umstände, die sie sich schaffen, übermächtig, daß das Versagen unvermeidlich und Leben soviel wie Verrat ist: Auf diese Grundsituation geht es immer wieder hinaus, und sie spiegelt nichts anderes als Graham Greenes überwältigendes Jugendtrauma wider.

Sein Vater leitete in Berkhamsted, einem kleinen Ort im Süden Englands, ein Internat, und wie viele Freunde er unter den Mitschülern auch gewann: er blieb immer »der Sohn des Direktors«, immer vom Mißtrauen verfolgt, es war eine Art »Hölle« von Einsamkeit und Jugendverzweiflung: »Ich konnte mich den anderen nicht anschließen, ohne meinen Vater zu verraten, während sie mich wie einen Kollaborateur im feindbesetzten Gebiet betrachteten.«

Doch stammt das Pathos des Verrats, der menschlichen und moralischen Unzuverlässigkeit, das den Figuren Graham Greenes eigentümlich ist, nicht nur aus persönlicher Erfahrung; es hat auch mit seinem Sinn für literarische Wirklichkeitstreue zu tun. Seine frühen Romane, die er denn auch aus seinen Gesammelten Werken ausgeschieden hat, eifern noch Stilvorstellungen nach, die er zu jener Zeit für Kunst hielt. Dann zwangen materielle Sorgen ihn, die Höhenluft artifizieller Prosa zu verlassen und den Blick auf die Realität zu richten: »Die Wirklichkeit, die gesegnete Wirklichkeit!«, hat er rückblickend, nicht ohne einen Seufzer der Erleichterung, formuliert. Die verkommenen, häufig wie entleert wirkenden Orte in seinen Romanen mit ihren stickigen Hinterzimmern, den Bordellen, Lehmhütten und Lasterhöhlen, mit Gewalt, Schmutz und den lauernden Bussarden auf Wellblechdächern sind nur die konzentrierten Abbilder einer trostlosen Welt, nicht anders als die elenden, von Selbstvorwürfen, Angst und mißgeleiteten Einsichten erschöpften Figuren zum Leben erweckte Metaphern des Menschlichen sind.

»Bestimmt muß es eine Macht geben«, sinniert einer seiner Akteure, »die stets dafür sorgt, daß die Dinge sich unter den demütigendsten Umständen abspielen.« Die Frage ist, ob diese Macht etwas anderes als das dauerverdrossene, depressive Temperament des Autors ist, und jedenfalls lief der Widerspruch, den seine Bücher erregt haben, immer wieder auf den Vorwurf hinaus, daß sie ohne alles Verklärungsinteresse sind und jenes Grau in ihnen vorherrscht, das aber gerade nicht, wie das berühmte Dichterwort es will, die Farbe der Theorie, sondern die aller Realität ist. »Manche Kritiker«, hat er bemerkt, »haben von einer seltsam gewalttätigen, ›schäbigen‹ Landschaft des Geistes gesprochen (Warum nur ist das Wort ›schäbig‹ durch mich so populär geworden?), die sie ›Greene-land‹ nennen; ich hingegen habe mich manchmal gefragt, ob sie denn mit Scheuklappen durch die Welt laufen … Sie glauben nicht, daß die Welt, die sie nicht bemerkt haben, wirklich ist.« Der unbeirrbare, von Niedrigkeiten und Schwächen verschonte, gleichsam eindimensionale Mensch taucht in diesen Romanen nicht auf, er widerspricht der Wirklichkeitserfahrung des Autors ebenso wie seiner Vorstellung dessen, was literaturfähig ist. Überdies aber ist der offensichtliche Feigling, der Auffassung Greenes zufolge, nicht nur realistischer, er verdient auch »mehr Sympathie als der offenkundige Held«.

Daher ist es nicht nur pessimistische Kälte, eine Art Besessenheit durch alle Arten menschlicher Verlorenheit oder gar ein literarisches Kalkül, was dem Greeneschen Typus die charakteristisch unansehnlichen Züge verschafft hat. Vielmehr erlaubt ein Menschenbild wie dieses dem Dichter erst, jenes überwältigende Mitgefühl zu entfalten, das alle seine Romane zu heimlichen Apologien der Verachteten und moralisch Preisgegebenen macht. Bezeichnend dafür ist seine Äußerung über die Bedeutung der im Jahre 1938 unternommenen Reise nach Mexiko, die Erfahrung der erbarmungslosen Verfolgung katholischer Priester und Gläubigen: »Meine Religion war bis dahin eine rein intellektuelle Angelegenheit gewesen, aber nun wurde ich gefühlsmäßig beteiligt und, ganz gewiß, das ändert das Schreiben, das ändert das ganze Leben eines Menschen.« Und knapper, schärfer noch: »Wenn man einmal ein totes Kind in einem Straßengraben, sei es in Mexiko, Vietnam oder Haiti liegen sah, schreibt man nicht mehr ›schöne‹ Literatur.«

An Henry James, den Graham Greene wie keinen anderen Romancier der Weltliteratur schätzt, hat er die Fähigkeit zum unsentimentalen Mitleid gerühmt, und was man den victimophilen Zug im Werk des Autors nennen könnte, rührt nicht zu letzt aus seiner Überzeugung her, daß das Glück im Leben der Menschen, analog zu dem Wort Hegels über die Völker, nur leere Seiten ergibt. Der Versager, der Mensch, der an den Konventionen, Ideologien oder Dogmen zerbricht, der Gläubige, der die Verdammnis auf sich nimmt, ist der Held seiner Romane im doppelten Sinn des Begriffs: Mittelpunktfigur und zugleich nicht ohne einen Anflug von Glorie. Erst die Schwäche, der Ruin, die zutage tretende Nichtswürdigkeit sind es, die ihn menschlich machen.

Dieses Paradox hat seine eigentliche Zuspitzung durch Graham Greenes Katholizismus erfahren. Zwar ist die Gereiztheit, mit der er das Etikett eines »katholischen Schriftstellers« wiederholt zurückgewiesen hat, nicht unverständlich, zuviel Erbauungsanspruch und Jenseitsgewißheit haften der Formel an; doch ist sein Einwand, er sei ein Schriftsteller, der »zufällig auch katholisch« ist, wohl an die Voraussetzung zu knüpfen, daß »Zufall« heißt, was niemandem ohne Grund zufällt. Der Schriftsteller Victor S. Pritchett, ein Freund und Altersgenosse Greenes, hat vom bürgerlich-englischen Protestantismus gesagt, er habe das furchtbare Problem von Gut und Böse zur bloßen Alternative von recht oder unrecht vereinfacht und damit vorgegeben, daß das eine vom anderen unschwer zu unterscheiden sei. Der Übertritt zum katholischen Glauben hat das Problem für Graham Greene in seiner verwirrenden Unlösbarkeit wieder hergestellt: daß Gottes Kraft sich vor allem in den Schwachen und Verachteten zeige; daß Nächstenliebe Schrekken und Unglück heraufbeschwören könne; daß das verworfene Sündertum Gott näher sei als jener Agnostizismus, der sich hinter dem offiziellen Kirchenchristentum verbirgt.

Das berühmte Beispiel für das, was man Greenes tragische Theologie nennen kann, ist jener Roman, in dessen Mittelpunkt ein mexikanischer Priester steht, der, auf der Flucht vor seinen Verfolgern, dem Whisky verfällt, ein uneheliches Kind besitzt, verhöhnt, verraten und schließlich, schlotternd vor Angst, von zwei Polizisten vor ein Peloton geschleppt wird – und der doch, trotz und gerade wegen aller würdelosen, erbärmlichen Züge »die Kraft und die Herrlichkeit« Gottes bezeugt. »Die Größe des Problems«, heißt es einmal von dem ruhelos Flüchtenden, »erschütterte ihn: er bedeckte die Augen mit den Händen; nirgends in dem weiten, flachen, sumpfigen Land war ein einziger Mensch, den er fragen konnte.«

Die Größe des Problems, die Unmöglichkeit, es zu lösen, ist Greenes Lebensthema. Schon der frühe Roman »Brighton Rock« handelte, wie er versichert hat, von der »erschreckenden Seltsamkeit der Gnade Gottes«, und sein einstweilen letztes Buch, »Dr. Fischer aus Genf«, das sich als reißerisch konstruierte Satire ausgibt, kann nicht ohne gute Gründe auch als Parabel über die unbegreifliche Grausamkeit Gottes und die korrupte Demut seiner Gläubigen verstanden werden. Was immer die Schauplätze, wer immer die Akteure sein mögen: Am Ende geht es, unter wechselnden Konstellationen, um nichts anderes als die Motive der Menschen, an Gott, dem deus absconditus et incomprehensibilis der Theologen, zu verzweifeln.

In diesem Generalthema spiegelt sich nicht nur die persönliche Passion des Dichters wider, sondern auch die Überzeugung, daß der Mensch an Schwerkraft verliere, seine Konflikte den tödlichen Ernst einbüßten, sobald der metaphysische Hintergrund abhanden kommt. Das ist auch der Grund dafür, daß kaum ein Roman Graham Greenes in einem liberalen Milieu, unter den vom Zweifel Unerreichbaren, den aufgeklärten Elegants des Zeitgeistes spielt, in einer Welt ohne »menschlichen Faktor« – während in nahezu jedem trostlosen Vorstadtbüro mit seinem vulgären, verblendeten und gewalttätigen Personal, jedem Dschungeldorf, Gott wenigstens in der Agonie präsent ist und hinter der elendesten Shantytown, wie entfernt auch immer, eine Art Kalvarienberg umrißhaft sichtbar werden kann.

Die häufig verkappte Religiosität, die allen Figuren Graham Greenes, auch den Zynikern, den aufgebrachten oder resignierten Hassern eigen ist, hat ihnen eine oft bestürzend spürbare Intensität verschafft und viele von ihnen unvergeßlich gemacht: neben dem Whiskypriester auch dessen Gegenspieler, den Polizeileutnant, der allen Aberglauben ausrotten und eine Welt schaffen will, die sich »allmählich abkühlt«; dann Pinkie aus »Brighton Rock«, Major Scobie, Alden Pyle, den »stillen Amerikaner«, oder Maurice Castle.

Selbst den Nebenpersonen, an denen er nicht selten seinen misanthropischen oder sozialkritischen Hang zur Vertölpelung ausläßt, gibt er nicht selten durch eine überraschende Wendung zum Hochherzigen die Möglichkeit, aus der karikierenden Übertreibung unversehens ins Menschliche zu treten: so im Falle des Präsidentschaftskandidaten Smith aus der »Stunde der Komödianten« oder des Dichters Jorge Julio Saavedra, in dem er geradezu die Gegenfigur seiner eigenen Vorstellung vom Schriftsteller entworfen hat, einen Mann, der mit dem Wort ringt, eine Neigung zu grandios verunglückenden Metaphern besitzt und zu sagen pflegt: »Die anderen haben Talent, ich habe einen Dämon« – der aber schließlich doch, durch einen Akt verzweifelter Generosität, menschliche Dimension und Sympathie gewinnt. Greenes ungewöhnliche Gabe der Schattierung, sein Vermögen, Handlungselemente und Charaktere zu innerem Ausgleich zu bringen, war bald so berühmt, daß der Filmproduzent Sam Zimbalist ihn eines Tages fragte, ob er für eine Neuverfilmung von »Ben Hur« nicht eine effektvolle Schlußepisode schreiben könne. »You know«, sagte er, »wir suchen ein Gegenstück zur Kreuzigung.«

Das Bewußtsein, daß erst Zwischentöne und ein System sich gegenseitig stützender Widersprüche einem Roman so viel Wirklichkeitsnähe verschaffen, daß der Leser Menschen begegnet und nicht Kunstmonstren, hat auch Graham Greenes Distanz zur sogenannten engagierten Literatur begründet: »Ich sage nicht, daß ich sie verachte; aber sie ist mir fremd.« Wiederholt hat er bemerkt, daß er »keine Botschaft« habe, weder mit politischem noch mit religiösem Vorsatz schreibe und als Schriftsteller nicht einmal die Ungerechtigkeit bekämpfe: »Ich erzeuge vielmehr nur ein Gefühl ungerechter Verhältnisse. Denn meine Absicht ist es nicht, die Verhältnisse zu ändern, sondern sie darzustellen.«

Die Tatsache, daß er gleichwohl in den Ruf eines leidenschaftlich engagierten Schriftstellers geraten ist, hat eher mit seinen außerliterarischen Parteinahmen zu tun, die er jedoch von seinem erzählenden Werk strikt abgrenzt. Entsprechend dem Satz von den moralischen Wirkungen der Literatur, hat er verschiedentlich bekannt, daß ein Roman zwar politische Folgen haben könne, diese aber umso geringer oder fragwürdiger seien, je stärker die pamphletistische Absicht durchschlägt: »Wer Partei ergreift, hört eigentlich auf, Schriftsteller zu sein, er äußert sich als Mensch. Das kann geboten sein, hat aber mit Literatur nichts zu tun.« Denn diese gehorcht eigenen Regeln, einem Kanon professioneller Standards, den keine Empörung, kein Gefühl für Menschlichkeit verwirren darf. Der Schriftsteller ist eine Art »Doppelagent«, dessen Sache diejenige aller seiner Figuren ist. »Die Identifikation macht schlechte Literatur«, sagt er, »der Abstand zu den Figuren ist die Voraussetzung guter Literatur.«

Dahinter steht ein handwerkliches Ethos, das Nüchternheit, kalkulierenden Stilwillen und psychologische Gerechtigkeit keineswegs als politisch-moralische Untreue empfindet, sondern als das Wesen der Literatur selber: »the most accomplished of English novelists«, wie die *Times* rühmte, der inzwischen nicht mehr als zweihundert Wörter täglich schreibt und so häufig überarbeitet, daß der Ertrag nicht selten auf wenige Zeilen zusammenschmilzt. Mit jeder macht er sich auf die Suche nach einer knappen, genauen, unaufdringlichen Prosa, die das »verwirrende Licht der Wirklichkeit« durchläßt. Dazu gehört, daß er jeden Morgen, unabhängig von seiner Stimmung, kurz nach acht Uhr zu schreiben beginnt und nach zwei oder drei Seiten, gleichgültig wiederum, wie gut oder schlecht die Arbeit vorangeht, abbricht: Schreiben nicht als eine Sache der Inspiration, sondern als Pflicht und Pensum. »The hell of writing«, hat er es auch genannt.

Dieser hohen technischen Moralität liegt die Überzeugung zugrunde, daß man es als Schriftsteller weit weniger mit den großen Kontroversen der Epoche als mit der Frage zu tun hat, wie viele Sätze zur Charakterisierung einer Figur nötig sind, wo die Verwendung von Adjektiven und adverbialen Bestimmungen zulässig ist oder wie eine Handlung beschleunigt oder verlangsamt werden kann. »Ich versuche stets, kalt zu schreiben, mich schreibend von meinen Gefühlen freizumachen. Als Mensch habe ich Skrupel und Sympathien, als Schriftsteller nicht. Man darf die Figuren, die man zum Leben bringen will, niemals lieben; hassen übrigens auch nicht.« Graham Greene hat in diesem Zusammenhang erzählt, wie er zur Zeit seiner ersten Schreibversuche in einem Krankenhaus den Todeskampf eines Kindes erlebte. Alle Patienten wandten sich ab, um das Weinen der herbeigerufenen Mutter nicht mitansehen zu müssen, einige setzten sogar Kopftücher auf, um nichts zu hören: »Nur ich nicht. Im Herzen jedes Schriftstellers gibt es ein Stück, das aus Eis ist. Ich sah und hörte zu. Dies war etwas, was ich eines Tages vielleicht brauchen konnte: wie die Frau redete, wie sie alle die Banalitäten hervorschluchzte, die sie aus irgendeiner Frauenzeitschrift haben mußte, ihr echter Schmerz, der sich nur in Gemeinplätzen äußern konnte.«

Außerhalb seiner erzählenden Arbeiten hat Graham Greene dagegen wiederholt seine Sympathie mit dem Kommunismus oder richtiger: mit verschiedenen linksrevolutionären Bewegungen der Dritten Welt geäußert. Er war mit Allende und dem panamesischen Staatspräsidenten Torrijos befreundet, hat gelegentlich für die Sandinisten geschmuggelt und schätzt Fidel Castro, wenn auch mit dem bezeichnenden Zusatz, man solle dazu auch die Kubaner im Exil befragen. Gesprächsweise hat er denn auch Zweifel geäußert, ob er je unter dem Regime Allendes oder Fidel Castros hätte leben können, ohne mit ihnen in Konflikt zu geraten: »Das sind romantische Idealisten, die von der Idee eines Neuen Menschen ausgehen, den es nicht gibt und nie geben wird. Und so sehr mich Romantiker anziehen, so gefährlich und zum Inhumanen neigend ist romantische Politik; ich ziehe Mr. Gladstone vor.«

Trotz solcher Vorbehalte ist gerade der humanitäre Romantizismus der eine Ansatzpunkt, auf den Graham Greenes Neigung zum kommunistischen Experiment zurückgeht, die verwegene Abenteuergeschichte, die in solchen revolutionären Aufbrüchen enthalten ist, ihr melodramatisches Pathos. Der andere ist die, wie vage auch, durchschimmernde spirituelle Tendenz des Kommunismus, das Element von Verheißung, Hoffnung und Glaube, das ihm gerade in den naiven, stammelnden

Aneignungen durch das Analphabetentum jener unterentwickelten Länder eigen ist, in denen Graham Greene sich seine Vorstellung davon gebildet hat.

Eine eher willkürliche Vorstellung, die vom Glaubensbedürfnis weit stärker als von Glaubensinhalten bestimmt ist. Nichts anderes ist auch der Grund dafür, daß Katholizismus und Kommunismus für ihn wie übrigens für viele seiner Generation und Herkunft so problemlos zusammengehen konnten. Erzogen an den Vorzugsschulen einer Spätkultur, wie sie einzig England hervorgebracht hat, in den intellektuellen Amüsiervierteln von Oxbridge, die geprägt waren von einem Typus, der die klassische Sozialfigur des Dandys in müden, ironischen Wiederholungen zu Ende lebte und mit nonchalanten Gebärden jedem Wertsystem blasierte Geringschätzung bekundete, regte sich in vielen der Widerwille gegen die frivolen Unverbindlichkeiten einer Welt ohne Normen.

Die Anziehungskraft, die Katholizismus wie Kommunismus mit der Vehemenz jeder starken und starren Glaubensidee auf sie ausübten, wird erst vor diesem Hintergrund ganz erklärbar. In der Strenge dogmatischer Prinzipien, dem Glück einer geschlossenen Heilslehre mitsamt den Schaudern von Ketzertum und Häresie, fanden sie Bedürfnisse nach Geborgenheit, Disziplin und existentiellem Ernst befriedigt, für die sie die leeren, hochmütigen Attitüden der Welt, aus der sie kamen, nur allzu bereitwillig hergaben. Graham Greene hat einmal von seiner »Versuchung durch die Extreme« gesprochen, es war die alte Abenteuerlust ins Geistige übertragen, und bezeichnenderweise gilt ähnliches für die Biographie einiger seiner engeren Freunde, die Namen von Evelyn Waugh und Kim Philby markieren die beiden Positionen, deren Verführungsmacht auch er immer empfunden hatte. Der eine gewann, Graham Greene zufolge, aus dem katholischen Glauben das Wenige an Hoffnung und Mitgefühl, das ihm erreichbar war, der andere fand im

Kommunismus, wie die Spione Guy Burgess, Donald Maclean und viele andere, das Stück schmalen Grundes, das ihm zu leben ermöglichte, ehe sie alle ins Moskauer Exil gerieten und mit dem Sturz in die Wirklichkeit von der metaphysischen Verlorenheit, der er sich entkommen glaubte, wieder eingeholt wurden. Ihn selber, hat er bemerkt, habe der frühe Übertritt zum Katholizismus vor einem ähnlichen Schicksal womöglich bewahrt. Was sie in ihrem Glaubenshunger und Glaubensunglück verband, hat er in der Figur des Dr. Magiot aus der »Stunde der Komödianten« darzustellen versucht. Von ihm heißt es, er sei glücklich, weil er glauben kann: »Katholiken und Kommunisten haben große Verbrechen begangen, aber wenigstens haben sie nicht teilnahmslos abseits gestanden wie alteingesessene Mächte. Ich hätte lieber Blut an den Händen als Wasser wie Pilatus.«

Gewiß wird man solche Zitatstücke nicht als Bekenntnis des Autors selber ansehen können. Aber etwas von der Schwerpunktlosigkeit der frühen Jahre, der Bereitschaft zur Standortvertauschung, aus der sich als tragendes Element nur der entschlossene Wille zu glauben erhebt, ist bis in die spätere Zeit immer spürbar geblieben. Der Versuch, die eigenen Unverläßlichkeiten mit Rolle und kritischer Funktion des Schriftstellers zu rechtfertigen, der, wie Graham Greene einmal bekannt hat, unter Kommunisten auf die Vorzüge des Kapitalismus, unter Kapitalisten dagegen auf die des Kommunismus hinweisen müsse, kann sie nicht gänzlich verbergen. Mit entwaffnendem Freimut hat er ein andermal bemerkt, er glaube nicht, daß es in seiner »politischen Vorstellungswelt irgendeinen Zusammenhang gibt«.

Skepsis und die Gelassenheit des Alters haben die einstigen, wenn auch schon immer brüchigen Gewißheiten weiter abgebaut. Unumwunden räumt er inzwischen ein, daß ein Kommunismus mit menschlichem Gesicht ohne Aussicht und allenfalls eine Hoffnung wider alle Hoffnung sei.

Gleichzeitig damit hat auch sein Katholizismus an Ungeduld und aggressiver Inbrunst eingebüßt, die schrecklichen Paradoxe bedrängen ihn nicht mehr wie einst, mitunter hat man den Eindruck vom Ende der Affaire mit Gott. Doch hat, was damit gemeint ist, nicht nur für den »agnostischen Katholiken« Graham Greene Bedeutung. Nicht weniger stark trifft diese vielleicht letzte Flucht, die Flucht in eine Art resignierter Ergebung, den Schriftsteller Graham Greene, für den das Glaubensproblem zeitlebens zentrale Bedeutung besessen hat und dem es im Zerrinnen die grandiosen Motive von Sünde, Schuld, Zweifel und Gnade nimmt, die, einer Zuversicht zufolge, die er immer gesucht und nie gefunden hat, allem menschlichen Handeln erst kardinale Bedeutung geben.

Damit mag zusammenhängen, daß in den Romanen der jüngeren Zeit eine Wendung zur epischen Komödie sichtbar wird. Schon in der »Stunde der Komödianten« hatte sich, wenn auch mit jenem abtrünnigen Unterton, der für die glaubenssüchtigen Figuren des Dichters kennzeichnend ist, der Ich-Erzähler erinnert: »Als Knabe hatte ich Vertrauen zu dem christlichen Gott. Das Leben in seinem Schatten war eine ernsthafte Sache; ich sah ihn in jeder Tragödie inkarniert. Er war Teil der lacrimae rerum, gleich einer riesenhaften Gestalt, die in einem schottischen Nebel undeutlich aufragt. Jetzt, da ich mich dem Ende des Lebens nähere, half mir manchmal bloß mein Humor, an ihn zu glauben. Das Leben war eine Komödie, nicht jene Tragödie, für die ich vorbereitet worden war, und mir schien, als würden wir alle ... von einem gebieterischen Possenreißer bis an die äußerste Grenze der Farce getrieben.« Und als wolle er mit der Einsicht der von ihm geschaffenen Figur Ernst machen, hat Graham Greene in dem unlängst erschienenen zweiten Band seiner Erinnerungen bemerkt, er befinde sich am Ende der Reise, die er unternommen habe, ohne den Weg zu kennen, »in der tragikomischen Gegend von La Mancha, wo ich bleiben werde«.

Der Titel des soeben abgeschlossenen, neuen Romans heißt »Monsieur Quichotte«.

Aber sicher kann man dieser Wendung nicht sein, und ausgemacht ist nicht einmal, ob der Vorgang diesen Namen verdient. Er entspricht auch nur der alten Erkenntnis, daß Tragödie und Komödie dem gleichen, verhängnisbeherrschten Lebensgefühl entstammen, das sich entweder in der Verzweiflung oder im Hohn über eine Welt äußert, in der es kein Glück, sondern nur verschiedene Formen des Unglücks gibt: »Ich bin immer hin- und hergerissen zwischen dem Glauben, daß das Leben glücklicher sein sollte als es ist, und der Überzeugung, daß es, wenn es glücklicher scheint, in Wahrheit schlimmer ist.«

Eine Erinnerung bringt den gleichen Gedanken schärfer und anschaulicher hervor. Er habe, erzählte Graham Greene einmal, vor Jahren zwei weiße Mäuse geschenkt bekommen, von denen die eine der anderen unablässig zusetzte, sie verfolgte und schließlich fraß. Bald darauf starb sie an Vereinsamung. »Das ist so gut zum Lachen wie zum Weinen«, bemerkte er dazu, »und nicht so weit von dem, was Glück und Unglück der Menschen ausmacht.«

# Würde auf engstem Raum

*Chronist des Übergangs: Ernst Jünger*

Am 29. März 1945, seinem fünfzigsten Geburtstag, notierte Ernst Jünger: »Das ist die Mitte des Lebens, wenn man es nicht mit der Elle, sondern auf der Waage mißt.«[1] Jetzt stellt sich heraus, daß es auch mit dem Ellenmaß die Mitte seines Lebens war. In diesen Tagen wird Ernst Jünger hundert Jahre alt.

Seine Tagebücher, die diesen Vermerk enthalten und fast zehn Jahre lang den Zweiten Weltkrieg und dessen Nachbeben begleiten, sind später unter dem ursprünglich nur für einen Teil der Aufzeichnungen verwendeten Titel »Strahlungen« vereint worden. Sie sind nicht nur eines der großen literarischen Dokumente aus dem Innern der Zeit, dem »Bauch des Leviathans«, wie es einmal heißt, sondern zugleich das aufschlußreichste Zeugnis eines zwischen vielen Epochenpunkten unruhig wandernden und doch merkwürdig konsequenten Autors, Achse und Scheitelhöhe seines Lebenswerks. Aus diesem Grunde deckt es auch, wie keine andere seiner Hervorbringungen, die Ursachen auf, die Ernst Jünger zu einer der umstrittensten Figuren der Jahrhundertliteratur gemacht haben. Schon im Heranrücken dieses Jahrestages ist aufs neue offenbar geworden, daß zumindest das Echo dieses fast lebenslangen Streits, wie hergeholt auch immer, bis in unsere Tage hallt.

Die Eklats, mit denen alles begann, liegen weit und bis in das Jahr 1920 zurück. Als 1949, nach einem vier Jahre währenden Publikationsverbot von seiten der Besatzungsbehörden, das Hauptstück dieser Tagebücher erschien, war zu hören, Ernst

Jünger sei einer der »Sprengmeister« bei jenem Vernichtungswerk gewesen, dessen Verheerungen er jetzt aus ungeheurer Ferne, ohne Trauer und ohne Zorn, beschreibe. Darin enthalten war vielfach der Vorwurf, daß er das Eingeständnis persönlicher Schuld vermissen ließe, die große Läuterungsgeste, die man von ihm, nachdrücklicher als von irgendeinem anderen Schriftsteller, erwartete. Ein feindseliger Unterton beherrscht die Auseinandersetzung mit ihm bis in die Gegenwart. Schärfer als irgendwer provoziert er eine Zeit, deren Nihilismus keine Tabus mehr kennt und die längst dazu übergegangen ist, literarische Skandale als Unterhaltungsnummern anzurichten.

Natürlich ist bei alledem, bis heute sich verstärkend, viel von jener Unkenntnis am Werk, die dem guten Gewissen erst zu sich selbst verhilft. Das kam noch einmal in dem Begleitlärm von 1982 zum Vorschein, als Ernst Jünger den Goethe-Preis der Stadt Frankfurt erhielt. Da war, im Fortgang der Jahre, fast alles aus dem Blick geraten, was ihn und den Rang seines Werkes ausmachen: die Kunst der Beobachtung, aus deren Wahrnehmungen er nicht selten in zeitenferne Gedankenlabyrinthe vorstieß, seine Eigenart als Diagnostiker und gewiß oft abirrender Zeichendeuter, als Bilderfinder, Sprachartist sowie beharrlicher, aus seltsamen Dunkelheiten ins Hellsichtige gelangender Einzelgänger. Sonderbar, wie er im Wechsel der Zeiten die Vorwürfe immer wieder auf sich zog. Im Gegensatz zu den frühen Jahren, als ihm von allen Seiten sein vermeintliches Parteigängertum vorgehalten worden war, erregte jetzt die Selbstversunkenheit des über sein Papier gebeugten, in seine kalligraphischen Spiele verliebten Registrators der kleinen und der großen Weltbegebenheiten Anstoß. Schon seine Sprache, die stolzen Draperien, in denen er seine Einsichten vorwies, offenbarten allzu unverhohlen einen Hochmut, der alles vermissen ließ, was die Gleichheitsmode der Zeit sowie der Moralismus, auf den sie sich so viel zugute hält, verlangten.

In der Tat gibt es ein Mißverhältnis zwischen dem gleichsam hohen Ton, auf den die »Strahlungen« wie fast alle Werke Jüngers gestimmt sind, ihrer marmorierten Glätte, und den Umständen von Krieg, Diktatur und Zerstörung, in denen er sich bewegte. Manchen schien es, er verwende auch das Entsetzliche nur als Vorlage für ebenso prächtige wie kalte Stilparaden. Zutreffend ist, daß die Kriterien, die ein literarisches Werk auch an den moralischen Erschütterungen messen, die es anzeigt, zumal im Blick auf die Hitlerjahre, keiner Rechtfertigung bedürfen, und wer es erlebt hat, erinnert sich noch der brillanten Polemik, die Peter de Mendelssohn nach dem Erscheinen des Buches unter dem Titel »Gegenstrahlungen« im *Monat* veröffentlichte.[2] Darüber sollte jedoch die Frage nicht verlorengehen, ob die kühle, ungerührte Wahrnehmung, wie sie Ernst Jünger damals und seither unablässig vorgehalten worden ist, sein Abstand zu den Ereignissen, nicht womöglich seine Weise war, die Schrecken der Zeit auszuhalten und ihnen zwar nicht den Abscheu oder, wie es in diesen Eintragungen verschiedentlich heißt, den »Ekel«, wohl aber den Aufschrei zu versagen. Das war der Tribut, den er nicht leistete.

Ebenso verweigerte er sich später den appellativen Selbstbezichtigungen. Nicht nur, daß er darin zu viel Pädagogenvorsatz am Werke sah, wie er ihm immer fremd gewesen war, und bald auch bloß noch rituelle Reflexe, die durchweg erkenntnislos blieben. Vielmehr schienen sie ihm auch jene weiten Wellenschläge nicht zu erfassen, die er in Betrachtung der historischen Abläufe einzig wahrnahm. Im einen wie im andern stand er außerhalb des Geschehens, des Grauens wie der Gutartigkeit. Er verzeichnete sie, ohne teil daran zu haben.

Worauf er statt dessen seinen Blick lenkte, waren die zeitübergreifenden Entwicklungen sowie die geringfügigen Erscheinungen, die »planetarischen« Abläufe oder die Panzerungen der Käfer. Was dazwischenlag, der ganze mittlere Bereich mit der Wirklichkeit von Mensch und Welt, war ihm zumindest in den frühen Jahren fremd. Er fand nichts oder doch zu wenig darin, was die Betrachtung lohnte.

Die merkwürdig abgewandte Vorliebe für Insekten, Gewächse oder Mineralien war schon vom Vater auf ihn gekommen und hatte den hochdekorierten Offizier des Ersten Weltkriegs veranlaßt, aus der Reichswehr auszuscheiden, um in Leipzig und Neapel Naturwissenschaften zu studieren. Und je zudringlicher und unruhiger die Zeit wurde, desto mehr sah er darin eine Möglichkeit, sich ihren tausend Bedrängnissen zu entziehen. Insoweit sind die »Strahlungen«, die ihn in der eigentlich kritischen Phase seines Lebens zeigen, auch eine Erziehung zum Stoizismus, und wiederholt ermahnt ihr Autor sich angesichts der Schrecken ringsum zum philosophischen Gleichmut. »Je mehr sich die Panik steigert«, heißt es einmal, »desto erbaulicher wird der Anblick des Mannes, der ... den Schrecken die Verneigung weigert.«[3]

Der anhaltende Widerspruch gegen Ernst Jünger stützt sich jedoch auf noch weitere Motive. In sonderbarer Gewichtsverkehrung überlagert das vom Ersten Weltkrieg und dem nachwirkenden »Fronterlebnis« beherrschte Frühwerk mit seinen drei oder vier Titeln alles Spätere. Gewiß hatte er damit einen spektakulären Auftritt auf der literarischen Szene gehabt, und unüberhörbar waren die rauschhaften Töne, mit denen er, trotz aller Kaltblütigkeit auch der Sprache, den Krieg als Entfesselung »barbarischer Fülle und Wucht« feierte.[4] Seither blieb er festgelegt, der »Nationalist«, »Militarist« und Liebhaber von Stahlgewittern, als der er, ungeachtet aller Wandlungen, bis heute gilt.

Die Unterschiede zwischen den frühen Arbeiten und den Publikationen seit der Mitte der dreißiger Jahre erschließen sich nicht dem flüchtigen Blick. Sie verbergen sich hinter einem undurchlässigen, gleichbleibend hochstilisierten Sprachgestus, der fast nie zu erkennen gibt, was ihn jeweils bewegt, ängstigt oder allenfalls hoffen läßt: eine eigentümliche Verbindung aus Gehobenheit, Präzision und den Rudimenten einer am Generalstabsdeutsch geschulten Lakonie.

Die Einwände gegen den Apotheotiker des Krieges trafen jedoch stets nur den freilich scharf erhellten Vordergrund. Was ihn schon in den Gräben der Materialschlachten und, davon herkommend, während der Weimarer Jahre weit stärker fasziniert hatte, war der Untergang der alten und die Heraufkunft einer neuen Welt, deren Umrisse er aus ungezählten, ins oft Verworrene entgleitenden Chiffren herauszulesen versuchte. Jener Krieg habe das bürgerliche 19. Jahrhundert, schrieb er, erfüllt von der katastrophischen Stimmung der Zeit, »in Grund und Boden geschossen«[5] und eine Epoche noch unbekannter Werte und Begriffe am Horizont sichtbar gemacht. Die Zukunftsphantasmagorie, die er sich daraus zusammenreimte und vor allem in dem Großessay »Der Arbeiter« von 1932 zum Bild vereinte, war mehr Vision als politischer Entwurf und eher raunende Beschwörung als Programm. Sie verwob die kalte Verachtung der bürgerlichen Welt und aller ihrer Werte, Traditionen und Moralbegriffe mit dem Schrecken und manchen vagen und wirren Hoffnungen zum Grundriß einer radikal neuen Ordnung. Wie die endende Epoche ihr höchstes Ziel in der Entfaltung der Individualität gesehen habe, werde das anhebende Zeitalter den Einzelnen in den Typus zurückschmelzen und von Technik, Anonymität und einem martialischen Gemeinschaftspathos geprägt sein. Die eschatologische Ungeduld und Hitze, die zu den Zeichen der Zeit gehört und alle Lager erfaßte, hat ihre Brandspuren auch im Werk Jüngers hinterlassen, und wer wie er die Geheimsignale des Kommenden zu lesen vermeinte, sah sich fast zwangsläufig auf die Seite der Destrukteure längst anachronistisch empfundener Verhältnisse gestellt. Das zerberstende Jahrhundert, schrieb er im »Abenteuerlichen Herzen«, habe überall Abgründe geöffnet und Risse im Mauerwerk des Bestehenden sichtbar gemacht, »durch die wir die Geheimnisse der Architektur erraten, die uns gemeinhin verborgen sind«.

Auf diese Phase bezieht sich der Vorwurf, daß Ernst Jünger zu den Wegbereitern des Totalitären zähle, zumal er in den zwanziger Jahren, auf seinen »Erkundungsgängen« durch die revolutionären »Ober- und Unterwelten« der Zeit, manche Berührung mit der noch vor ihrem Aufstieg stehenden Hitlerpartei hatte. In den herrschenden Wirrnissen mit ihren kreuz- und querlaufenden, von der Idee einer verwandelten Welt behexten Gruppen und Konventikeln brachte ihn die Suche nach der Ordnung, die aus den Wehen des Nachkriegs hervorgehen werde, in Fühlung mit vielen Seiten, er verkehrte mit Erich Mühsam und Gregor Strasser, mit Joseph Goebbels, Carl Schmitt, Arnolt Bronnen sowie dem sowjetischen Emissär Karl Radek, der ihn für die Weltrevolution gewinnen wollte. Am intensivsten war wohl die Verbindung mit dem national-bolschewistischen Zirkel um Ernst Niekisch. Aber anders als die einen wie die anderen, die in den Konvulsionen eines teils reaktionären, teils fortschrittlichen, doch hier wie da vom Umsturzfieber erfüllten Futurismus ihre Plätze suchten, blieb er stets mehr Beobachter als Partisan. Denn er war seiner selbst immer zu sicher gewesen, um sich auf irgendwelche Zugehörigkeiten einzulassen, die nur ins Fremde und folglich Falsche führen konnten.

Gleichwohl hat Ernst Jünger in den »Strahlungen«, seit Anfang 1943 mehrfach wiederkehrend, von der »Schuld« gesprochen, die sie alle, die exzentrischen, in ihre Räusche von Untergang und Neuerschaffung verliebten Intellektuellen jener Jahre von rechts bis links, auf sich luden: »Erst später, viel später ging mir das Unheilvolle dieser Zusammenkünfte auf«, heißt es einmal, und daß hinter nahezu jedem »der Tod stand, während sie rauchten und das Grammophon lief ... Das Parkett war dünn, auf dem getanzt wurde«; aber sie spürten das Brechen des Bodens nicht.[6] Immerhin hat er das zweimal an ihn gerichtete Ansinnen der Nationalsozialisten, als einer ihrer Abgeordneten ein Reichstagsmandat zu übernehmen, ebenso entschieden abgelehnt wie nach 1933 den Eintritt in die Dichter-Akademie und dem *Völkischen Beobachter* sogar den Abdruck seiner Arbeiten untersagt. Einige Zeit später schrieb das Blatt, der Autor nähere sich allmählich »der Zone der Kopfschüsse«, und es gehörte zu den Erfahrungen jener Jahre, daß solche Drohungen keineswegs metaphorisch gemeint waren.

Die sichtbare Wende im Werk markiert die Parabel »Auf den Marmorklippen«, die 1939 erschien und das Schreckensbild einer ins Ortlose versetzten Welt der Willkür und des Terrors beschreibt, unendlich fern und für die Mitlebenden gleichzeitig albtraumhaft nah. Verkörpert wurde sie vor allem durch den »Oberförster«, seine Helfershelfer und die in einem gelichteten Waldstück versteckte »Schinderstätte« namens »Köppels-Bleek«, wo Menschenleiber ausgebeint und die Häute von einem gleichmütig vor sich hinpfeifenden Männchen auf der Werkbank bearbeitet wurden. Niemand, der das Buch bei seinem Erscheinen las, hat es nicht als das Abbild dessen angesehen, was das Regime hinter glanzvoll hochgezogenen und doch seltsam verdüsterten Kulissen trieb, und als das gewagteste, in unvergeßliche Bilder des Grauens gefaßte Zeugnis des literarischen Widerstands ist das Werk alsbald ins allgemeine Bewußtsein eingegangen. Was Ernst Jünger schützte, war nicht nur sein über die Grenzen des Landes hinausreichender Ruhm, so daß Hitler selber anordnete, von einer Maßregelung abzusehen. Vielmehr spielte auch die Sorge der Machthaber mit, sich durch die Verfolgung des Autors auf eine Weise zu demaskieren, die dessen Anklage ins Recht setzte.

Zur Verwirrung vieler hat Ernst Jünger demgegenüber mehrfach geäußert, er sähe das Werk nur ungern als »Tendenzschrift« aufgefaßt[7], es sei ihm nicht so sehr um eine Bloßstellung der NS-Herrschaft, als um ein Phantasiebild vieler Verhältnisse in vielen Weltgegenden zu tun gewesen. Aber zumindest im Blick auf die eigene Person ist die Abkehr von der einst verklärten »Titanenwelt« des technizistischen Kollektivismus unverkennbar und über weite Strecken tritt auch das Erschrecken darüber hervor, daß mit Hitler die Zeit der intellektuellen Spiele, der ins Apodiktische gehüllten Gedankenexperimente, zu Ende war. Was immer bis dahin von Jünger und seinesgleichen an Menschheitsprognosen und Epochenkommandos formuliert worden war, hatte nur Papier, Streit und allenfalls verlorene Freundschaften gekostet. Jetzt war ein Typus auf der Bühne erschienen, der die geistvollen Konstruktionen und das, was nur Worte gewesen waren, buchstäblich nahm und dafür einen Preis verlangte, der in der Wirklichkeit entrichtet werden mußte. Der am Ende unterliegende, in die Flucht getriebene Ich-Erzähler ist ein Gelehrter, kein Angehöriger jener kriegerischen Kaste mehr, der sich der frühe Jünger zugehörig empfunden hatte. Weit zurück lag mit einem Mal die Welt der »Mauretanier«, der er schon ein Jahr zuvor, in der Zweiten Fassung des »Abenteuerlichen Herzens«, abgeschworen hatte, jener Geheimbund »subalterner Polytechniker der Macht«, in deren Zirkel die Luft, wie er unterdessen erkannt hatte, »von Grund auf böse« gewesen sei. Es sei ihm nicht möglich, bekennt der Erzähler, »auf das Leiden der Schwachen und Namenlosen herabzusehen, wie man vom Senatorensitz in die Arena blickt«.[8] Und wohl erstmals fielen nun, als Inbegriff alles Verteidigenswerten, Worte wie »Freiheit« und »Menschenwürde«.

Die Verneinung jedes tendenziellen Vorsatzes der »Marmorklippen« selbst noch nach dem Ende des Dritten Reiches hat vermutlich auch mit jenem Stolz zu tun, der auf der entgegengesetzten Seite Heinrich Mann zu der Bemerkung veranlaßte, Bekenntnisse verbiete die Selbstachtung. Das Gericht, schrieb Ernst Jünger, gibt es nur im eigenen Innern, dort werde auch

»die Sanktion erteilt ... Jedes irdische Forum ist dagegen ein Ort der Finsternis«.[9] Jedenfalls ist hier wie in anderen seiner Äußerungen die Absicht unüberhörbar, sich im nachhinein, als alle Gegnerschaft gegen das Hitler-Regime zu kleiner Münze geworden war, nicht in den Kreis des Widerstands zu drängen, auch wenn er während seiner Pariser Jahre unter dessen Akteuren zahlreiche Freunde gehabt und zuletzt auch verloren hat. Aber die Verachtung für Hitler, der in jenen Aufzeichnungen nie anders als unter dem herabwürdigenden Pseudonym »Kniébolo« auftritt, für seine Statthalter oder Schergen sowie für die »Leichenwelt«, die sie überall unter ihren Füßen zurückließen, schlägt so anhaltend durch, daß man darin geradezu eines der Leitmotive dieses Tagebuchs erkennen kann. Es macht zugleich die Verwahrung gegen die regimekritische Stoßrichtung der »Marmorklippen« wenig glaubwürdig.

Ernst Jünger selber hat in seiner Vorrede zu den »Strahlungen« vermerkt, das Tagebuch sei »im totalen Staat das letzte mögliche Gespräch«.[10] Wiederholt stößt man folglich auf Eintragungen über die Geheimhaltung und Sicherstellung der Notizhefte oder über die Möglichkeiten einer raschen Identifizierung von Freund und Feind. Zu den häufig wiederkehrenden Einsichten gehört denn auch die Erkenntnis des tiefen Bruchs, den das NS-Regime sowohl gegenüber aller Vergangenheit als auch der Welt gegenüber bedeutete, und was ihn herbeigeführt hatte, war nichts anderes als das gleichsam universelle Gewicht seiner Verbrechen. Anfang 1943 kommen ihm Hinweise über die Hoffnung der Machthaber zu Ohren, der Tod eines der gegnerischen Staatsmänner könne eine Wende herbeiführen, wie sie Friedrich den Großen infolge des Todes der russischen Zarin rettete, und tatsächlich ist diese Wunschvorstellung im April 1945 noch einmal kurz und hektisch aufgeflammt. Aber Jünger weist schon jetzt dergleichen Illusionen zurück, Friedrich habe die »Weltsympathie« genossen, während Hitler der »Weltfeind« sei.[11]

Den innersten Kern seines Urteils bilden die Berichte über die Judenmorde, die ihm verschiedentlich zugetragen werden. Sie lösen Mal um Mal sein ungemindertes Entsetzen aus, es würde ihn nicht wundern, bemerkt er einmal fassungslos, wenn daraufhin »der Erdball in Stücke flöge«, die Greuel müßten »das Universum gegen uns aufbringen«.[12] Kaum anderswo auf diesen Seiten mit all ihrer kühlen, herabgestimmten Lebenstemperatur wird ein vergleichbares Maß an affektiver Erregtheit hörbar, und einmal äußert er im Anschluß an die Begegnung mit einem Bataillonskommandeur, der über die Behandlung von Deserteuren sprach, solche Äußerungen verursachten ihm »eine Art Übelkeit«. Doch weist er sich schon im folgenden Satz mit der bezeichnenden Wendung zurecht, er müsse auch angesichts des Grauens die Dinge zu sehen versuchen »wie der Arzt den Kranken«.[13] Ganz in diesem Sinne fragt er sich um die gleiche Zeit, als er während einer Zugfahrt das Gespräch zweier Offiziere mithört, nach den Ursachen für den Ausbruch von so viel »kannibalischer Gesinnung«.[14] Nie oder nur selten verharrt die Empörung bei sich selbst; vielmehr wird sie stets zum Anstoß forschenden Interesses.

Vermutlich aus dem gleichen Grund fallen diese Aufzeichnungen auch weitgehend aus der Tradition des Tagebuchs heraus, jedenfalls sind sie kein Ort der Zwiesprache, der den Zweifel hörbar machte, dem jeder ausgesetzt ist, und der Auseinandersetzung mit den Gegenstimmen in sich selbst. Kein Satz wirkt nur hingeschrieben, wie es der Tag und die Stunde mit sich brachten, alles ist komprimiert, in Form gebracht und Eintragung auf Eintragung wie eine Emailarbeit ausgeführt mit kostbaren und manchmal geheimnisvoll blitzenden Inkarnaten. Es gibt infolgedessen keine Unsicherheit, kein Schwanken und schon gar keine Selbstentblößungen. Auch keinen Haß, von dem Jünger einmal bekennt, er sei nicht seine Domäne.[15] Sondern nur die wie von weither kommenden Dicta zur Lage, vermischt mit Vermerken zum Tag oder zur jeweiligen Lektüre, zu seinen Begegnungen und Streifzügen, oder auch flüchtige, wiewohl ins Abschließende getriebene Einfälle – dies alles vorgetragen mit der »salamandrischen Ruhe«[16] des naturwissenschaftlich geschulten Beobachters, der sich ans Sichtbare hält oder doch von ihm ausgeht.

Selbst das Karussell der Figuren, die auf diesen Seiten auftauchen, bildet davon keine Ausnahme. Im Wechsel begegnet er Picasso und Braque, Hendrik de Man, Jean Cocteau und Montherlant, Sacha Guitry, der Arletty und immer wieder auch dem Gespenstergeist Paul Léautaud, der ihm Anfang Juli 1944, für den Fall, daß er untertauchen müsse, »in sehr zarter Weise« seine Hilfe anbietet.[17] Doch sie alle und ungezählte andere bewegen sich seltsam gesichtslos durch die Szenerie, durchweg erregt auch hier wiederum nur die Außenseite das Interesse des Verfassers, Figur, Gestik, Auftreten. Allenfalls notiert er eine mitgeteilte Anekdote. Nicht ohne Verblüffung gewahrt der Leser, daß dieser unablässig kombinierende, geradezu von einer Art Enträtselungsmanie besessene Kopf den Menschen gegenüber ohne Neugier ist. Kaum je flicht er eine psychologische Bemerkung ein und nimmt im Grunde statt der Einzelwesen viel eher den Typus wahr, dem immer schon seine größere Aufmerksamkeit galt. Am Ende bleiben nur Namen, und kennte man viele davon nicht aus anderen Zusammenhängen, fielen sie rasch aus der Erinnerung.

Demgegenüber bildet die naturwissenschaftliche Beobachtung, die immer neue Hinwendung zu Insekten, Steinen und Pflanzen einen der Glanzpunkte des Buches, und oft verdichten sich die Beschreibungen zu großer, nie hintergrundloser Anschauung. Selbst an der Front, aber vor allem im heimischen Kirchhorst, begibt er sich auf ausgedehnte Exkursionen über Land, in den Wald oder ins Moor, um jenen auffälligen Bildungen nachzuspüren, in denen die Schöpfung gleichsam über sich selber nachdenkt, und während der Pariser Jahre ersetzt die Suche nach kostbaren Ausgaben naturkundlicher Werke die »subtilen Jagden« im Freien. Es ist der unendliche Reiz der Oberfläche, dem er sein Leben lang erliegt, der unabsehbare Einfallsreichtum der Natur, ihrer Schätze und Wunder, die ihm ein nie endendes Staunen abnötigen, und des öfteren vermeint man unter aller strengen Diktion geradezu das Glück zu verspüren, das ihm die immer neuen Fragen ebenso bereiten wie die dahinterstehende Gewißheit von der Lesbarkeit der Erscheinungen. In einer Art Hymnus, der mit der Erinnerung an den Vater beginnt, dann in eine Zurückweisung Darwins übergeht, der in der Natur nur das Konkurrenzprinzip am Werk gesehen und keinen Blick für den fürstlichen Aufwand gehabt habe, die in tausendfältigen Schönheiten sichtbar werdende »unerhörte Verschwendung im vergänglichen Stoff«, heißt es schließlich: »In der Substanz eines winzigen Blütenkelches, eines zitternden Staubfadens verbirgt sich höherer Sinn als in all diesen (von Darwin vermessenen) Entfernungen und Abläufen, die das Herz vereinsamen.«[18]

Das ist der eigentliche, nie ermüdende Antrieb seiner Naturbeobachtung: die Suche nach dem geheimen Weltplan und damit nach dem Sinn, der in der Fülle des Wahrnehmbaren verschlossen sein muß. Alle Erscheinungen, von den Blättern und den Steinen über die Bewegungen der Geschichte bis hin zu Schmerz und Tod seien nur als Buchstaben in der Bildersprache der Welt zu verstehen und Bruchstücke einer verborgenen Botschaft. Für den, der danach nicht suche, ende alles in wüster Zoologie, und jedwedes Beobachten, Sammeln, Vergleichen und Denken laufe zuletzt auf nichts anderes hinaus, als die Fundstücke zu dem magischen Wort zusammenzusetzen, das ihr Geheimnis preisgibt.

Es ist dieses Entschlüsselungsverlangen, das alle Phasen im Lebensgang Jüngers so merkbar zusammenhält, daß die Einzelstationen wie zufällige Szenen- oder Kostümwechsel auf einem vorgegebenen Weg erscheinen. Schon die Flucht des Unterprimaners aus der bürgerlichen »Herrschaft der Gemütlichkeit« in die Fremdenlegion war, wie unbewußt ihm selbst auch immer, von dieser Unruhe bestimmt. In den frühen Kriegsbüchern findet sie bereits literarischen Ausdruck, versucht sich dann, in den Jahren nationalrevolutionärer Umtriebe, in ersten Antworten, die eine tiefe Neigung für schicksalhaft eingedunkelte Zukunftsbilder verraten, die aber, wie er bald erkannte, ein Irrweg waren, weil sie vom Gedanken und nicht vom lebendigen Urmuster ausgingen: Er habe sich damals, hat er bekannt, »mit der Schere der Begriffe ... das Leben zu Papierblumen (zurechtgestutzt)«.[19] Seither hatte er jene Zonen nie mehr verlassen, wo die Erscheinungen den Rang bedeutungsvoller Symbole gewannen und für den, der zu lesen verstand, zu Schlüsseln für Vorgänge und Umgruppierungen wurden, die in irgendwelchen unerschlossen dahindämmernden Tiefen vor sich gehen.

Der Zusammenhang dieser spekulativen Passion mit der deutschen philosophischen Tradition und ihren theologischen Eingeschworenheiten ist offensichtlich. In der Vorstellung von der Gleichnishaftigkeit der Welt und dem verborgenen Sinn, dem alles entgegenstrebe, hat sie einen Gedanken entwickelt, der ihrer metaphysischen Bedürftigkeit auch dann noch Genüge tat, als sich mit der Aufklärung das Denken zunehmend säkularisierte. Wechselweise war es mal der Weltgeist, mal die Geschichte oder ein anderes Prinzip, das als unwiderstehlich ordnende Kraft hinter den Erscheinungen wirkte, und jede dieser Verpuppungen hat im Grunde dazu gedient, das nie gestillte Verlangen nach Transzendenz zu befriedigen. Wie weit es reichte und wie viele Fremdheiten es verband, offenbart noch eine Tagebuch-Notiz Thomas Manns aus dem Jahre 1949, in der er von einem »unbehaglichen Nachdenken über Ernst Jünger« schreibt und dann hinzufügt: »Vergleich mit der metaphysischen Sehnsucht meiner eigenen Jugend.«[20]

Was den Weg anging, blieb Jünger dabei, daß das Denken von der Anschauung ausgehen müsse, weil von daher alle Kraft komme, alle Schönheit und aller Trost. Der Schritt, der nicht in einem Irrgarten enden solle, führe folglich immer vom Akzidentiellen zum Allgemeinen. Nach einem Streifzug durch ein verwahrlostes, vom Krieg mitgenommenes Waldstück, dessen Narben die Natur soeben zuzudecken begann, notierte er: »Wunderbar tröstlich sind solche Gänge, die aus dem Geschehen und seiner Oberfläche in die Tiefe führen«, und treffend hat man den mythischen Antäus, der nur in der Berührung mit der Erde stark war, so etwas wie seine heraldische Figur genannt.[21] Es ist zugleich diese Anlehnung an die Natur, »die Heimat, das unzerstörbare Land«, die sein tiefes, im Lauf der Jahre immer verfinsterter hervortretendes Mißtrauen gegen den technischen Fortschritt begründet hat: Er war die wirkliche Entfremdung, in die der Mensch geraten konnte. In einem späteren Reisetagebuch schreibt er auf Sardinien, er sei im Verlauf von zwei Wochen auf der inzwischen entwickelten und motorisierten Insel noch keiner Schlange begegnet: »Das sind die leeren Fußstapfen, die der Fortschritt hinterläßt.«[22]

Man kann in alledem unschwer die andere große deutsche Tradition entdecken, und sie hat Ernst Jünger nicht weniger stark beeinflußt. Alle Gefühlsaskese, zu der er sich anhielt, und alle nüchterne Form, in die er seine Gedanken kleidete, haben den romantizistischen Zug nicht verbergen können, der ihm eigen war, und einmal ist von den »blauen Stahlblumen« die Rede, die der junge Offizier hinter den Schrecken des Krieges gesucht habe. Wenn man seinen Stil »gläsern« genannt hat oder »kristallin«, bedeutete dies doch auch immer, daß schon dicht unter der Oberfläche die dunklen Einsprengsel lagen, die so rätselhaft waren und deren Entzifferung nur dem Geheimwissen einiger weniger möglich war.

Es war nicht zuletzt diese Verbindung von Rationalität und

Ausdeutungsfähigkeit, seine offenbare Vertrautheit mit den taghellen wie den auf der Nachtseite gelegenen Ansichten der Dinge, die ihn zum legitimen Nachfahren des Romantischen gemacht hat. Er selber hat von seinem Denken gesagt, es verlange »weniger die Beweisbarkeit als die Zeugenschaft und Nähe des Verstandes, der immer mitleuchten soll«[23], und an anderer Stelle auf den Unterschied zwischen der ihm fremden mathematischen und der das Außen wie das Innen erfassenden »malerischen Genauigkeit« hingewiesen.[24] Darüber hinaus kann man eine Vielzahl weiterer Berührungspunkte mit der romantischen Überlieferung ausmachen. Sie reichen bis hin zu seiner Vorliebe für Absonderlichkeiten, für Zauber- und Dämonenwesen, für Schiffbrüche, Perversionen sowie überhaupt für die plötzlich in irgendein Idyll einbrechenden Signale des Unheimlichen. Auch für Träume, wie denn die »Strahlungen« partienweise geradezu Traumprotokolle sind, die den Leser nicht selten im unklaren lassen, ob eine bestimmte Eintragung den Erlebnissen bei Tag oder dem Phantasiereich der Nacht zuzuordnen ist, und Jünger notiert einmal, die Dinge gerieten ihm zuzeiten sichtlich durcheinander.[25]

Romantisch ist aber auch sein Aristokratismus, der Sinn für noble Gelassenheit in allen Lagen, im Glück wie im Unglück, mit der sich die Deutschen, wie es einmal heißt, so schwer täten, daß ein Wort wie »gracious« unübersetzbar sei.[26] Ganz in dem bei Jünger anklingenden Sinn hat niemand anderes als Ernest Hemingway von »grace under pressure« als dem Inbegriff äußerster Bewährung gesprochen. Es liegt ein altmodischer Anflug um dieses Ethos der »Haltung«, das Jünger zu jener »désinvolture« ausgebildet hat, die im Ersten Pariser Tagebuch noch zu den Vorzugsgegenständen seines Nachdenkens zählt: eine Maxime, die Selbstzucht, Distanz, Heiterkeit, Integrität und Geistesgegenwart zum Prinzip gewappneter Überlegenheit verbindet. Die »Kälte« und Menschenferne des Beobachters gewannen in diesem Begriff den gleichsam moralischen Grund und ließen sich dann sogar als die eigentliche, der höheren Warte vorbehaltene Moral verstehen.

Die »Strahlungen« lassen sich unschwer auch als fortlaufender Bericht jenes Dilemmas lesen, in das Ernst Jünger damit geriet. »Désinvolture« war ein Wort aus einer anderen Welt, und folgerichtig kam es ihm auch im Lauf der Jahre zusehends abhanden. Denn die Zeit, in der es noch zum Maßstab taugte, kannte jene Untaten nicht, die, wie es einmal heißt, die in den »Marmorklippen« entworfene Phantasiehölle in der Wirklichkeit fortsetzten und »die Farben eines Tages (auslöschten)«.[27] Désinvolture war keine Antwort darauf. Jünger beobachtete es an den Generälen, die, wie er sich inzwischen eingestand, nur noch »Spezialisten auf dem Gebiet der Befehlstechnik« waren. Und nach einem Bericht über die »ungeheuerlichen Schandtaten des Sicherheitsdienstes« bei der Eroberung von Kiew bricht es aus ihm heraus: »Ein Ekel ergreift mich … vor den Uniformen, den Schulterstücken, den Orden, den Waffen, deren Glanz ich so geliebt habe.«[28]

Empfindungen des Abschieds von der Lebensform, in der er groß geworden war, sowie der Ergebung ins Unabwendbare, die aus seinem Bild vom Gang der Welt kamen, haben Ernst Jünger von da an beherrscht. Einiges davon ist in seine Aufzeichnungen zum 20. Juli 1944 eingegangen, der im Pariser Hauptquartier des Generals Karl-Heinrich v. Stülpnagel sein zweites Zentrum hatte. Er stand mit allen Akteuren auf vertrautem Fuß. Mit Stülpnagel verband ihn nicht nur die Vorliebe für philosophische sowie naturwissenschaftliche Grübeleien, und bezeichnenderweise hatte eines ihrer letzten Gespräche die griechische Stoa zum Gegenstand; vielmehr sah Jünger in dem General auch die Verkörperung jener untergehenden Welt, der er selber angehörte; Caesar v. Hofacker weihte ihn im Frühjahr 1944 in die Pläne der Verschwörer ein, mehrfach besuchte ihn Fritz-Dietlof v. d. Schulenburg, und zu Hans Speidel, dem Stabschef Rommels, bestand eine anhaltende Freundschaft. Von ihrem letzten Treffen am 16. Juli 1944 hat Jünger die Frage festgehalten, wann endlich es wohl gelingen werde, sich Hitler, »diese Schießbudenfigur«, vom Halse zu schaffen.[29]

Die Notiz läßt offen, wem die Äußerung zuzuschreiben ist, doch spricht alles dafür, daß sie von Speidel kam; Jünger selber blieb auch da der reine Beobachter, dem alles zum Schauspiel wurde und die Abläufe zu nichts anderem als zu Gegenständen literarischer Anatomie. Schon im Gespräch mit Caesar v. Hofacker hatte er sich skeptisch gegenüber den Attentatsplänen der Verschwörer gezeigt. Mit der Beseitigung Hitlers werde nichts bewirkt, lautete sein Einwand, weil die Überwindung der »Vernichtungswelt« nicht auf der politischen oder historischen Ebene gelingen könne. Vor seinem geschichtsphilosophisch geweiteten Blick wogen solche Gewaltakte nichts, dergleichen blieb im Episodischen, während die wirklichen Veränderungen in Abläufen mit riesiger, vom großen »Bauplan« verhängter Amplitude stattfanden. »Wenn wir am Zeiger rücken, verändern wir die Ziffern, doch nicht den Schicksalsgang«, schrieb Jünger.[30]

Welchen tiefeingewurzelten, auf eine lange Tradition zurückgehenden Reflexen dieser Glaube entsprach, läßt sich in der neueren Geschichte des Landes immer wieder ausmachen. Sie werden gerade während jener Zeit in den vielen resignativen Stimmen vernehmbar, die Hitler, den Krieg und die Verbrechen als ein Verhängnis ansahen, dem man nicht wehren, sondern allenfalls ins Auge sehen könne; das Schicksal ließe sich nicht betrügen. Der Ergebungsgedanke, der darin zum Ausdruck kam, reichte bis zu den Angehörigen des Kreisauer Kreises, die das Regime als Symptom einer Weltkrise ansahen, dem nicht durch einen Umsturz, sondern nur durch ein »Umdenken von den Wurzeln her« beizukommen war. Zwar hatte Jünger diesen

Rückzug ins Metahistorische philosophisch unterbaut, während er anderswo weit eher als Stimmungsohnmacht auftrat, hinter der sich Wankelmut und Schwäche verbargen. Doch zugleich hatte er ihn auch bis zu dem Punkt getrieben, wo der freie Wille und aller Sinn für politische Verantwortung nahezu aufgehoben waren, so daß von einer Tat wie dem 20. Juli nur noch die subjektive Geste blieb, eindrucksvoll, aber sinnlos, auch nicht ohne menschliche Größe und mit dem Anrecht auf eine anhaltende Erinnerung. »Es gibt Lagen«, hat Jünger rückblikkend geschrieben, »in denen man auf den Erfolg nicht achten darf; man steht dann freilich außerhalb der Politik. Das gilt auch für diese Männer, und daher gewannen sie moralisch, wo sie historisch scheiterten.«[31]

Es ist, nimmt man alles zusammen, diese Geringschätzung des Politischen, der Fatalismus im Zeichen schicksalhafter Fügungen sowie die Leugnung des sich selbst bestimmenden Willens, an der die wohlmeinenden Versuche scheitern, Ernst Jünger mit der demokratischen Gegenwart zu versöhnen. Auch hat er nie ein Hehl gemacht aus seiner Geringschätzung für den modernen, aufgeklärten Typus mit dem »Zweifel um jeden Preis, ausgenommen die eigene Haut«: In der Tat, »für republikanische Gesinnungsstrenge kann man ihn nicht in Anspruch nehmen«.[32] Keineswegs ist, was dazwischen steht, sein »Militarismus« und der von ihm lange aufgegebene »Nationalismus«, wie sie ihm der selbstgefällige, stets in seinen Gestrigkeiten steckenbleibende Zeitgeist entgegenhält. Doch begegnet man in seinem Werk, aufs Ganze gesehen, einem Determinismus sowie einer Ferne zu den Aufgaben und konkreten Entscheidungslagen der Politik, die mit dem Wesen demokratischer Ordnungen schwerlich zu vereinbaren sind. Daß es ein großer, geschichtsphilosophischer Ton ist, der seine Absage an die Wirklichkeit trägt, macht sein Werk unzeitgemäß im Politischen. Sein Rang bleibt davon unberührt.

Auf solche Zusammenhänge geht denn auch die Entdeckung Jüngers durch die postsozialistische Linke zurück. Denn über viele Stationen, von den frühen technizistischen Ereiferungen bis zur Idee des in einem Irgendwo hinterlegten Weltplans, ist er stets seinem Glauben an Sinn und Ziel der Zeitläufte treu geblieben. Noch die Friedensschrift, die er in den Pariser Jahren auf dem Höhepunkt der Hitlerschen Machtausdehnung zu schreiben begann, gründet sich auf die Erwartung einer Ordnung, die kommen wird, weil sonst aller Sinn, der in den Schrekkenserfahrungen der Zeit liegen muß, verloren sei. Nichts anderes als dieses hegelianische Vertrauen in den Gang der Dinge, das seit dem Untergang des Sozialismus heillos kompromittiert ist, knüpft an Jüngers Namen die Hoffnung, wieder in den Urstand eingesetzt zu werden. Vom 19. Jahrhundert hat der Dichter im Blick auf die Naturwissenschaften sowie auf die Physiognomie der Epoche überhaupt bemerkt, es enthalte viel »versteckte Theologie«.[33] Das gilt für die Philosophie bis hin zu Marx auch, und vor allem gilt es für sein eigenes Bild von der Welt. Darin liegt, jenseits aller vordergründigen Frontstellungen, jene Gemeinsamkeit, die ihn mit den vermeintlichen Gegnern auf der Linken zusammenbringt.

Ohnehin war nie er es gewesen, der den Gegensatz beschworen hat. Die »Strahlungen« verzeichnen Begegnungen mit Parteigängern aller Richtungen. Zwar verheimlicht er nicht die große Nähe zu den einen. Aber die anderen haben keinen geringeren Anspruch auf Gehör, die Grenze verläuft bei den Gewaltanwendern. »Man muß den Typus des Verfolgers im Auge behalten, nicht die Art der Parteiungen«, heißt es in den »Adnoten«. Seine Wahrnehmung bleibt daher durchweg auf die Positionen beschränkt und zumeist empörungslos. Eines Tages, nach dem Ende der Hitlerzeit, denkt er an die Weggefährten der frühen Jahre zurück, an das nächtliche Stimmendurcheinander in Berliner Mansarden und Hamburger Kellern. Dann fährt die Erinnerung fort: »Wer Glück hatte, fiel auf den Schlachtfeldern. Andere mußten über die Grenzen fliehen, wurden gehetzt, erschlagen, gehenkt, gefoltert oder zogen, umstellt, den Selbstmord vor. Sie wurden Befehlshaber, Polizeichefs, Statthalter, Aufrührer, Zuchthäusler und endlich wieder all dieser Bedeutungen entkleidet wie ein Spiel Karten, das man nach der Partie zusammenlegt.«[34] Und noch einmal, etwas später: »Ich hatte in jenen Jahren zuweilen das Gefühl, in einer Runde von Gezeichneten zu weilen, in der Kabine eines Schiffes, das schon gesunken war und an dessen Fenstern Schatten vorbeiglitten.«[35] Auch dies alles: die Freunde, ihre Rollen, die Richtungen, in die sie versprengt worden waren, die Tode, die sie starben, nur ein Gleichnis.

Mit dieser Fernsicht hat auch seine Unangefochtenheit durch die Ideen und Ideologien der Zeit zu tun, die Impassibilité, mit der er über die Jahre hin bei sich selber blieb. Alles Glück und alle Bedrängnisse dieser Welt waren nur Abbilder, und am Ende löste sich, was Menschen bewegte, ob Jubel oder Jammer, in reine Phantomempfindungen auf. Es war diese Einsicht, die allem die Spitze nahm, den Gegensätzen, den Ängsten oder Schmerzen, und die insbesondere das Bewußtsein der Gefahr relativierte. Eine ganze Reihe von Eintragungen legt die Vermutung nahe, Ernst Jünger habe sich in den ungezählten Bedrohungen sei es des Krieges, sei es der Diktatur geradezu unverwundbar gefühlt, als sei ihm, was Menschen zustoße, fremd. Viel eher jedenfalls begegnet man einer Art Todesungeduld, die noch einmal auf seine Wurzeln im Romantischen verweist.

Doch drängt sich auch der Gedanke auf, seine Unerschrokkenheit habe nicht nur mit philosophischer Distanz zu tun; auch nicht mit der Sehnsucht des abenteuerlichen Herzens nach der Blume »eine Handbreit neben dem Abgrunde«[36], an die er sich im Rückblick auf das Gefahrenglück erinnerte, das ihn bei der

Niederschrift der »Marmorklippen« erfüllte. Vielmehr scheint es, er habe nach der Schockerfahrung des Ersten Weltkriegs die Zeit, die ihm gegeben war, als unverhofft geschenktes Leben angesehen, das er in nur noch partieller Zugehörigkeit und jedenfalls aus größerer Ferne zu leben habe als alle anderen.

Das bleiben Fragen, auf die das Werk keine Antwort gibt. Nicht auszuschließen ist auch, daß seine Unerreichbarkeit nur eine Maske war, und er mehr Unruhe, Verzweiflung und Verlustschmerzen empfand, als er um der »Haltung« willen je zu erkennen gab. Die Kirchhorster Blätter, der fünfte Band der in den »Strahlungen« zusammengefaßten Tagebücher, schließt im April 1945 mit einem Gedanken, der das Pathos der historischen Lage und den Abschied von einer Unschuld des Denkens, die auch Ernst Jünger sich nur noch unter Mühen und nicht ohne Widersprüche bewahrt hatte, in wenigen Sätzen ausdrückt. Zwar besitzen sie inzwischen nicht mehr die selbsterklärende Kraft von damals und werfen ihr Licht auch nicht mehr nach so vielen Seiten. Dennoch haben sie, über den Tag hinaus, ihr Gewicht bewahrt: »Von einer solchen Niederlage erholt man sich nicht wieder … Sie deutet eine Wende im Leben der Völker an, und nicht nur zahllose Menschen müssen sterben, sondern auch vieles, was uns im Innersten bewegte, geht unter bei diesem Übergang. Man kann das Notwendige sehen, begreifen, wollen und sogar lieben und doch zugleich von ungeheurem Schmerz durchdrungen sein.«[37]

Die Erfahrung dieses Weltkriegs und des Zerstörungsfurors, den er entfesselt hatte, auch die Erfindung der Atombombe, bestärkten ihn in der einst mit anderen Gründen entwickelten und niemals aufgegebenen Überzeugung, daß ein welthistorischer Zyklus abgelaufen sei. Aber während er in frühen Jahren umfassende Hoffnungen daran geknüpft hatte, düsterte sich sein Bild von der Zukunft nunmehr zunehmend ein. In ihrem tiefen, von keinem Trost erreichbaren Pessimismus sind nahezu alle Werke, die den »Strahlungen« folgten, Ausdruck eines katastrophenhaften Weltgefühls.

Im Januar 1945 hatte er notiert: »Oft habe ich den Eindruck, auf Papier zu schreiben, das sich schon unter dem Anhauch der Flamme bräunt«[38], und in einer der resümierenden Betrachtungen über jene Jahre ist bereits vom »Abschied von der Geschichte« die Rede; alle Entwicklungen kämen jetzt ans Ende, die Welt sei in einer umfassenden, aus ungezählten Spuren herauslesbaren Bewegung zum Unheil begriffen, hin zu jener »Großen Deponie«, die er in dem Roman »Eumeswil« beschworen hat und über deren Halden nicht mehr Menschen, sondern Gespenster geistern.

Der Erzähler des Buches kommt zu dem Schluß, daß in der Schöpfung »von Anfang an etwas verfehlt sein« müsse, was durch keine menschliche Anstrengung je geheilt werden kann, durch kein moralisches Gesetz und keine utopische Verheißung, weil auch sie an dem Bruch teilhaben, der sich durch alles zieht. Auch durch keine religiöse Hoffnung, und bezeichnenderweise blieb bereits die Lektüre der Bibel, die Jünger durch alle Kriegsjahre hindurch begleitet hat, ganz philologisch und mythengeschichtlich, durch kein Empfinden für die geistliche Botschaft der Texte erhellt. Gleichwohl trieb ihn der Gedanke um, daß das Vollkommene existiere, weil es den Hunger danach gibt, auch die Idee davon und den Traum, wie sehr es sich auch vom Menschen entfernt haben mochte. Erstmals, argwöhnte er jetzt, entschwand es dem Blick und sogar der Sehnsucht, der Prozeß war nicht zu steuern. Alles, was blieb, lief darauf hinaus, sich von den tausend Sackgassen fernzuhalten, in denen die Wege immer wieder endeten, keinen Rat zu geben und zu nehmen, die großen Fragen im eigenen Innern zu lösen, es nicht im Äußeren zu versuchen, wo keine Hilfe kommen kann.

Es ist, blickt man zurück, eine weite Strecke, die er zurückgelegt hat, angefangen von den »Stahlgewittern« über die »Marmorklippen« und die »Strahlungen« bis hin zu »Heliopolis«, »Eumeswil« und vielem anderen. Vielleicht hat die Tatsache, daß sein Leben eine so große Spanne umfaßt und über viele Stationen und Brüche ins kaum Vordenkliche zurückreicht, auch jenes Empfinden seltsam postumer Zeitgenossenschaft erzeugt, das ihn umgibt. Er selber hat irgendwelche Wandlungen freilich stets bestritten und wie in einer Erinnerung an die soldatische Eindeutigkeit, in deren Zeichen sein Leben begonnen hatte, glauben machen wollen, sein Werk sei aus einem Guß.

Doch viel mehr, als Jünger sich je eingestand, war er der Chronist einer Übergangsepoche, der sich trotz des Abstands, den er wahrte, hineingezogen sah in ihre Verworrenheiten und Widersprüche. Er teilt diese Erfahrung mit eigentlich allen bedeutenden Dichtern und Schriftstellern der Zeit von Thomas Mann über Bertolt Brecht bis zu Gottfried Benn, der Rückzug auf die weltflüchtigen Passionen des abenteuerlichen Auges bewahrte ihn nicht davor, weil der Betrachter niemals nur Betrachter, sondern immer auch Teil des Geschehens ist. Mitunter taucht in den späten Aufzeichnungen eine Reminiszenz an den »Arbeiter« auf, unvermutet und fremd zwischen Betrachtungen über den Wert des einzelnen, den Staat als Monstrum oder die helfende Kraft des Glaubens im Angesicht des nahenden Verhängnisses: »Ein Weltuntergang ohne transzendentale, metaphysische Aspekte und ohne das mächtige Licht, das von dort kommt und die Furcht vernichtet – das ist ein trauriges Bild. Es entstammt einer Zeit des Schwundes«, heißt es in »An der Zeitmauer«.

Der Verzicht auf die kühnen und suggestiven Vereinfachungen der frühen Jahre, die zunehmende Differenzierung und Gerechtigkeit seiner Wahrnehmungsweise, haben den leeren Raum noch erweitert, der immer um ihn war. Er blieb der Schriftsteller einer Minderheit, der mit ungeheurem, ins Träumerische entrücktem Gleichmut seine Pronunziamentos verkündete und keinen Blick für die Erwartungen des Publikums hatte und ob es ihm zuhörte oder nicht. Zutreffend hat Golo Mann schon vor Jahren bemerkt, diese Unbeirrbarkeit bei gleichzeitiger, niemals nachlassender Wandlungsbereitschaft und Neugier bis ins höchste Alter grenze »ans Wunderbare«.[39]

Im ersten Band der späten Tagebücher »Siebzig verweht« hat er seine Eindrücke von einem Besuch in Kyoto festgehalten. Der Palast des Shoguns und jeder der Räume seien bis in die geringfügigste Einzelheit nach einem großen Prinzip gebildet, notiert er, das dem europäischen »Pathos der Distanz« entgegengesetzt sei. Nicht ohne Bewunderung bezeichnet er es als »Wahrung der Würde auf engstem Raum«[40], und legt damit die Vermutung nahe, dies sei die Maxime, der er selber gern gefolgt wäre. Am Ende mag er sogar dahin gelangt sein. Aber für geraume Zeit erlaubten soviel Bei-sich-selber-Sein weder sein Wahrnehmungshunger noch das Jahrhundert, das er trotz aller gesuchten Freiheit niemals nur teilnahmslos beobachtet, sondern in seiner Unruhe und ganzen Dauer auch durchlebt hat.

# »Mit der ganzen Vehemenz, die dem Extrem innewohnt«

## *Hitlers Krieg*

Im Bild Hitlers haben lange die irrationalen Züge das Urteil beherrscht: ein von Affekten und Haßgefühlen getriebener Mensch, prinzipienlos, wenn auch mit großem taktischen Geschick operierend, dabei aber immer abhängig von den Stimmungen und Begehrlichkeiten der Massen, ein »Kork auf den Wellen«, wie ein Beobachter während der Aufstiegsjahre schrieb, und noch sein unbezweifelbares Geschick in der Eroberung und Ausweitung der Macht, desgleichen sein erfolgreiches Auftreten auf der europäischen Szene, hat man eher seinem Instinkt als seinen rationalen Fähigkeiten zugute gehalten.

Diese Reminiszenz soll nicht mehr, als den Weg in Erinnerung rufen, den die Forschung zurückgelegt hat, seit Hugh R. Trevor-Roper in der zweiten Hälfte der fünfziger Jahre diesem Bild und allem, was daraus abgeleitet war, in einer knappen, aber beispiellos folgenreichen Darlegung den Garaus gemacht hat. Seither ist, was man Hitlers geistige Verfassung nennen kann, zusehends genauer beschrieben worden. Aus einem reichlich konfusen Sammelsurium von Gedankenschund des 19. Jahrhunderts, aus Schlagworten, Ängsten und Vorurteilen der deutsch-völkischen Minderheit im vergehenden Habsburgerreich hat er nicht nur ein im ganzen verblüffend kohärentes Weltbild geschaffen, dessen Konstanten die Eroberung von Lebensraum, Antimarxismus und Judenhaß waren; vielmehr hat er auch mit bemerkenswerter gedanklicher Kraft schon früh ein Konzept entwickelt und wie es angesichts der politischen

Situation des Landes nach dem Ersten Weltkrieg in die Tat umzusetzen sei: »ein Ideengebäude«, wie Ernst Nolte zu Recht bemerkt hat, »dessen Folgerichtigkeit und Konsistenz den Atem verschlägt«. Der Typus ist der Psychologie nicht unbekannt: der aberwitzige Kopf mit der zwingend logischen Gewalt. Vom Grunde weniger mythologischer Prämissen aus hat Hitler mit analytischem Scharfsinn weitergedacht, und dieses unvermittelte Doppelwesen von Kälte und Irrglauben, Machiavellismus und Magieverfallenheit beschreibt erst die ganze Erscheinung. Man begegnet diesem Ineinander auf Schritt und Tritt, und selbst das Regime als solches hat etwas von dieser paradoxen Mischung aus Köhlergläubigkeit und rationalbürokratischer Effizienz angenommen.

Wo Hitler Perspektiven ziehe, sei immer Krieg in Sicht, hat Konrad Heiden in den dreißiger Jahren geschrieben, doch die Warnung, die in der Bemerkung steckte, hätte der Gemeinte vermutlich überhaupt nicht begriffen. Krieg war, wie er es sah, ein »ehernes Naturgesetz«, der Urgedanke des Lebens und folglich auch »das letzte Ziel der Politik«. Denn deren Aufgabe war im Grunde nichts anderes als die Organisation des andauernden Lebenskampfes eines Volkes, so daß, bei genauerem Zusehen, ein Gegensatz zwischen Politik und Krieg nicht existierte. Es ist denn auch charakteristisch, daß der Friede weder als konkretes Ziel noch als utopische Verheißung in Hitlers Programmatik je auftaucht. Im Februar 1941, als er sich in der Vorstellung wiegte, das Unternehmen Barbarossa werde ein »Kinderspiel« sein, forderte er, offenbar in Sorge vor einem möglichen Frieden, von Jodl die »studienmäßige Bearbeitung« eines deutschen Aufmarschs gegen Afghanistan und Indien, und selbst in der Vision des Großgermanischen Reiches gab es, weit vorgeschoben im Osten, am Ural oder noch weiter, jene »dauernd blutende Grenze«, an der eine stete Auslese der Besten getroffen und die Rasse gehärtet wurde. »Wo immer auch unser Erfolg endet«, hat Hitler im »Zweiten Buch« geschrieben, »er wird stets nur der Ausgangspunkt eines neuen Kampfes sein.«

Die Grundvorstellung vom Krieg als Dauerzustand hat ihn auch beherrscht, als er in »Mein Kampf« sein außenpolitisches Programm entwarf. Zwar war der Weltkrieg zu Ende, aber doch nur formal, und in dem, was nun Frieden hieß, sah er lediglich eine Phase zur Sammlung der Kräfte in einem längst nicht abgeschlossenen Ringen, das über kurz oder lang in eine neue bewaffnete Auseinandersetzung einmünden mußte.

Im Gegensatz zur vorherrschenden Meinung im besiegten und tief gedemütigten Deutschland jener Jahre erkannte Hitler jedoch, darin kälter und vorurteilsfreier als insbesondere seine Partner auf der Rechten, daß die Friedensordnung von 1919 dem Reich gerade die Chancen zuspielte, die ihm durch den Krieg hatten verwehrt werden sollen: nämlich zur Hegemonialmacht zumindest auf dem Kontinent zu werden. Von den fünf ebenbürtigen Großmächten, mit denen es bei Beginn und im Verlauf des Krieges, sei es in Rücksichtnahme oder Gegnerschaft, zu rechnen gehabt hatte, waren nur zwei, England und Frankreich, verblieben. Rußland, jetzt die Sowjetunion, war gleichsam exmittiert, die USA hatten sich grollend in den Isolationismus zurückgezogen und Österreich–Ungarn schließlich war in eine Vielzahl ohnmächtiger Kleinstaaten aufgeteilt, die sich mit den unlösbaren Problemen des Vielvölkerstaates, jeder für sich, herumschlugen und folglich das Reich geradezu einluden, als Vormacht auf den Plan zu treten.

Hatte man die Überlegung bis dahin getrieben, wurde aber auch offenbar, daß England und Frankreich kaum in der Lage waren, die Integrität der von ihnen geschaffenen Friedensordnung zu gewährleisten. Dies mußte selbst dann schwerfallen, wenn sie in jeder Einzelfrage übereingestimmt hätten. Aber sie waren, »seit 140 Jahren schon«, wie Hitler bereits im April 1923 versicherte, »erbitterte Rivalen« und seien es »bis zur Stunde geblieben«. Es war die Aufgabe der deutschen Politik, diese Gegensätze aufzuspüren, zu verstärken und sich zunutze zu machen.

Was die deutsche Option anging, stellte Hitler sich von früh an auf die Seite Englands, schon im Jahr 1919 und dann immer wieder stößt man auf Äußerungen des Respekts und sogar der Bewunderung für die Härte und das imperiale Genie des Inselvolks. Frankreich dagegen war dekadent, »vernegert« und 1918 der Nutznießer eines Sieges geworden, dessen Früchte es gerade deshalb so eifersüchtig hütete, weil sie ihm nach dem Gesetz der Stärke keineswegs zustanden. Frankreich war in der Tat der »Erbfeind«, und in allen Stadien des gedanklichen Prozesses, der die deutschen Möglichkeiten erwog, figurierte es durchweg als der »absolute Gegner«.

Der Gegensatz, auf den Hitler in der Koalition der Siegermächte am frühesten stieß, war der zwischen Frankreich und Italien, und es ist immerhin bemerkenswert für die Unabhängigkeit seines Urteils, daß er keinen Augenblick zögerte, sich auf die Seite Italiens zu stellen und den Verzicht auf Südtirol in Kauf zu nehmen, auch wenn ihm das, weit über die politische Rechte hinaus, den zum Teil erbitterten Widerspruch der Revisionisten eintrug. Schon 1920 forderte er wiederholt, jedem Streit mit Italien aus dem Wege zu gehen, um Frankreich desto gewisser in die Isolierung zu treiben.

Der Gegensatz zwischen England und Frankreich wurde erst später, mit der Besetzung des Ruhrgebiets 1923, offenkundig. Aber schon einige Zeit früher hatte Hitler erklärt, daß England, ganz im Sinne seiner traditionellen Gleichgewichtspolitik, um so stärker an Deutschland interessiert sein müsse, je unverhohlener Frankreich sich als Vormacht auf dem Kontinent aufspiele. Nicht so sehr als Demagoge, auch nicht als Nationalpathetiker, sondern einzig, um England und Frankreich schärfer zu entzweien, forderte er daher den aktiven Widerstand gegen die französische Intervention an der Ruhr.

Doch blieb Hitler bei solchen Vorstellungen nicht stehen. Aus der mehr erspürten als erkannten Brüchigkeit der gegnerischen Koalition entwickelte er ein außenpolitisches Konzept, das über die Forderung nach der Überwindung des Versailler Vertrags weit hinausging. Seine Neigung, in großen Verhältnissen zu denken, hatte seinen Blick alsbald auf den Kontinent im ganzen gelenkt, und wenn er je als Revisionist begonnen hat, ließ er schon früh die Enge bloß grenzpolitischer Korrekturen hinter sich und begann, raumpolitisch zu denken. Der erste Beleg dafür stammt immerhin von Ende 1922.

Dahinter erhob sich die Vorstellung einer großen Zeitenwende. Die Geschichte, so glaubte er, stehe am Beginn einer neuen Epoche, noch einmal setze sie das Rad in Bewegung und verteile die Lose und die Chancen neu. Was dem Ende entgegengehe, sei das Zeitalter der Seemächte, die mit ihren Flotten ferne Länder erobert, Reichtümer aufgehäuft und die Welt beherrscht hätten. Das Meer, einst der klassische Verbindungsweg, erschwere unterdessen die Bemeisterung ausgedehnter Imperien, die koloniale Größe sei anachronistisch und zum Untergang verurteilt: Das Weltreich der Zukunft werde eine Landmacht sein, ein kompaktes, wehrhaftes Riesengebilde, und die Zeit sei schon auf dem Wege dahin. Für einige Jahrzehnte mochte England sein Kolonialreich noch behaupten. Doch wenn er die Mächte prüfte, die bei Beginn der neuen Weltstunde mit Deutschland um die künftige Herrschaftsrolle konkurrieren könnten, stieß er immer erneut auf Rußland. Es fügte sich in dieses Bild, daß durch die Revolution von 1917 das Land nicht nur, wie er glaubte, entscheidend geschwächt, sondern zugleich als Vorhut der ausgerufenen und ubiquitär geschürten Weltrevolution zu einem Herd der Ängste für alle geworden war.

Die Folgerungen aus diesen Überlegungen ergaben sich wie von selbst. Zwar blieb Frankreich der Feind, weil es nur ein ohnmächtiges oder, wie Hitler gern sagte, ein »balkanisiertes« Reich zulassen würde; überdies mußte, wobei auch Motive der Vergeltung im Spiel waren, ein für allemal sichtbar gemacht werden, daß der Großmachtanspruch, den es erhob, von der Wirklichkeit nicht mehr gedeckt war. Aber wie das Reich Italien durch Verzicht auf Südtirol und die Ermutigung seiner mittelmeerischen Interessen zugleich ruhigstellen und beschäftigen konnte, so hatte es England gegenüber sowohl auf allen kolonialen Ehrgeiz wie auf den Seehandel zu verzichten und sich als reine Kontinentalmacht zu orientieren. Um dieses Zieles willen war Hitler sogar bereit, die Industrialisierung Deutschlands zurückzunehmen und einen überwiegend bäuerlichen Staat zu errichten, desgleichen die Kriegsflotte preiszugeben und sich ganz auf das Landheer zu beschränken.

Dieses außenpolitische Programm hat Hitler schrittweise, in mehreren Anläufen entwickelt. Die etwas grobe Skizze läßt keinen Hinweis auf die Stufen der Komplettierung zu. Aber erstaunlich bleibt bei alledem, wie folgerichtig er vorging und daß er niemals schroffere Korrekturen daran vorzunehmen hatte. Vielmehr waren alle Einzelstücke von vornherein vorhanden und nur zu einem überzeugenden Gesamtkonzept zu verbinden.

In diesem Zusammenhang fehlt aber noch der andere starre und keinem Kompromiß zugängliche Vorsatz seiner Politik, die Bekämpfung der Juden. Während das Raumprogramm nur der physische, in Kategorien wie Macht, Lebenskampf, Interesse oder Bündnis zu fassende Aspekt seiner Überlegungen war, weitete die Kampfansage an die Juden ihn gleichsam ins Metaphysische und gab ihm die Weite einer menschheitlichen Aufgabe.

Anders als seine außenpolitischen Auffassungen hat Hitler

diese Position nicht in allmählicher, klärender Gedankenarbeit gewonnen. Sie war vielmehr von Anfang an vorhanden. Bekanntlich verlangt schon das erste politische Dokument, das von ihm überliefert ist, ein Brief vom September 1919, als »letztes« und »unverrückbares« Ziel der Politik »die Entfernung der Juden überhaupt«. In charakteristischen Generalisierungen führte er von Beginn an alle widrigen Erscheinungen auf das Wirken der Juden zurück: die Niederlage und die Revolution, die Republik, die Börse und die Prostitution, das verlorengegangene Nationalgefühl und die Sorgen jeden Tages in der aus so großen Höhen gestürzten, beleidigten und von vielfältigen Deklassierungsängsten erfüllten Nation. Alles, was ihm zu tun blieb, war die Universalisierung dieser Vorwürfe und die Erweiterung des nationalen Leidens zu einer Weltkrankheit, von der die Menschheit im ganzen bedroht war. Als Volk ohne bestimmten Lebensraum bekämpften die Juden die Idee der Nation an sich und damit das Urgesetz des Lebens selbst. Vergifter der Völker zu sein, Erreger der Rassentuberkulose, Weltpest und Völkervampir: In solche und ähnliche Begriffe hat er diesen Elementaraffekt zu fassen versucht.

Offenbar tritt man damit in eine Welt des Wahnsinns ein, und jenes merkwürdige Doppelwesen, von dem eingangs die Rede war, zwischen Kälte und Aberwitz offenbart seine wirklich entgeisternde Qualität erst, wenn man bedenkt, daß das mit so viel Schärfe entwickelte Raumeroberungsprogramm dem gleichen Kopf entstammte, der von der Einsicht in den jüdischen Bazillus illuminiert war und sich diese Erkenntnis als ein Verdienst zugute hielt, das ihn über Pasteur und Robert Koch stellte. Aber auch der Wahn war durchsetzt mit einem rationalen Element, und der Judenhaß Hitlers keineswegs bloßer Affekt. Vielmehr machte er sich auch dessen umfassende taktische Verwendbarkeit im Kampf gegen den Epochenprozeß der Emanzipation zunutze, auf den zuletzt alles hinauslief. Und interessant und merkwürdig ist, wie im Verlauf dieses Lebens einmal das eine und dann das andere hervortritt.

Die Mittel, um der jüdischen Gefahr Herr zu werden, ergaben sich fast zwingend. Es ist ziemlich müßige Philologie, herausfinden zu wollen, wo und ab wann in den Quellen »Beseitigung« als Ausweisung oder schon als physische Ausrottung zu verstehen ist; ob die von Hitler 1921 erhobene Forderung nach Einrichtung von Konzentrationslagern für Juden bereits die spätere Praxis andeutet oder ob der bekannte Hinweis im zweiten Band von »Mein Kampf«, man hätte während des Kriegs »zwölf- oder fünfzehntausend dieser hebräischen Volksverderber [...] unter Giftgas« halten sollen, schon Auschwitz, wie fern auch immer, sichtbar macht. Denn auch das zeichnet Hitlers eigentümliche intellektuelle Verfassung aus, daß er vor nichts einmal Gedachtem zurückschreckte und die Grenze zwischen Denken und Tun, die nicht zuletzt das zivilisierte Wesen ausmacht, aufgehoben war.

Die Gelenkstelle, die den raumpolitischen mit dem rassenpolitischen Gedanken verknüpfte, war Hitlers Überzeugung, daß der Bolschewismus nichts anderes sei als die Ablösung der in Rußland lange tonangebenden germanischen durch eine jüdische Herrschaftsschicht. Da aber das Judentum keine staatenbildende und -erhaltende Kraft besitze, sei auch das Ende Rußlands als Staat absehbar: »Das Riesenreich im Osten ist reif zum Zusammenbruch«, heißt es im vorletzten Kapitel des zweiten Bandes von »Mein Kampf«, und der Zusammenhang läßt keinen Zweifel, daß die deutsche Politik sich darauf einzurichten habe, Beförderer und Erbe dieses Zusammenbruchs zu sein.

So fanden sich die verschiedenen Elemente, wie schwer vereinbar sie auch scheinen mochten, am Ende gleichwohl zur Deckung gebracht. Der politische, geographische, historische, der rassische und der eschatologische Gesichtspunkt: Alles wies nach Osten. Die Versprechungen, die dort winkten, boten nicht nur ausreichenden Raum und ungeahnte materielle Möglichkeiten, sondern auch die Erfüllung einer welthistorischen Mission.

Damit hatte Hitler nicht nur ein geschlossenes Weltbild entworfen, das ihn ebenso mit intellektuellen Gewißheiten wie mit einem tödlichen und heilsgewissen Ernst ausstattete; vielmehr besaß er dafür zugleich, wie umrißhaft auch immer, ein strategisches Konzept und sogar eine Vorstellung der taktischen Schritte für die bündnispolitische Konstellation, die seinen Absichten dienlich war. Mit seiner Ernennung zum Kanzler hat er denn auch gleichsam vom ersten Tage an diesen zweckgerichteten Teil seines Gesamtentwurfs zu verwirklichen versucht, während die wahnhaften, tief irrationalen Vorstellungen gleichsam stillgestellt waren, auch wenn sie ungeschmälert bewahrt und jederzeit abrufbereit blieben.

Das Haupthindernis, das sich ihm entgegenstellte, bestand in dem System kollektiver Friedenssicherung, dessen Fundamente der Versailler Vertrag sowie der Völkerbund waren und das durch ein Geflecht weiterer, von Drittmächten abgestützter oder garantierter Übereinkünfte ergänzt wurde. Die gesamte erste Phase der Hitlerschen Außenpolitik war daher von dem Versuch bestimmt, diese Ordnung aufzubrechen und an die Stelle der dicht verzahnten, tendenziell überwiegend gegen das Reich gerichteten Front eine Vielzahl zweiseitiger Abmachungen zu setzen, die ihm eine größere Manövrierfähigkeit sicherte. Er war dabei durchaus zu Zugeständnissen, Umwegen und sogar im eigenen Lande unpopulären Einsätzen bereit, wie der überraschende Nichtangriffspakt mit Polen vom Januar 1934 bewies. Schon anderthalb Jahre darauf hatte er England, dem für seine Absichten so entscheidende Bedeutung zukam, nach dramatischen, von ungeduldiger Werbung, generösen Gesten und Rückschlägen begleiteten Verhandlungen so weit, daß ein

Flottenabkommen mit ihm zustande kam. Damit eigentlich brach das internationale Friedenssystem der Zwischenkriegsjahre schon in sich zusammen.

Was daran bis heute verblüfft, ist die Mühelosigkeit, mit der Hitler diese Erfolge errang. Schärfer als seine Gegenspieler erkannte er, daß das europäische Gemeininteresse nur eine Fiktion war und die alten Egoismen noch immer ihre Wirkung taten. Statt die kollektive Friedensordnung mit aller Energie zu behaupten, schienen die Mächte sie geradezu loswerden zu wollen. Natürlich wandte Hitler dabei die Kombination von Drohungen und Wohlverhaltensschwüren an, die schon seinen Aufstieg vorangebracht hatte. Erstaunlich aber war, wie er, nach den Besiegten, nun auch den Siegermächten des Ersten Weltkriegs ein wachsendes Gefühl für die Unerträglichkeit der von ihnen selber erst fünfzehn Jahre zuvor ausgerufenen Friedensordnung einzureden wußte. Wie in den Auftritten der endenden Republik demonstrierte er aufs neue seine Kunst, eine schwierige, mit mancherlei Mißhelligkeiten verbundene Lage so sehr auf ihre Absurdität und zynische Ungerechtigkeit hin zu stilisieren, daß das Gefühl sich verbreitete, man müsse, auch unter Risiken, ein Ende damit machen. Nie jedenfalls war er außenpolitisch erfolgreicher als bei seinem Vorhaben, die Front der Gegner auseinanderzubringen und ihre Teile gegeneinanderzukehren.

Man kann für diese Erfolge noch vieles nennen: die überfallartigen Coups, die er mit Vorliebe zum Wochenende inszenierte, wenn die Regierungen, die sich noch immer im Frieden wähnten, so gut wie aktionsunfähig waren; oder den Kunstgriff, Angebote so zu formulieren, daß sie für die eine Macht als Verhandlungsbasis gerade noch annehmbar waren, für eine andere dagegen inakzeptabel, und meist war es Frankreich, das seinen Starrsinn oder seine Ängste nicht zu überwinden vermochte und folglich zusehends in die Vereinzelung geriet. Darüber hinaus half auch, was der Zufall Hitler zuwarf und was er rasch und mit wachsendem Geschick zu ergreifen lernte.

Zu den wichtigsten Motiven der Nachgiebigkeit zählte jedoch Hitlers Antikommunismus. Über alle Interessengegensätze, alle kreuz und quer laufenden Verfeindungen hinweg war jenes im ganzen noch immer konservative, bürgerliche Europa der dreißiger Jahre in der Angst vor der kommunistischen Revolution geeint, als deren radikalster Feind und Überwinder Hitler sich so nachdrücklich anzupreisen wußte. Zwar hatte die Revolutionsidee inzwischen an Suggestion wie an offensiver Energie erheblich verloren. Doch im Volksfrontexperiment in Frankreich, im Spanischen Bürgerkrieg oder auch in den Moskauer Prozessen hatte sie sich immer wieder in Erinnerung gebracht, und wenn sie aus alledem auch geschwächt hervorgegangen war, hatte diese Erinnerung doch genügt, die alten Schrecken zu beleben.

Gewiß waren Furcht und Abscheu auch vor Hitler und seinem Regime verbreitet. Aber die unvergessene Lehre des gescheiterten Putschversuchs vom November 1923, die ihm im Innern so gute Dienste geleistet hatte, wendete er nun auch nach außen hin an: Indem er die eigenen revolutionären Absichten im Mantel des geschworenen Feindes der Revolution vorantrieb und als Verteidiger einer Ordnung auftrat, deren Zerstörung sein Vorsatz war. Wie viele Beklemmungen dieses merkwürdig rückfällig gewordene Deutschland der dreißiger Jahre in Europa auch wachrief, so viele uneingestandene Erwartungen richteten sich zugleich darauf, es möchte die alte Rolle des Reiches wieder übernehmen, der »Aufhalter des Bösen« zu sein, Bollwerk oder Wellenbrecher, wie Hitler auf dem Reichsparteitag 1934 erklärte. Zwar sprach mancher, wie der damalige britische Außenminister Austen Chamberlain, von Roheit und einer Politik des Stiefelabsatzes. Aber gerade die unheimlichen, martialischen Züge Hitlers und seiner Machtpraxis standen, nach Auffassung vieler, einem Bollwerkkommandanten nicht unpassend zu Gesicht. Im übrigen mochten die Deutschen sehen, wie sie damit zurechtkamen.

Sowohl der Zufall wie das antikommunistische Motiv waren im Spiel, als der Spanische Bürgerkrieg die anfangs entzweiten und dann nur zögernd einander sich nähernden faschistischen Mächte Italien und Deutschland endgültig zusammenführte und Mussolini im November 1936 die Achse Berlin–Rom ausrief. Damit hatte Hitler die eine Bündnisbedingung verwirklicht, die seinem Eroberungskonzept zugrunde lag.

Es blieb England. Die Jahre zwischen dem Flottenabkommen und dem Kriegsausbruch sind gekennzeichnet durch eine Kette immer neuer, durch kein britisches Zaudern, keine offene Abweisung entmutigter Anläufe, den Idealentwurf doch noch zustande zu bringen. Zwar hatte Hitler mit der ständig vorgetragenen Forderung nach Selbstbestimmung und einem Ende der Diskriminierung des Reiches kaum irgendwo so viel Verständnisbereitschaft gefunden wie in England, zumal seine Appelle dem traditionellen britischen Gleichgewichtsgrundsatz entgegenkamen und man längst begonnen hatte, nicht ohne Besorgnis den übermächtigen Einfluß Frankreichs auf dem Kontinent zu registrieren. Aber zu jenem besonderen deutsch-britischen Verhältnis mit dem Ziel der »Weltteilung«, das Hitler vorschwebte, war London deshalb doch nicht bereit. Und selbst, als Hitler seine Bündnisidee um eine weitgespannte Überlegung ergänzte und Japan einbezog, änderte England seine Haltung nicht. Es habe sich, ließ Hitler den Wunschkontrahenten immer wieder wissen, in Osteuropa und Ostasien nur passiv zu verhalten. Im Verein könnten Deutschland und Japan sodann die Sowjetunion zerschlagen und das Empire nicht nur in seinem Bestand sichern, sondern auch Europa vom Kommunismus befreien, dem »alten Widersacher und Erbfeind der Menschheit«, wie er mit einer bezeichnend theologisierenden Wendung formulierte. Doch blieb England, sehr zum Unwillen Hitlers, bei seiner Weigerung.

Vor diesem Hintergrund hat man jene Geheimkonferenz vom 5. November 1937 zu sehen, die durch die Niederschrift des Obersten Hoßbach bekanntgeworden ist. Sie machte den Außenminister und die militärische Spitze des Reiches nicht nur mit Hitlers Ungeduld und Kriegsentschlossenheit, sondern auch mit seinem Willen bekannt, das in »Mein Kampf« entworfene Raumeroberungsprogramm in absehbarer Zeit in Angriff zu nehmen und zur Verbreiterung der Ausgangsbasis zunächst Österreich und die Tschechoslowakei zu annektieren. Die Sowjetunion erwähnte er nicht. Vielleicht, weil seine Bündnisbemühungen noch nicht weit genug vorangekommen waren, vielleicht aber auch, weil er den konservativen Teilnehmern der Runde nicht hinreichend traute, deren Erschrecken ihm denn auch offenbarte, wie wenig sie ihn begriffen hatten und wie überraschend der Gedanke für sie war, daß er, Hitler, tatsächlich Hitler war. Vor allem aber mochte die Einverleibung der beiden Länder ihm zeigen, wie weit England ihm zu gehen erlaubte und was es ihm in der Sache, diesseits eines formellen Bündnisses, zu gewähren bereit war.

Auf den Anschluß Österreichs reagierte Europa noch einmal, wie auf alle zurückliegenden Übergriffe Hitlers auch, mit jener Mischung aus Aufgeregtheit, schlechtem Gewissen und starken Worten, von der am Ende nur eine ratlose Geste blieb. Desgleichen schienen die Reaktionen auf den Griff nach Prag ganz diesem deprimierenden Muster zu folgen. Und doch war Prag ein Wendepunkt. Zu tief war für die Westmächte die Enttäuschung, das Gefühl der Irreführung und mißbrauchten Geduld. Bis dahin hatte Hitler durchweg revisionistische Ziele verfolgt und mit der Forderung nach Beseitigung des »Unrechts von Versailles« Verlegenheit und Verständnis geweckt. Jetzt hatte er zum ersten Mal seine viel weitergehenden Absichten enthüllt und aller Welt annonciert, daß er unverändert am Konzept der Eroberung über die Grenzen hinaus festhielt. Lord Halifax bemerkte damals, er habe Verständnis für Hitlers Geschmack an unblutigen Triumphen; aber das nächste Mal werde er Blut vergießen müssen.

Prag war der erste gravierende Fehler Hitlers, und überall in Europa begann man sich nun auf Krieg einzurichten, zumal Hitler mit seinem Vorgehen die »Geschäftsgrundlage« (Haffner) des Münchner Abkommens zerstört und demonstriert hatte, daß Verträge ihm nicht mehr bedeuteten, als wozu Gutdünken und Opportunität rieten. Aber ein Gewinn war es auch, wiewohl ein überaus prekärer. Immerhin hatte Hitler ohne Krieg seinen großdeutschen Jugendtraum verwirklicht, ihn sogar noch überboten, und sichtlich waren die europäischen Mächte bereit, die Verheißung vom »Frieden für unsere Zeit« auch auf das widerrechtlich erweiterte Reich auszudehnen und seine nunmehr überragende Vormachtrolle, vor allem nach Südosten, wie ungehalten auch, hinzunehmen. Wenn sie überhaupt einen Trost in den Vorgängen zwischen München und Prag fanden, so lag er in der Erwartung, daß Hitler auf Jahre hin damit beschäftigt sein werde, die beträchtlichen, sei es eroberten, sei es hegemonial abhängigen Gebiete neu zu ordnen und sich dienstbar zu machen.

Doch das war ein Mißverständnis, und nichts lag Hitler ferner als jene Mitteleuropa-Idee, die in solchen Vorstellungen nachwirken mochte. Anders als für die Westmächte war Prag für ihn kein Ende, sondern lediglich eine Art Eröffnungszug, um dem eigentlichen und zusehends drängender anvisierten Ziel der Raumeroberung im Osten eine der erforderlichen Voraussetzungen zu schaffen. Die gewonnenen Gebiete selber interessierten ihn nur als Raubbau- und Aufmarschgelände.

Denn er hatte nun keine Geduld mehr. Von 1937 an häufen sich die Hinweise auf die kurze, ihm noch verbleibende Zeit.

Nicht auszuschließen ist, daß sie zunächst nur den Zweck verfolgten, seine Umgebung zur Eile anzutreiben. Auch wußte er wohl, daß seine Herrschaft einen zutiefst illegitimen Zug hatte und der Stabilisierung durch die Dynamik sich beständig selbst überbietender Effekte bedurfte. Aber der Eindruck stellt sich doch auch ein, er sei allmählich zum Gefangenen der eigenen Zeitangst geworden. Das untrügliche Tempobewußtsein jedenfalls, das in den zurückliegenden Jahren jeden seiner Schritte gesteuert und manche Erfolge mitbewirkt hatte, schien ihn jetzt zu verlassen. Weniges veranschaulicht das besser als sein Entschluß, schon eine Woche nach der Eroberung der Tschechoslowakei, während Europa noch vom Erschrecken widerhallte, in einem Akt demonstrativer und triumphierender Gewalt das sogenannte Memelgebiet »ins Reich zurückzuholen«.

Die Widerstandslosigkeit der Mächte mag Hitler nicht nur in dem Glauben, er könne Europa die Gesetze diktieren, sondern auch in seiner Unrast bestärkt haben. Infolgedessen ließ er sich auch nicht aufhalten, als die unterdessen eingeleiteten Verhandlungen mit Warschau festliefen und Chamberlain am 31. März 1939 im Unterhaus die britisch-französische Beistandserklärung für Polen abgab. Die sichtlich definitive Weigerung Englands, ihm den Weg nach Osten freizugeben, veranlaßte ihn nicht etwa, seine Pläne umzustellen, zu verschieben oder gar aufzugeben. Jener Starrsinn, der, bei aller Flexibilität im Taktischen, den Grund seines Wesens bildete, ließ nichts dergleichen zu. Vielmehr stieß er, in einer brutalen Wendung, sein gesamtes strategisches Konzept um und schritt, wie er in jenen Tagen formulierte, zur »Liquidation seiner Jugendarbeit«. Da er bei dem Eroberungszug nach Osten immer auf England stoßen werde, entschloß er sich, zunächst und zusammen mit dem ohnehin geplanten Krieg gegen Frankreich, die Auseinandersetzung mit dem Inselreich aufzunehmen. Die ganze Unnachgiebigkeit, mit der er an der Raumpolitik festhielt, offenbart seine Bereitschaft, dafür eine weitere Konsequenz in Kauf zu nehmen, die ebenfalls, zumindest dem Anschein nach, wie eine Liquidation unumstößlicher Prinzipien wirkt: Er schloß den Vertrag mit Moskau, der alles in Frage stellte, was er je, in buchstäblich zahllosen Propagandaeinsätzen, über die »niemals zu überbrückende Weltentfernung« zwischen Nationalsozialismus und Kommunismus geäußert hatte.

Es war nun nicht mehr nur Zeitangst. Auch nicht nur Selbstüberschätzung und das verächtliche Bild von seinen bürgerlichen Gegenspielern. Vielmehr ging es unterdessen auch, alle diese Motive zusammenfassend und steigernd, um die Einlösung der Idee des Krieges, für die er die Nation organisiert und vorbereitet hatte. »Eine lange Friedenszeit würde uns nicht gut tun«, erklärte er am 22. August auf dem Obersalzberg seinen militärischen Befehlshabern. Die spürbare Reserve, mit der die deutsche Öffentlichkeit in den zurückliegenden Monaten alle Kriegssignale aufgenommen hatte, deutete er dahin, daß schon jetzt der Frieden zu lange andauere.

Trotz aller Augenblicksvorteile enthielt der Vertrag mit Moskau, der Hitler das Tor zum Einfall nach Polen weit aufsperrte, eine nicht wiedergutzumachende Fehlrechnung. Denn er setzte fast alle Voraussetzungen außer Kraft, unter denen Hitler und der Westen in den zurückliegenden Jahren ihre wechselseitige Politik betrieben hatten. Daß er die bürgerliche Welt zu verteidigen versprach, ihr jedenfalls näher stand als Stalin, dies war es, weshalb man all die unentwegten Zumutungen und Übergriffe so lange hingenommen hatte. Indem Hitler sich mit der Sowjetunion verständigte, gab er zu erkennen, daß er nicht jener Gegner der Revolution war, der er zu sein vorgab, kein »General Wrangel der Weltbourgeoisie«. Alle späteren Bemühungen, mit London doch noch zu einem Einvernehmen zu gelangen, scheiterten nicht zuletzt an der Erkenntnis, die er erstmals am 23. August und dann immer unverhohlener den

Mächten aufgedrängt hatte: daß er der Feind aller war und folglich über kurz oder lang auch alle zum Feind haben werde.

Hitler selber hat diesem Eindruck noch vorgearbeitet. Als werfe er, nachdem der ungeduldig herbeigesehnte Krieg in Gang gekommen war, mit der einen Hemmung auch alle anderen ab, hat er ihn von Anfang an mit einer Tendenz zur Radikalität geführt, die weit über die militärischen Zwecke hinausging und ihnen nicht selten sogar abträglich war. Mitunter scheint es geradezu, er habe ihn als Befreiung zu sich selbst erlebt und als die endlich wiedergekehrte Möglichkeit, auf alle die vom jahrelangen Zwang zur Verstellung und politischen Heimlichtuerei verdrängten, aber nie aufgegebenen Zielsetzungen zurückzukommen und sein innerstes Wesen hervorzukehren.

Ganz in diesem Sinne datierte er den Erlaß zur Massentötung von Kranken, den er erst Wochen nach Kriegsbeginn unterzeichnet hat, auf den 1. September 1939, im gleichen Monat begannen auch die Ausrottungsaktionen gegen die Zigeuner. Ebenso verlegte er, sooft er darauf zu sprechen kam, die Vernichtungsdrohung gegen die Juden, die tatsächlich vom 30. Januar 1939 stammte, auf den 1. September jenen Jahres, den Tag, der, wie er es offenbar empfunden hat, ihn aller Rücksichtnahmen entledigte. Anfang Oktober ernannte er Himmler zum Reichskommissar für die Festigung des deutschen Volkstums mit der Aufgabe, die »rassische Flurbereinigung« in Angriff zu nehmen, zehn Tage später löste er die SS und Polizei aus der bestehenden Gerichtsbarkeit. Wie entsichert sieht man ihn in dieser ersten Phase des Krieges mit dem beschäftigt, was er als seine eigentliche Mission ansah: dem Entrechten, Deportieren, Gettoisieren und Massenmorden, das zwar bei weitem noch nicht das spätere Ausmaß erreichte, aber dem Wesen nach schon jetzt jene äußersten Regeln hinter sich ließ, denen der Krieg an sich, trotz aller enthemmenden Dynamik, bis dahin unterworfen gewesen war.

Hitlers Intention mag selbst zu diesem Zeitpunkt noch nicht bis zum System der Vernichtungslager gereicht haben. Denn er wußte inzwischen, wieviel der Augenblick leistete, der Übereifer rivalisierender Akteure sowie die Bedenkenlosigkeit der Interessen und daß es für ihn vor allem darauf ankam, die sich bietenden Gelegenheiten für die eigenen Absichten zu nutzen. Aber auf Vernichtung ging diese Absicht jedenfalls, und seine Metaphern enthielten immer ein Stück Wirklichkeit. Keineswegs ist es so, daß Hitler nur die radikalen Formeln erfand, die dann von Himmler und anderen als unmittelbare Handlungsmaxime aufgefaßt wurden. Die These, die Massenverbrechen seien nicht auf einen originären Willensakt Hitlers zurückzuführen, sondern die Konsequenz aus Improvisation und Zuständigkeitschaos, mag manche Einzelheit der späteren Entwicklung genauer treffen. Und richtig ist auch, daß die Dynamik des Geschehens sich aus vielen Quellen, Initiativen und Interessen speiste, die augenblicksweise auch über das von Hitler schon Gewollte hinausgehen konnten. Aber sie waren, anders als Hans Mommsen oder Martin Broszat meinen, durchweg von Hitler abgeleitet und hatten in ihm ihr Bewegungs- und Berufungszentrum. Der qualitative Sprung über die Barriere ist einzig seine Sache gewesen und wurde schon in den Tagen und Wochen des gerade begonnenen Krieges getan.

Über Heinrich Himmler, der im Zuge der Rückkehr Hitlers zu den ideologischen Fixierungen von einst zusehends an Macht gewann, hat er bei Gelegenheit lobend bemerkt, er habe keine Scheu, »mit verwerflichen Mitteln« vorzugehen, und schaffe folglich nicht nur Ordnung, sondern auch Komplizen. Es scheint, als habe diese psychologische Überlegung auch die immer unverhülltere Kriminalisierung des Regimes mitgetragen: die Absicht, die Nation durch ein gewaltiges Verbrechen unwiderruflich an sich zu ketten. Am greifbarsten ist sie in jener von Beginn an verfolgten Praxis, die Ausrottungsaktionen der

SS aufs engste mit der militärischen Kriegführung zu verknüpfen, für die sich auf seiten der Wehrmacht allzu bereitwillige Mithelfer fanden. In mehreren Äußerungen während der Kriegsjahre hat Hitler bemerkt, man müsse »sich die Rückzugslinien selbst abschneiden [...], dann kämpfe man leichter und entschlossener«. Und Anfang 1943, als das Massenmorden schon in vollem Gange war, hat er auf das Beispiel der Seeschlacht von Salamis verwiesen und gesagt: »Er breche lieber alle Brücken hinter sich ab, da der jüdische Haß sowieso riesengroß sei. In Deutschland [...] gäbe es auch kein Zurück auf dem einmal eingeschlagenen Wege.«

Aus solchen und anderen, gleichgearteten Bemerkungen oder Verhaltensweisen läßt sich noch eine weitere Überlegung herleiten. Denn vieles deutet darauf hin, Hitler habe schon mit dem Beginn des Krieges und dann immer entschiedener Abschied von der Politik überhaupt genommen, in der er fünfzehn Jahre lang exzelliert und keinen gleichwertigen Gegenspieler gehabt hatte. Sebastian Haffner hat darauf hingewiesen, daß Hitler 1940, nach dem Sieg über Frankreich, als Europa vom Nordkap bis zu den Pyrenäen erobert und er selber vom Nimbus der Unwiderstehlichkeit umgeben war, die einzigartige Chance nicht einmal gesehen habe, die sich ihm bot: nämlich dem Kontinent eine neue Ordnung und der deutschen Vorherrschaft in Europa, mit welchen Aussichten auch immer, Dauer zu geben. Alles, was er statt dessen zustande brachte, war ein inhaltsleeres Angebot an das unbesiegte und keineswegs zum Einlenken bereite Großbritannien, während er Frankreich einen Friedensvertrag vorenthielt und überhaupt alles ignorierte, was den verbliebenen Gegner auf der Insel mindestens psychologisch hätte entwaffnen können.

In der Tat scheint es, als habe der Krieg ihn ganz auf die ideologischen Positionen zurückgeworfen, die für geraume Zeit von taktischen Erwägungen überlagert worden waren. Jetzt traten sie wieder nach vorn. Zu den scharfen Zäsuren dieses Lebens zählt der Novemberputsch des Jahres 1923: In einem genaueren Sinn bezeichnet er den Eintritt Hitlers in die Politik. Bis dahin hatte er sich vor allem durch seine Unbedingtheit hervorgetan. Erst das Scheitern vor der Feldherrnhalle hatte ihm den Sinn und die Möglichkeiten des politischen Spiels, der taktischen Schliche und Scheinkompromisse zum Bewußtsein gebracht und aus dem angriffslustigen Putschisten den scharf kalkulierenden Politiker gemacht.

Jetzt, so ließe sich sagen, kehrte er in seinen früheren Zustand zurück, entschlossen, das Netz der Abhängigkeiten sowie der falschen Einverständnisse zu zerreißen und jene Putschistenfreiheit zurückzugewinnen, die ihn an keine Spielregeln oder falschen Eide band. Hitler habe sich »wie eine Naturkraft« benommen, hat der rumänische Außenminister Gafencu im April 1939 aus Berlin berichtet, und kaum eine Formel beschriebe auch den Aufrührer der frühen zwanziger Jahre genauer. Nicht zufällig tauchten mit dem Beginn des Krieges auch die einstigen vorpolitischen Alternativen von Sieg oder Vernichtung, Weltmacht oder Untergang, Sein oder Nichtsein wieder auf, nicht selten in derselben Rede mehrfach.

Strenggenommen ist Hitler auch nie mehr in die Politik zurückgekehrt. Zusehends trat im Fortgang der Jahre sein Unvermögen hervor, über die militärischen Zwecke hinauszudenken und die Kriegslage auf ihre politischen Aussichten hin zu prüfen. Alle Versuche seiner Umgebung sowie die Ratschläge ausländischer Politiker wie Mussolini, Horthy oder Laval blieben vergeblich. Die regelmäßigen, mit fortschreitender Kriegsdauer freilich immer seltener werdenden Unterredungen mit den Chefs der Satellitenstaaten waren alles, was schließlich blieb. Aber sie hatten mit Politik nichts zu tun, und Hitler selber hat sie treffender »hypnotische Behandlungen« genannt. Nicht einmal die naheliegende Möglichkeit, den Krieg gegen die Sowjetunion auch politisch zu führen und jene Bevölkerungsteile, die die deutschen Soldaten als Befreier begrüßten, für sich zu gewinnen, hat er erkannt oder zu nutzen versucht. Am Ende steht dann die Antwort, die er dem Verbindungsmann des Auswärtigen Amtes, Botschafter Hewel, im Frühjahr 1945 auf die Aufforderung gab, eine politische Initiative anzustrengen: »Politik? Ich mache keine Politik mehr. Das widert mich so an.«

Je stärker die ideologischen, von Rassenangst, Verschwörungswahn und Weltfeindkomplexen beherrschten Vorstellungen in den Vordergrund traten, desto unbeugsamer hielt Hitler auch an dem einmal entwickelten Konzept zu deren Überwindung fest: dem Krieg gegen die Sowjetunion, der ja niemals ein bloßer Eroberungszug sein sollte, sondern in eigenartiger Verschränkung von imperialen und apokalyptischen Motiven immer auch die Auseinandersetzung mit der »jüdisch-bolschewistischen Weltgefahr«. Unmittelbar nach dem Ende des Frankreichfeldzugs, als er einsehen mußte, daß England weder zu besiegen noch zu gewinnen noch zu neutralem Verhalten zu überreden war, faßte er daher den Entschluß zum Krieg im Osten, obwohl die entscheidende Voraussetzung dafür nach wie vor fehlte. Aber man muß nur nachlesen, mit welcher einfallsreichen Rabulistik er in der zweiten Jahreshälfte 1940 die Einwände gegen das Vorhaben immer wieder abwehrte, um zu erkennen, daß er dies als sein eigentliches Lebensziel ansah, für das alles andere nur ein Umweg gewesen war. Dafür nahm er nun sogar den Zweifrontenkrieg in Kauf, dessen Vermeidung er bis dahin als eine Art Grundgesetz der deutschen Militärstrategie betrachtet hatte.

Schon die Reihe vorbereitender Richtlinien und Weisungen, meist aus dem Frühjahr 1941, die durchweg Ausrottung und Versklavung ermöglichen sollten, macht deutlich, daß er sich, nach so vielen verkehrten Frontstellungen, endlich am Ziel sah. Jetzt warf er alle Zurückhaltung ab und sprach, wie am 30. März vor annähernd 250 hohen Offizieren, vom Gegner als »sozialem Verbrechertum« und von einem »Vernichtungskampf«, der sich »sehr unterscheiden [werde] vom Kampf im Westen«. Die in den ersten Feldzügen noch beachteten Prinzipien des Völkerrechts wurden von Hitler nun nicht nur hinsichtlich der sogenannten »politischen Kommissare« außer Kraft gesetzt; vielmehr erteilte Heydrich, ganz offenbar nach Anweisung Hitlers, im Mai 1941 den Einsatzgruppenleitern mündlich den Auftrag zur Liquidierung aller Juden, und die Gesamtheit dieser Schritte mit dem Ziel der »Volkskatastrophe« für den Osten, von der Hitler am 8. Juli 1941 gesprochen hat, läßt keine Unsicherheit hinsichtlich seiner treibenden Rolle in der Radikalisierung des Geschehens zu. Sie verweist alle anderslautenden Thesen von der allmählichen, erst durch die Umstände herbeigeführten Entwicklung zum Massenverbrechen, wie sie unlängst wieder Arno J. Mayer vertreten hat, ins Unhaltbare. Was die Umstände beförderten, waren lediglich das Ausmaß und die ungerührte Automatik der Vorgänge.

Hitlers Wendung ins Irrationale und in jene Besessenheit, die unter aller taktischen Virtuosität immer den festen Grund abgegeben hatte, kam jetzt ebenso nach vorn wie die äußerste, durch kein Zögern, keine Hemmung beeinträchtigte Entschlossenheit in der Wahl der Mittel. Schon einen Monat nach dem Einfall in die Sowjetunion fand er, dem kroatischen Außenminister Kvaternik gegenüber, Worte, die deshalb aufschlußreich sind, weil sie, gedrängter als ähnliche Äußerungen aus dieser Zeit, bis in die Begriffswahl hinein die Wahn- und Haßkomplexe der frühen Jahre repetieren: »Die Juden seien die Geißel der Menschheit. Wenn die Juden freien Weg hätten wie im Sowjetparadies, so würden sie die wahnsinnigsten Pläne verwirklichen. So sei Rußland zu einem Pestherd für die Menschheit geworden [...] Wenn auch nur ein Staat aus irgendwelchen Gründen eine jüdische Familie bei sich dulde, so würde diese der Bazillenherd für eine neue Zersetzung werden.«

Sofern die Quellen nicht trügen, hat Hitler schon gegen Ende 1941, als der deutsche Vormarsch in Eis und Schnee steckenblieb und die Sowjets vor Moskau zur Gegenoffensive antraten, erkannt, daß sein gesamtes Kriegskonzept gescheitert war. Fast zwangsläufig stand er damit einer jener radikalen Alternativen gegenüber, die er zu Beginn seiner Laufbahn und dann wieder mit dem Entschluß zum Krieg so oft beschworen hatte. Seine wahrhaft atemverschlagende Neigung, sich beim Wort zu nehmen, sah sich damit vor eine letzte dramatische Entscheidung gestellt: vor Weltmacht oder Untergang, und nichts erlaubt den Schluß, er habe den Untergang weniger buchstäblich gemeint als seinen nunmehr gescheiterten Weltmachtehrgeiz.

Dieser Untergangswille zielte in zwei Richtungen. Er wandte sich zunächst gegen die Juden, und es ist sicherlich mehr als ein bloßer Begleitumstand, daß die Systematisierung der Ausrottungspraktiken, die Ausdehnung der »Endlösung« auf ganz Europa und deren fabrikmäßige Organisation in dem Augenblick einsetzen, als Hitler den Krieg verloren wußte. Das war insofern konsequent, als mit den Rückschlägen an der Front vorerst nur das eine Ziel, die Eroberung des Raumes, unerreichbar geworden war; aber es blieb das andere, die Vernichtung der Juden. Nicht ohne triftige Gründe kann man die Auffassung vertreten, Hitlers gesamte Kriegführung sei von da an vornehmlich auf Zeitgewinn angelegt gewesen, um den Raum für seine Ausrottungsmission zu behaupten. In der letzten Bunkermeditation jedenfalls, mit dem Datum vom 2. April 1945, hat er sich noch einmal die Beseitigung des »jüdischen Gifts« zugute gehalten und gemeint, die Welt werde »ewig dafür dankbar sein, daß ich die Juden aus Deutschland und Mitteleuropa ausgerottet habe«.

Der andere, dem Motiv und Wesen nach auch andersartige Vernichtungsvorsatz richtete sich gegen das eigene Volk. Schon im Herbst 1944, als die alliierten Armeen zur deutschen Grenze vorgestoßen waren, hatte er die Praxis der »Verbrannten Erde« auch für das Reichsgebiet angeordnet und verlangt, dem Gegner lediglich eine Zivilisationswüste zu hinterlassen. Und Mitte März 1945 hat er in einer Folge von Führerbefehlen diese Strategie in eine noch strhktere Fassung gebracht. Zwar gab er sich auch da als Retter. Aber das war nur, zum letzten Mal, die Flucht in die Rolle eines Verteidigers dessen, was er zerstören wollte. Sein ganzes Wollen in den letzten Monaten zielte jedenfalls darauf, den Krieg nicht bloß zu Ende zu bringen, sondern zum Untergang zu steigern und die Nation zu strafen, die sich in dem großen, von ihm geführten Ringen als die schwächere erwiesen hatte. Der Vorwurf, sie sei seiner unwürdig gewesen, kehrt verschiedentlich wieder. Schon am 27. November 1941, als ihn zum ersten Mal die Ahnung eines Scheiterns gestreift hatte, war er aufgetaucht: »Wenn das deutsche Volk einmal nicht mehr stark und opferbereit genug sei, sein eigenes Blut für seine Existenz einzusetzen, so soll es vergehen und von einer anderen, stärkeren Macht vernichtet werden. Es verdiente dann nicht mehr diesen Platz.« Und am darauffolgenden Tag, einem anderen Besucher gegenüber: »Er würde dann dem deutschen Volke keine Träne nachweinen.«

Kein Zweifel kann darüber bestehen, daß alle extremen Intentionen des Regimes auf Hitler zurückgehen. Der positivistische Quellenrigorismus hat sich gelegentlich an der nicht ganz geschlossenen Dokumentenlage gestoßen. Geht man den Dingen jedoch nur etwas auf den Grund, ist der Befund so eindeutig, daß kein vernünftiger Zweifel bleibt, auch wenn der eine förmliche Befehl für die Praxis der systematischen Massenvernichtung nicht auffindbar ist. Bis zuletzt fürchtete Hitler, jene Strategie der Verheimlichung bloßzustellen, die diese Verbrechen begleitete und die ihm offenbar wichtig war, weil sie nicht nur Beunruhigungen abwehrte, sondern auch weitreichende Verdrängungsmöglichkeiten eröffnete, die er der ideologisch wenig gefestigten deutschen Öffentlichkeit zu schulden glaubte. Die Gesamtheit seiner Worte und Taten sowie deren innere Verklammerung schufen erst das einzigartige Klima moralischer Enthemmtheit, in dem alles möglich war, weit jenseits der Grenzen dessen, was Wahn, Machthunger und Destruktivität der historischen Betrachtung früherer Jahrhunderte zumuten. Daß er dafür viele Mittäter quer durch alle Schichten fand, erweitert den Kreis der Schuldigen, ändert aber nichts am Sachverhalt selber. Schon in »Mein Kampf« hatte er geschrieben, er vertrete seine Auffassungen »mit der ganzen Vehemenz, die dem Extrem innewohnt«, und gemeint, ein Programm wie das seine sei »die Formulierung einer Kriegserklärung [...] gegen eine bestehende Weltauffassung überhaupt«. Das wurde von den Zeitgenossen nicht zur Kenntnis oder gar ernst genommen. Es gibt keinen Grund, darauf zu beharren.

Mit dem radikal überspannten Wesen, das auf Hitler zurückging und in ihm sein Energiezentrum besaß, hat auch zu tun, daß das Regime und was es an ideologischen Vorstellungen entwickelt hatte, bei Eintritt seines Endes zu Nichts zerfiel. Trotz allen Geredes von Tausend Jahren war es nicht auf Dauer gestellt, sondern auf eine kurze, im Grunde mit der Lebenszeit Hitlers zusammenfallende Folge eruptiver Augenblicke, und jener Blitz, der als Begriff wie als Emblem verschiedentlich greifbar ist, bleibt die eigentliche Schlüsselmetapher zu seinem genaueren Verstehen. Desgleichen gehört die Zerstörung dazu, das Willkürliche und Sinnlose des Vorgangs mitsamt dem unvermittelten Insichzusammenfallen aller Spannungen, das solchen Entladungen folgt, dem wie Ausgebranntsein dessen, was zurückbleibt. Zuletzt gehört auch der Wiederholungsschrecken dazu, von dem keiner, der es erlebt hat, je ganz freikommt.

# Die andere Utopie

*Eine Studie über Heinrich Himmler*

Jede Utopie ist Erinnerung und Erwartung zugleich. Erinnerung an den paradiesischen Zustand, der einmal war und von dem alles Licht, wie schwach auch immer, bis in die Gegenwart fällt, und Erwartung einer Ordnung, die den Urzustand wiederherstellt. Erst danach trennen sich die Wege. Die einen betrachten die Geschichte als eine einzige Abweichung und suchen an den Anfang zurückzukommen, die anderen nehmen die Geschichte in ihre Vorstellung auf und entdecken gerade darin eine ordnende Kraft, die auf höherer Stufe zum verlorenen Paradies hinführt.

Man hat mit diesem Hinweis schon den gemeinsamen Ideengrund beschrieben, der die beiden zu geschichtlicher Mächtigkeit gelangten totalitären Utopien des zurückliegenden Zeitalters, den Kommunismus und den Nationalsozialismus, trug. Der scharfe Gegensatz, in den sie zueinander traten, hat lange die Einsicht ihrer tiefen Verwandtschaft verdunkelt und daß in der Erbitterung ihrer Auseinandersetzungen durchweg etwas von der Todfeindschaft entzweiter Brüder wirksam war. Nicht zufällig konnten sich beide auf eine jahrhundertealte utopische Literatur berufen, die zwar geraume Zeit nur Traum und gedankliches Experiment blieb. Aber der von der Aufklärung und der Entfaltung der Naturwissenschaften verbreitete Glaube an die Allmacht des Menschen und die Herstellbarkeit der kühnsten Wunschbilder hat ihnen im Politischen bald zu unwiderstehlichen Wirkungen verholfen. Eine Zeitlang schien es, als finde in ihnen der Geist nicht nur der Epoche, sondern auch jeder denkbaren Zukunft seinen Ausdruck. Die Enttäuschungen, die ihre Herrschaft begleiteten, der zusehends tiefer aufreißende Abgrund zwischen Anspruch und Wirklichkeit, tat der Gläubigkeit keinen Abbruch; der Schrecken, der sie umgab ebensowenig, ob sie nun die Welt in eine vom Erdenrest befreite neue Ordnung oder in eine mit verklärten Bildern so düster wie anheimelnd zurechtgestellte Vergangenheit zu führen versprachen.

Die tausend Unzulänglichkeiten dieser Verheißungen wurden aber nicht nur in den gesellschaftlichen Verhältnissen sichtbar. Wie alle utopischen Entwürfe entwickelten Kommunismus und Nationalsozialismus auch das Bild eines Neuen Menschen, dessen Vorstellung sich vielfach überschnitt. Sie folgte vertrauten Tugendmustern, auch wenn im einen Falle die solidarischen, im anderen die kriegerischen Eigenschaften nach vorn gerückt waren. Aber Gehorsam, Verschworenheit, Führungsvertrauen, Mut und Selbstlosigkeit wurden hier wie da verlangt, und vor allem die Aufstiegsjahre der einen wie der anderen Seite kennen eine Vielzahl beeindruckender Beispiele überpersönlicher Hingabe. Doch im Fortgang der Zeit trat bald hervor, wie viele Züge des Neuen Menschen noch immer den alten verrieten und daß nur der Kampf und das Bewußtsein, einer angefeindeten Minderheit anzugehören, die Gefolgsleute beider Seiten in die Lage versetzt hatten, über sich hinauszuwachsen.

Im Nationalsozialismus sind diese Widersprüche weitaus unverhüllter und krasser als auf der kommunistischen Seite hervorgetreten. Das hat nicht nur mit seiner kürzeren Dauer zu tun, die alle Entwicklungen ins Überschaubare zusammenpreßte, sondern auch mit den Bewandtnissen einer Ideologie, die den naturgegebenen, vom Zivilisationsprozeß überlagerten Instinkten ihr Vorrecht zurückgeben wollte. Mit lärmend in den Vordergrund gerückten Eckbegriffen wie Kampf, Rasse, Erde oder Blut, der Gleichsetzung von Recht und Stärke, suchte er die historische Entwicklung in die Gegenrichtung zu treiben und einen in zahlreichen Schockfacetten beschworenen Niedergang aufzuhalten. In einem Brief aus dem Jahre 1941 an Mussolini schrieb Hitler, die vergangenen fünfzehnhundert Jahre seien nichts anderes als eine Verirrung gewesen, die Geschichte stehe im Begriff, »auf die Wege von einst zurückzukehren«. Die Wendung zu diesem von Natur und Mythos bestimmten Ausgangspunkt war seine Utopie.

Gerade diese Verheißung hat der Bewegung Resonanz und Zulauf verschafft. Denn die ungezählten Nöte der Zeit: das Trauma des verlorenen Krieges mit der tief verletzenden Demütigung des moralischen Schuldspruchs von Versailles, der Absturz der tragenden Mittelschichten, die von Debakel zu Debakel sich verkettenden wirtschaftlichen Krisen mit den Gefühlen nie endender Ausweglosigkeit trieben viele herrenlose Sehnsüchte nach einer Generalumkehr hervor. Die Welt schien am Ende, und eine Rettung nur in der Rückbesinnung auf die Zeit vor Beginn des großen Irrwegs zu liegen, der alle Ordnung pervertiert hatte.

Hitlers einzigartige mediale Fähigkeit erwies sich darin, daß er diesen herumstreunenden, in ungezählten Parteien, Bünden und Sekten hervortretenden Panikempfindungen eine Stimme geben und jener Zersplitterung, die nur ein anderes Motiv des Leidens an der Zeit war, eine einigende Richtung weisen konnte. Er blieb bei alledem im eher Unbestimmten, selbst »Mein Kampf« ist keineswegs, wie der Vorwitz mancher Historiker im nachhinein behauptet, das enthüllende Bekenntnis zu Krieg, Massenvernichtung und dem bedingungslosen Spiel um Weltherrschaft oder Untergang; jedenfalls hätte es genauerer Lektüre und schärferer Voraussicht bedurft, als je eine Öffentlichkeit für dergleichen aufgebracht hat, um hinter den überladenen, mit dem ganzen Aufwand des Autodidakten errichteten Wortfassaden solche Vorhaben zu erkennen. Was er mit diesem Buch sowie in seinen Reden oder Aufsätzen vermittelte, war die Notwendigkeit einer großen Umkehr, die Besinnung auf die Natur und die nur aus der rassischen Reinheit kommende Tauglichkeit zum Lebenskampf.

Alle konkreten Folgerungen aus diesen Maximen blieben zwar nicht geradezu verheimlicht, aber doch nur in Andeutungen bekanntgemacht und nie in ihrer ganzen Radikalität enthüllt. Seit dem einbruchartigen Erfolg der NSDAP in den Septemberwahlen von 1930, als Hitler erstmals die Aussicht auf die Macht winkte, hat er selbst seinen tiefsten Affekt, den in seiner Motivstruktur nie ergründeten Urhaß gegen die Juden, propagandistisch zurückgestellt oder doch dem Radauwesen von Unterführern wie Julius Streicher überlassen. Er selber dagegen hat sich die längste Zeit, im Grunde bis zu seiner Droh-Rede vom 30. Januar 1939, durchweg in metaphorischer Vieldeutigkeit dazu geäußert. Zwar hatte er den Entschluß zum Eroberungskrieg im Osten und zur Befreiung des Landes vom Joch der »jüdischen Vorherrschaft« schon im Verlauf der zwanziger Jahre gefaßt. Aber wie das eine und das andere aussehen, wie der »geschlossenste und kolossalste Machtblock« der Geschichte bis weit ins Innere Asiens hinein Gestalt annehmen oder die Errettung aus der »rassischen Gefahr« bewerkstelligt werden sollte, hat er lange Zeit im Ungefähren gelassen. Statt dessen sprach er vom Kampf »gegen den alten Widersacher und Erbfeind der Menschheit« (12.9.1936), von seiner »brutalsten Entschlossenheit« gegen jeden Angriff der jüdischen Revolutionszentrale (9.9.1936), dem Widerstand gegen die Neigung der Völker, sich zu »vermantschen« (27.6.1937) oder aber vom »großen Germanenzug« nach Osten und dem künftigen Garten Eden, der die »zweite Vertreibung« aus dem Paradies rückgängig machen werde.

*

Himmlers Ort in der Führungsspitze des Regimes wird eben dadurch bestimmt, daß er, neben Hitler, der einzige war, der das anfangs offene Bild dieser Utopie Schritt um Schritt ausgemalt und in der Wirklichkeit durchgesetzt hat. Der bezwickerte Bürokrat, an dem nichts auffällig oder gar unheimlich war als der von Carl Jacob Burckhardt beobachtete Grad »konzentrierter Subalternität«, fand in Hitlers weitgesteckter Vision alles, was seiner Geschichtsromantik den Rahmen lieferte, in den er mit buchhalterischer Ungerührtheit immer neue Schreckens- und Genrebilder einfügte. Nachdem der leidenschaftliche Wunsch des im Jahre 1900 Geborenen zur Teilnahme am Krieg zu spät gekommen war und auch die ersatzweise absolvierte landwirtschaftliche Ausbildung keine verlockenden Berufsaussichten eröffnet hatte, taucht sein blasses, ungeprägtes Gesicht im Gewimmel der Freikorps und radikalnationalen Organisationen auf, die das Treiben auf der chaotischen Nachkriegsszene Bayerns bestimmten. Über den bewunderten Hauptmann Ernst Röhm geriet er an die »Nationalsozialistische Freiheitsbewegung« und deren führenden Kopf, den Landshuter Apotheker Gregor Strasser, der augenblicklich Himmlers organisatorische Fähigkeiten erkannte und ihn als Sekretär an sich zog.

Ungeklärt ist, wann Himmler erstmals mit Hitler zusammentraf, erst im Sommer 1925 trat er der neugegründeten Partei bei. Doch auch an ihm erwies sich rasch Hitlers zelotenbildende Macht, die so vielen eine Art Erweckungserlebnis beschert und dem Führer der Nationalsozialisten aus den erbittert verfeindeten Gruppen der Rechten reihenweise die Überläufer zugetrieben hat. Der überwältigende Eindruck, den Himmler damals gewann, wirkte über die Jahre weiter und hat selbst das verzweifelte Doppelspiel, das er in der Endphase des Krieges begann, überdauert. Immer war er wie erschüttert, wenn er Hitler gegenübertrat, und schrieb in einem Brief, schon ganz im Rausch der ihm aufgetragenen Mission: »Die Zeit Adolf Hitlers wird (die) arische, germanische Menschheit wieder an einen Anfang stellen. Es wird nicht der Glanz der Abendsonne sein, sondern es wird abermals eine neue Blütezeit sein. So alt ist unser Erdball noch nicht und er hat noch zu lange hin bis zur großen Weltkatastrophe, als daß er ohne schöpferische arische Menschheit atalantinisch-arisch-nordischer Art auskäme. Von allein wird es natürlich nicht.«

Der gläubige, aus Geschichtsangst und utopischer Inbrunst gemischte Ton solcher und ungezählter ähnlicher Verlautbarungen, die Himmlers Weg begleiten, unterscheiden ihn merklich von den übrigen Akteuren der nationalsozialistischen Führungsschicht, ausgenommen wohl einzig Alfred Rosenberg, dessen Denken ebenfalls in seltsamen Dunkelzonen heimisch war. Doch anders als dieser schuf Himmler sich Schritt um Schritt die Machtmittel, jene Zielvorstellungen in die Realität umzusetzen, die für die Mehrzahl seiner Nebenleute wie Röhm, Goebbels, Bormann oder Ley, mit Unterschieden im einzelnen, insgesamt doch waren, was Göring vor dem Nürnberger Gerichtshof darüber geäußert hat: »Ideologischer Krams.« Für sie alle erschöpfte sich der Nationalsozialismus in einer strikten Führerbindung, einem entschlossenen Nationalismus sowie der Idee einer mehr oder minder sozialistisch gedeuteten Volksgemeinschaft, und in alledem war er vor allem ein Instrument zur Eroberung und Sicherung von Macht. Anders als für Hitler selber und diejenigen seiner Anhänger, die nach größeren und schattigeren Glaubensräumen verlangten, bedeuteten ihnen die Gedanken von Weltkrankheit, Generalumkehr und Erlösung, die dem wüsten Ideengemenge erst Bindung und Stoßrichtung gaben, so gut wie nichts. Das hat die utopische Botschaft des Nationalsozialismus sichtlich verkleinert und lange den Eindruck mitgetragen, seine Weltanschauung sei tatsächlich nichts anderes als das zu Mobilisierungszwecken willkürlich zusammengetragene Präparat voraussetzungsloser und eigentlich nihilistischer Revolutionäre. Aber die Frage ist, wie sehr und wie lange die marxistische Utopie den Typus des buchstabengläubigen Jüngers kannte und ob nicht auch deren Durchsetzungskraft zu einem erheblichen Teil jenen Zynikern zu danken war, die den »ideologischen Krams« nur als Machtmittel verstanden.

Die sonderlinghafte Konsequenz, mit der Himmler sich die Hintergrundideen Hitlers zurechtdeutete und in die Praxis umsetzte, machte ihn am Führerhof zu einer ebenso gefürchteten wie belächelten Erscheinung. Er war die unter den Gläubigen der totalitären Sozialreligionen keineswegs selten anzutreffende Mischung des kalten, von seinem historischen Auftrag erfüllten Vollstreckers und des exaltierten Schwärmers. Unnachsichtig verrichtete er das blutige Geschäft, das ihm aufgebürdet war, und suchte gleichzeitig in überspannten Theorien und mancherlei abergläubischem oder folkloristischem Mummenschanz Erleichterung. Aus den »Tischgesprächen« wissen wir, daß selbst Hitler gelegentlich über das bigotte Neuheidentum spottete, dem Himmler in düsteren Kulten, in Feuerritualen, germanischem Weihezauber und anderen einschlägigen Veranstaltungen nachging. Der Nationalsozialismus sei »eine kühle Wirklichkeitslehre schärfster wissenschaftlicher Erkenntnisse«, hatte er auf dem Reichsparteitag von 1938 in deutlicher Wendung gegen Himmler erklärt, »aber unter keinen Umständen eine Kultbewegung«. Nun höhnte er: »Welcher Unsinn! Jetzt sind wir endlich so weit, in eine Zeit zu kommen, die alle Mystik hinter sich gelassen hat, und nun fängt der (Himmler) wieder von vorne an. Da könnten wir auch gleich bei der Kirche bleiben.«

Indessen dürfen solche gelegentlichen Ausfälle nicht darüber hinwegtäuschen, daß Himmler wie kein anderer Hitler nahe war: nicht nur der Exekutor seiner verschwiegensten Intentionen, sondern auch der einzige engere Gefolgsmann, der ihm in seinem Doppelwesen von unwirklicher Phantastik und machttechnischer Rationalität ähnlich war. Trotz aller Unterwürfigkeit und der nie schwindenden Einsicht nur geliehener Machtfülle, führte er die Befehle Hitlers nicht einfach aus, sondern dachte dessen Gedanken konsequent zu Ende.

Im Verlauf der Machtergreifung hatte er von Bayern aus die Zuständigkeit für die gesamte politische Polizei außerhalb Preußens gewonnen, den Sicherheitsdienst (SD) gegründet, war im April 1934 Chef der preußischen Gestapo und zwei Jahre später Chef der Deutschen Polizei geworden. Im Jahre 1939 hatte Hitler ihn zum »Reichskommissar für die Festigung des deutschen Volkstums« ernannt, und die unverfänglich klingende Bezeichnung verbarg die umfassendsten Befugnisse zur »Germanisierung« des Ostens, denen er durch immer neue Programme der Deportation, Umsiedlung und Ausrottung entsprach, willkürlich mit Räumen, Zeiten oder Schicksalen umspringend und ebenso rücksichtslos im Großen wie versessen im Detail. 1941 erhielt er die Zuständigkeit für die polizeiliche Sicherung der eroberten Ostgebiete, gewann 1942 das Reichsinnenministerium hinzu und nach dem Staatsstreichsversuch vom 20. Juli 1944 den Befehl über das Ersatzheer. Ihm unterstanden die Konzentrationslager sowie die SS-Verfügungstruppen, die spätere Waffen-SS, die seit 1943 fünfunddreißig Divisionen mit über 500 000 Soldaten umfaßte, er baute ein ausgedehntes Wirtschaftsimperium auf, einen eigenen Nachrichtendienst und unterwarf sich 1944 auch die Wehrmachtabwehr. Sein grenzenloser Machtanhäufungstrieb bedrohte, unterwanderte und schluckte alles, und im Grund widerstanden ihm, wenn auch mit erheblichen Einbrüchen, nur die Partei und die Wehrmacht.

Hinter der Aufgabe, der er sich mit soviel organisatorischem Ausdehnungshunger widmete, stand die Sehnsucht nach dem Urzustand. In biologistischer Abwandlung der lange vorherrschenden Dekadenztheorie war er zu der Auffassung gelangt, daß im Auf und Ab der Geschichte, ihren Abirrungen und Ermüdungen, der Mensch seine naturhaften Instinkte eingebüßt habe und alles, was daraus folgte: den Sinn für die Bedeutung des Blutes, für die Prinzipien von Zucht und Auslese sowie für die unerbittlichen Gesetze des Daseinskampfes. Wenn die kritische Weltstunde die Menschheit vor die Entscheidung zwischen Umkehr oder Untergang stellte, war niemand berufener zu dem großen Rettungswerk als die arische Rasse, die nach dem Willen des Schöpfers von allem Anfang her auserwählt war, »Segen für die Erde« zu sein, sie »zu beherrschen und ihr immer wieder Glück und Kultur zu bringen«.

Es war viel tiefer und pedantischer Eschatologenernst in diesem Gemisch aus pessimistischer Geschichtsphilosophie, Rassetheorie und barbarischer Religiosität. Aufs Ganze gesehen, war es die Abwehrideologie einer Zeit, die blind und verzweifelt festhalten wollte, was im Übergang des Zeitalters zu Industrialisierung, Kapitalismus und Emanzipation zwangsläufig auf der Strecke blieb. Eine unübersehbare Traktatliteratur verbreitete und popularisierte dieses Widerstreben, es war die Stunde von Heilsverkündern, Epochenpropheten und politisierenden Quacksalbern, die der Ratlosigkeit Deutungen und den richtungslosen Aggressionen Ziele wiesen.

Nirgendwo sonst haben die Ängste, die zum Bild der Zeit gehören, ein so vernehmliches Echo gefunden wie in Deutschland, und natürlich fehlte bei einer Nation, die sich vielfach verspätet glaubte, auch die imperialistische Stoßrichtung nicht, zumal sie das Empfinden von Enge, vorenthaltenem Lebensraum und Weltmachtberufung schon lange umtrieb. In charakteristischer Überhöhung wurde der expansive Ehrgeiz nicht nur als jenes Eroberungsstreben beschrieben, das er war, sondern als Befreiungstat in letzter Stunde. Mit Vorliebe pflegte Himmler darauf zu verweisen, daß das deutsche Volk seinen Menschheitsauftrag von keinem anderen als von »Waralda«, dem »Uralten«, empfangen habe. Nach quälenden Warteperioden sei ihm in der Person Hitlers endlich der Retter erschienen, der die Weltkatastrophe doch noch abwenden werde. Schon in zwanzig oder dreißig Jahren, verkündete er, werde aus der Erkenntnis des »innersten Wollens der Natur« die Umkehr herbeigeführt sein und eine neue Generation die »Blutwende« anzeigen. Während Hitler für die übrigen Führungsfiguren des Regimes der größte Führer, Feldherr oder Staatsmann »aller Zeiten« war, sah Himmler in ihm den »auserwählten Heilsbringer«, den »Gottmenschen«, der vom »Karma des Germanentums der Welt vorbestimmt« war. Als »arische Lichtgestalt« erhob er sich vor dem gewaltigen Prospekt eines kosmischen Ringens, das über das Schicksal des Menschengeschlechts entschied. Immer wieder, in Briefen und dienstlichen Verlautbarungen, hat Himmler auf diesen Hintergrund verwiesen: »Dies ist ein Weltanschauungskampf«, heißt es einmal, »wie es der Kampf in der Völkerwanderung mit den Hunnen war, wie es der Kampf im grauen Mittelalter mit dem Islam war, wo es ja nicht um Religion, sondern wo es doch um einen Rassekampf ging. Der Kampf ist heute genau derselbe.«

Der Erfolg verlangte zuvorderst ein breitgefächertes Programm eugenischer und blutverbessernder Eingriffe, für dessen Verwirklichung Himmler eine leidenschaftliche Emsigkeit entfaltete: »Unsere Aufgabe geht ins Menschenzüchterische.« Darin wirkte offenkundig die ideologisierte Vorstellung des einstigen Landwirtschaftseleven vom Staat als Garten nach, die ein alter Topos der utopischen Literatur war und die eigentliche Herrschaftsaufgabe an Bildern gärtnerischer Pflege orientierte, so daß Bestellung, Züchtung und Veredelung ebenso wie Ausmerzung und Vernichtung zur vornehmsten Berufung des Machthabers wurden. Die andere, womöglich noch bezeichnendere Metapher verwies auf den Gral arischen Blutes, der in

Jahrhunderten nicht nur durch »Rasseverrat« verunreinigt worden war, so daß, wie Himmler einmal äußerte, »aus dem sonst gesunden Schoß unseres Volkes im Rätsel des Erbgangs und des Liebesspiels ein dunkler Keim« aufsteigt und »immer wieder auch in unserem Volk der Prolet, der Bolschewik und der Untermensch in Einzelexemplaren« geboren werde; vielmehr drohte der Gral auch auszutrocknen, das heißt, der Anteil arischen Blutes auf der Welt hoffnungslos zurückzufallen.

Noch in der Friedenszeit hat Himmler begonnen, dieser Gefahr durch ein System von Anordnungen entgegenzuwirken, die darauf hinausliefen, den verdorbenen, unreinen Typus »abzusieben«, wie er in einer Rede ausführte, und das »gute Blut« zu mehren. Aber erst mit dem Krieg und den im Osten eroberten Räumen gewann er die Möglichkeit, in jenen riesenhaften Dimensionen zu operieren, die der Größe der Aufgabe entsprachen. Schon Ende 1940 hatten die Ämter und Stäbe, die in zusehends rascherer Folge entstanden, ein blutbedingtes »Vertreibungssoll« von annähernd fünf Millionen Menschen errechnet und in einer ausgedehnten Heimholungsaktion 600 000 Personen deutscher Herkunft aus allen Himmelsrichtungen vom Baltikum bis Südtirol und Bessarabien in die östlichen Gebiete verpflanzt oder doch in eines der fünfzehnhundert Zwischenlager verbracht, wo sie auf die Zuteilung von Höfen oder Landbetrieben warteten. Doch war dies nur der Anfang. Der »Generalplan Ost« sah, vor allem nach Beginn des Rußlandfeldzugs, eine durch Massendeportationen zu bewerkstelligende Verschiebung von einunddreißig Millionen Menschen vor, verschiedentlich taucht auch die Zahl von fünfzig Millionen auf. Breite »Siedlungsschneisen« im Norden und Süden der Sowjetunion sollten den Anfang machen.

Doch alle besorgt angestellten Zahlenspiele ergaben, daß der ungeheure Menschenbedarf für die leeren oder durch Evakuierung und Völkermord entleerten Räume des Ostens durch die »volksdeutschen« Umsiedler so wenig wie durch gesteigerte »Gebärleistungen« und Aufzuchtmaßnahmen sichergestellt werden konnten. Um dem kommenden Großreich weitere Millionen zu gewinnen, gingen die Planungen alsbald dahin, über die angrenzenden Gebiete hinaus auch das »viele Streu-Deutschtum« vom Balkan sowie aus Kanada, Nordamerika, Argentinien und Brasilien zurückzuschaffen.

Die beunruhigende Einsicht, daß selbst auf diese Weise die »Blutbasis« dem zusammengerafften Raum nicht genüge, brachte Himmler zu einem Entschluß, der einen Einblick in den Mechanismus seines Denkens erlaubt. Im Verlauf des Polenfeldzugs war er darauf gestoßen, daß einige Befehlshaber auf der Gegenseite, die sich besonders hartnäckig zur Wehr gesetzt hatten, »germanische« Namen trugen: ein General Rommel in Warschau, ein Admiral Unruh auf Hela oder, als Verteidiger der Festung Modlin, der aus einer Hugenottenfamilie stammende General Tommé. Himmler schloß daraus, daß »gefährlich in der Geschichte und gefährlich auf diesem Globus … uns immer nur unser eigenes Blut werden« kann. Infolgedessen sei er entschlossen, »germanisches Blut in der ganzen Welt zu holen, zu rauben und zu stehlen, wo ich kann«. Selbst aus den slawischen Völkerschaften, fuhr er fort, werde sich immer wieder einmal ein Träger wertvoller Rassemerkmale »herausmendeln«; ihn, beziehungsweise dessen Nachkommen, werde er »nehmen und nach Deutschland bringen. Fügt er sich nicht«, setzte er mit jener lapidaren Roheit hinzu, zu der er sich als Präfekt einer welthistorischen Neuordnung berechtigt glaubte, »wollen wir ihn totschlagen«. Mit dieser Ausgangsüberlegung hat er beispielsweise im Gebiet von Zamosc 30000 Kinder einfangen lassen, von denen 4454 als »wiedereindeutschungsfähig« beurteilt, mit gefälschten Geburtsurkunden ausgestattet und zur Adoption durch rassisch einwandfreie Familien ins Reich verbracht wurden.

Nicht zuletzt vor diesem Hintergrund ist die Rolle der SS zu sehen. Ursprünglich als eine der SA unterstellte »Schutzstaffel« gegründet und auf zehn Mann für jede Stadt begrenzt, bildete Himmler sie, seit er 1929 zu ihrem Leiter ernannt worden war, zu einer Art Garde innerhalb der Parteiarmee aus. Schon 1933 zählte sie über fünfzigtausend Mitglieder. Mit dieser Heerschar im Rücken lieferte er Ende Juni 1934, bei der Niederschlagung des sogenannten Röhm-Putschs, den Beweis seines unsentimentalen Ehrgeizes und ebnete sich mit der Entmachtung der SA den Weg zum nahezu ungehinderten Aufstieg der SS. Von der im totalitären Staat entscheidenden Kommandostelle des Polizei- und Überwachungsapparats aus fraß sie sich in sämtliche Machtpositionen ein und riß von dort aus, weit über ihre ursprüngliche Aufgabe hinaus, immer neue Tätigkeitsfelder an sich.

Das Bild der »vielarmigen Krake«, das auf die SS häufig angewendet worden ist, beschreibt die Allgegenwart, die Himmler ihr und seinem Machtwillen zum Ziel setzte. Freilich blieb er damit durchaus auf der Linie bekannter Polizeichefs von Fouché bis Dscherschinsky. Er ging jedoch über alle Vorgänger prinzipiell hinaus, indem er der Schutzstaffel zugleich eine ideologische Funktion zuwies: nämlich ein auf rassischer Auslese beruhender, an romantisch-aristokratischen Vorstellungen orientierter und von religiösem Fanatismus erfüllter Orden zu sein, dessen Mitglieder modellhaft den Neuen Menschen darstellten. Als »Stoßtrupp des Blutgedankens« sollte sie bereits typologisch nicht nur den Adel der Frühzeit vor Augen rücken, sondern auch das gleichsam krummbeinige Landsknechtstum der SA, das der NS-Bewegung den plebejischen Anstrich gab, hinter sich lassen und den Schöpfungstag wiederholen. Aus einer Vielzahl anthropologischer Rezepturen formte Himmler das Bild des rassestolzen, »germanischen Vollmenschen«, der berufen war, die Führungselite des kommenden Großreichs auf allen Ebenen zu bilden.

Mit dem notwendigen Reinigungsprozeß begann er in den eigenen Reihen. Schon in den zwei Jahren nach der Machtergreifung stieß er 60000 SS-Männer aus der Schutzstaffel aus: körperlich Ungeeignete, Alkoholiker, charakterlich Ungefestigte, Schlägertypen sowie Mitglieder, die für sich oder ihre Ehefrau den sogenannten Ariernachweis nicht erbringen konnten. Eine Aufnahmekommission prüfte seither jeden Bewerber aufgrund einer Wertskala, die das rassische Erscheinungsbild, die körperliche Haltung, den Charakter und die Intelligenz erfaßte und überdies sicherstellte, daß der Kandidat »nicht wie ein Knecht auftritt«. Erst nach einem zweijährigen Noviziat durfte er, jeweils am 20. April, in einer nächtlichen Zeremonie bei Fackelschein den »Sippeneid« ablegen.

Zugleich sorgte Himmler sich um das »gute Blut der kommenden Geschlechter«. Schon 1931 hatte er in einem Heiratsbefehl die Eheerlaubnis von einem arischen Stammbaum (für Mannschaftsdienstgrade bis ins Jahr 1800, für SS-Führer bis 1750) sowie von einer erbgesundheitlichen Untersuchung abhängig gemacht und jedes Brautpaar angewiesen, dem Rasse- und Siedlungs-Hauptamt »Badeanzugsbilder« vorzulegen. Wer sich der Prozedur verweigerte, wurde ausgeschlossen, allein im Jahr 1937 nicht weniger als dreihundertsieben SS-Angehörige. Doch mehrten sich die Widerstände bald so sehr, daß die Vorschriften gelockert werden mußten. Einen ähnlichen Mißerfolg erlitt der von Himmler 1936 gegründete Verein »Lebensborn«, soweit er die »Gebärfreudigkeit« lediger Mütter aus rassisch hochwertigen Verbindungen fördern sollte.

Die besondere Anziehungskraft der SS zumindest in den Anfangsjahren des Regimes beruhte vor allem auf dem elitären Bewußtsein, das sie in einer vom Volksgemeinschaftspathos planierten Gesellschaft entwickelte, dem romantischen Schauder ihres todessüchtigen Rituals sowie auf dem Bekenntnis eines aus vorhistorischem Halblicht wiedererweckten Brauchtums. In seinem Geschichtsmystizismus war Himmler zutiefst davon überzeugt, daß zahlreiche Vorväterweisheiten auch für die Gegenwart verbindliche Wahrheiten bereithielten. An seiner Tafel duldete er, dem Vorbild des sagenhaften König Artus folgend, jeweils nur zwölf Gäste. Mit seiner Neigung zum altersgrau Verdrehten regte er wissenschaftliche Untersuchungen darüber an, warum der Volkssage zufolge über den germanischen Hinrichtungsstätten noch Jahrhunderte später Raben kreisten, interessierte sich, einen zufälligen Hinweis aufgreifend, für die Alkoholgewinnung aus Backschwaden oder erteilte Empfehlungen, wie durch Abstinenz, Fußmärsche und gute Ernährung die Zeugung von Knaben sicherzustellen sei.

Aus dem höherwertigen Blut ergab sich zugleich ein besonderer moralischer Anspruch, den er wieder und wieder beschworen hat. Schon der Anblick der schwarzen Ordensuniform sollte die Vorstellung strenger, von so viel Entsagung wie Herrschaftswillen erfüllter Tugenden hervorrufen, wie Himmler gelegentlich formulierte, im einzelnen nannte er: Treue, Ehre, Gehorsam, Kameradschaft, Pflichtauffassung, Ritterlichkeit sowie einen unerschütterlichen Glauben. Zugleich suchte er die Schutzstaffel in die Aura des Geheimnisses zu hüllen. Kein SS-Führer durfte sich beispielsweise auf zivilgerichtliche Auseinandersetzungen einlassen, weil dergleichen die Schleier über der Organisation lüften konnte. Die Atmosphäre von Furcht und nicht geheurem Schrecken, die die Schutzstaffel umgab, hielt er sich geradezu als Verdienst zugute. »Ich weiß«, versicherte er 1935 in einer Rede, »daß es manche Leute in Deutschland gibt, denen es schlecht wird, wenn sie diesen schwarzen Rock sehen; wir haben Verständnis dafür und erwarten nicht, daß wir von allzu vielen geliebt werden.«

Der Schreckensruf der SS sollte aber keineswegs der totalitären Terrororganisation gelten. Wiederholt und fast leidenschaftlich hat Himmler sich bis weit in die Kriegsjahre hinein dagegen verwahrt, »polizeistaatliche Ideale als ausgeprägt nationalsozialistische Ideale hin(zu)stellen«. Viel eher wollte er Begriffe wie Prinzipienstrenge, Integrität, Korpsgeist und Härte mit der schwarzen Uniform verbunden sehen. Bezeichnenderweise lehnte er, zumindest in den Vorkriegsjahren, den primitiven, aus wirtschaftlichen und sexuellen Komplexen gemischten Antisemitismus Julius Streichers ebenso ab wie die von Goebbels zur Austreibung der Juden praktizierten Methoden des Pöbelaufruhrs. Im Gegensatz dazu lief sein Konzept auf eine korrekte und geordnete, notfalls durch Druck bewerkstelligte Auswanderung hinaus, und es ist kein Zufall, daß ihm das Pogrom vom 9. November 1938 verheimlicht wurde; der Chef der Polizei- und Überwachungsdienste erfuhr ironischerweise erst davon, als die Aktion bereits im Gange war. Wenig später schon legte er eine Notiz über die Verwüstungen und Morde jener Nacht vor, und beschuldigte Goebbels, dem Reich unermeßlichen Schaden zugefügt zu haben. Selbst noch im Übergang zur aktiven Verbrechenspolitik, in der berüchtigten Denkschrift über die »Behandlung der Fremdvölkischen im Osten«, die er im Mai 1940 Hitler übergab, lehnte er »die bolschewistische Methode der physischen Ausrottung eines Volkes aus innerer Überzeugung als ungermanisch und unmöglich« ab. Ganz in diesem Sinne verfolgte das Amt IV B4 des Reichssicherheitshauptamts unter dem neuernannten Referatsleiter Adolf Eichmann bis ins zweite Kriegsjahr die Pläne zur »Auswanderung« der Juden, anfangs in ein Gebiet südwestlich der polnischen Stadt Lublin, später nach Madagaskar.

Doch die Dynamik der Dinge: der Ehrgeiz rivalisierender Institutionen, von denen jede die Radikalität der anderen zu übertreffen suchte sowie der zwar nie aufgefundene, aber doch aus dem Auftrag Görings an Heydrich vom 31. Juli 1941 hervorgehende Befehl Hitlers zur »Endlösung der Judenfrage« haben allen anderslautenden Überlegungen ein Ende gemacht.

Himmler war nicht der Mann, sich dem Willen Hitlers oder gar der durch den Krieg herbeigeführten Dramatisierung der weltgeschichtlichen Lage entgegenzustellen. Im Gegenteil setzte er von nun an alles daran, seiner Aufgabe gerecht zu werden. Sichtlich teilte er nicht Hitlers pathologischen Judenhaß. Aber mit seinem Bedürfnis nach scheinwissenschaftlichen Begründungen unterbaute und systematisierte er den Massenmord zum unentrinnbaren, kein Zurückschrecken duldenden Jahrtausendwerk. »Einer muß sich opfern«, hat er bei Gelegenheit, nicht ohne einen Anflug von Selbstmitleid, bemerkt, und in der Posener Rede von 1943 hinzugefügt, die Judenfrage sei für ihn »die schwerste Frage meines Lebens geworden,... das Allerhärteste und Schwerste, was es gibt«.

Die Unruhe blieb, und kein Reden von Herrenvölkern und Minderrassen, von »Völkerfraß« und »Blutmission« konnte sie beschwichtigen. Wie im Fall Hitlers verblüfft auch angesichts der Figur Himmlers ein auffälliger Widerspruch: zwischen der wie besessen verfolgten Vorstellung, die Menschheit vor dem rassischen Untergang zu bewahren, und der Heimlichkeit, mit der er das angebliche Rettungswerk in der Mördergrube des eigenen Herzens versenkte. Einige Äußerungen deuten auf die Überzeugung des einen wie des anderen hin, daß auch das deutsche Volk schon infiziert war von den Keimen des Verfalls und krank von jener humanitären Schwäche, die aus christlicher Moral und humanistischer Bildung herrührte. Doch wie brüchig das Argument war, offenbarte nicht nur das System der fragmentierten Zuständigkeiten, das jedem Mittäter das Gefühl vermitteln sollte, nur Teil in einem unüberschaubaren Gesamtgetriebe zu sein. Dem gleichen Verheimlichungsbemühen dienten auch das Tarnvokabular, das selbst innerhalb der Mordbürokratie verwendet wurde wie »Sonderbehandlung«, »Säuberung«, »Ausschaltung« und »Vollzugstätigkeit«, oder die operativen Decknamen wie »Aktion Sumpffieber«, »Unternehmen Erntefest«, »Altona«,

»Hornung« oder »Nürnberg«. Als Himmler im Verlauf der erwähnten Posener Rede, in der er erstmals vor Reichs- und Gauleitern sowie einer Anzahl höherer Offiziere ganz unverhohlen von der »Ausrottung des jüdischen Volkes« sprach, plötzlich entdeckte, daß eine Tür zu der nebenliegenden Küche offenstand, brach er seine Ausführungen abrupt ab und befahl erregt, den Durchgang augenblicklich zu schließen; im Flüsterton fuhr er anschließend fort, niemand dürfe erfahren, wovon er gerade gesprochen habe. Er und die SS verrichteten das schreckliche Werk und nähmen »das Geheimnis mit ins Grab«.

Die Rechtfertigung, die ihm allenfalls blieb, war der Rückzug auf die Rolle des tragisch verstrickten Menschen. In der Zeitschrift *Germanien* hatte er sich schon 1937 in der Gestalt des »harten, liebeleeren Mörders Hagen Tronje« feiern lassen, der um höherer Prinzipien willen schuldig wurde. Aber jetzt eigentlich erst kam das hochgegriffene Bild zur Deckung mit seinem Tun. Die Größe der säkularen Aufgabe verbot jeden persönlichen Beweggrund, alle Leidenschaft, allen Haß und alle Grausamkeit. Aus diesem Grund hat Himmler denn auch angeordnet, daß Judenerschießungen aus eigensüchtigen oder sadistischen Motiven gerichtlich zu ahnden und gegebenenfalls als Mord oder Totschlag zu bestrafen seien. Erst die Gewissenslast machte die Tat erlaubt. Um sich vom Grauen der Massenausrottung, die er betrieb, nicht auszunehmen, ließ er sich bei Minsk, im Bereich der Einsatzgruppe Nebe, die Exekution von zweihundert Juden vorführen, erlitt aber schon bei der ersten Salve einen solchen Schwächeschock, daß er, dem Bericht des SS-Obergruppenführers von dem Bach-Zelewski zufolge, wie von Sinnen war, als es dem Kommando nicht gelang, zwei Frauen sofort zu töten. In der anschließenden Rede wiederum rechnete er sich den Anfall geradezu als Verdienst an: Jeder habe zweifellos bemerkt, erklärte er, daß ihm »das blutige Handwerk zuwider« sei; aber sie alle hätten ihre schwere Pflicht zu erfüllen.

Auf der gleichen Linie einer gänzlich entleerten und umgestülpten Moral lag sein Hinweis, daß »SS-Männer, auch wenn sie nur eine Mark (vom konfiszierten Judenvermögen) nehmen, des Todes« seien. Denn dem Typus des neuen Gewaltmenschen sollte es nicht um die Entbindung primitiver Triebe, sondern um ein leidenschaftslos verrichtetes Vernichtungswerk gehen. Himmler begründete diese Vorstellung, die das Unrecht eines entwendeten Geldstücks dem Recht zum Massenmord gegenüberstellte, mit den Sätzen: »Wir hatten das moralische Recht, wir hatten die Pflicht gegenüber unserem Volk, dieses Volk, das uns umbringen wollte, umzubringen. Wir haben aber nicht das Recht, uns auch nur mit einem Pelz, einer Uhr, mit einer Mark oder mit einer Zigarette oder sonst etwas zu bereichern ... Ich werde niemals zusehen, daß hier auch nur eine kleine Fäulnisstelle entsteht oder sich festsetzt. Wo sie sich bilden sollte, werden wir sie gemeinsam ausbrennen. Insgesamt aber können wir sagen, daß wir ... keinen Schaden in unserem Innern, in unserer Seele, in unserem Charakter daran genommen« haben.

Den Berufungsgrund aller Lossprechungen bildete das große Utopia, dessen Silhouette am noch fernen Welthorizont aufleuchtete: »etwas wunderbar Schönes«, wie Hitler empfand. Die Riesenebenen des Ostens waren das verheißene Land, ein grenzenloser Raum, durch Umsiedlungen, Abräumaktionen oder, wie es in einer Denkschrift des Ostministeriums hieß, durch »Verschrottung« ganzer Völkerschaften in den jungfräulichen Zustand des Uranfangs zurückversetzt. Im Laufe der Zeit sollte darauf ein Dorado neugegründeter Modellstädte entstehen, Stützpunkte, Kulttempel, Wehrdörfer sowie monumentale Totenburgen, und überall dazwischen die Lager »mit Arbeitssklaven, die ohne Rücksicht auf irgendeinen Verlust unsere Städte, unsere Dörfer, unsere Bauernhöfe bauen«. Und durch die schöne neue Welt, die umgeben war von einem Ring armierter Garnisonen mit Wachtürmen und Luftwarnanlagen auf den Kämmen des Ural, marschierte die Vorhut des Neuen Menschen, Geschlechterfolgen von Helden, die, durch Auslese gezeugt und im Rassekampf gehärtet, als Herrscher, Krieger und Gesetzgeber das Imperium sicherten und verwalteten: ein »germanischer Blutwall«, wie Himmler schwärmte, hinter dem in »blonden Provinzen« ein wehrhaftes Volk den Acker bestellte, das Brauchtum ehrte und Kinder zeugte, während es von Zeit zu Zeit durch militärische Ausfälle in die noch uneroberten Weiten Asiens sowohl Beute wie kriegerische Bewährung suchte.

Es war eine tief atavistische, allen Rechten und fremden Lebensansprüchen gegenüber gleichgültige Planungsmanie, die in diesen Zukunftsbildern zum Ausdruck kam: der Aberwitz von Sektierern, die freilich die Macht, den managerialen Verstand und die Kaltblütigkeit besaßen, ihre Vorstellungen zu verwirklichen. Die Vision und die glaciale Bedenkenlosigkeit, mit der sie umgesetzt wurde, sind ohne den aggressiven antizivilisatorischen Affekt nicht zu verstehen, der in Deutschland die industrielle Revolution begleitet und ein tausendfältiges Echo gefunden hat: jenen Mythos vom »Glück im Grünen«, dessen Nachhall bis in unsere Tage reicht. Aus dem Aufstieg der Naturwissenschaften, den entmenschlichenden Wirkungen der Technik, der Verstädterung, dem Bruch geordneter Lebensformen sowie dem Fortgang der Dinge überhaupt, lasen seine Wortführer nichts anderes als einen umfassenden Schub zur Katastrophe heraus. Damals setzte die deutsche Selbstbetörung durch Untergangsphantasien ein, die mit Richard Wagner und den pessimistischen Popularphilosophen des 19. und frühen 20. Jahrhunderts in die Breite zu wirken begann, die Aufbrüche der Bündischen Jugend begleitete und eine Vielzahl zivilisationskritischer Vereinigungen herausgebildet hat, die am Ende durchweg in die Sammelbewegung des Nationalsozialismus einmündeten.

Eine dieser Gruppen war der Bund der Artamanen, der vom

völkischen Flügel der Jugendbewegung herkam, und nicht zufällig hatten sich Himmler ebenso wie der spätere Kommandant von Auschwitz, Rudolf Höß, in den zwanziger Jahren dieser reformerisch-militanten Vereinigung angeschlossen. Die Überwindung aller Zukunftsschrecken erwartete sie insbesondere von der Rückführung der Menschen aus der Stadt aufs Land und sandte ihre Mitglieder in die östlichen Provinzen, wo sie notleidende Bauernhöfe bewirtschaften und zugleich den Abwehrkampf gegen die Slawen führen sollten. Denn nur die Verwurzelung auf eigenem Boden könne dem rassischen und kulturellen »Volkstod« entgegenwirken, und wie in einem Rückgriff auf die Ideologie des Bundes hat Himmler über die Jahre hin immer wieder beklagt, daß die Deutschen »ein Volk von Städtern« geworden seien. Niemals taucht denn auch in den Reden, die das Glück in den eroberten Ostgebieten beschworen, ein Industriekomplex auf, kein Revier mit Hochöfen, Kraftwerken oder Raffineriesystemen, wie es in den Visionen Hitlers immerhin andeutungsweise anzutreffen war, und niemals versetzte er sich in der Beschreibung des Kommenden in das Donezbecken. Die Abkehr von allem, was auf die Gegenwart, auf die Technik und die fortschreitende Verhäßlichung der Welt hinwies, ging so weit, daß er Pläne entwarf, die Telefonleitungen und Elektrokabel zu den »Wehrhöfen« unterirdisch zu verlegen.

Im Gegensatz zu vielen seiner Rivalen, angefangen vom Ostminister Rosenberg über den Generalkommissar für Weißruthenien Wilhelm Kube oder den Reichskommissar für die Ukraine, Erich Koch, im Gegensatz sogar zu einigen seiner SS-Führer, die das Zuständigkeitschaos des Regimes für jeweils eigene, oft bewußt widersprüchliche Pläne über die Zukunft des Ostens nutzten, hat Himmler die Gebiete jenseits der Weichsel nicht ausschließlich als kolonialen Ausbeutungsraum angesehen. Wie es seinem Wesen entsprach, dachte er romantischer, radikaler und verstiegener. In vorerst noch undeutlichen Umrissen lief sein Bestreben darauf hinaus, das Reich von Osten her gleichsam neu zu gründen und dem zivilisatorisch degenerierten Deutschland das Mutterland für einen Neubeginn im Zeichen von Sichel und Strohdach zur Verfügung zu stellen. Es war nichts weniger als der abenteuerliche Versuch, eine hochentwickelte Industriegesellschaft und ihre komplizierten Strukturen in einen urtümlichen Sippenverband mit Hitler als einer Art Stammesältesten zurückzuverwandeln: zweihundert Millionen Menschen, die, geschäftig, enthaltsam und kinderreich, die Gesetze der Natur verehrten und beim Tanz um das Johannisfeuer Entspannung vom Auftrag der Geschichte suchten.

Schon dieses zeitenferne, ebenso apokalyptisch erregte wie pseudo-idyllisch verklärte Bild offenbart, wie tief die Vorstellungswelt Himmlers in die Zonen des Närrischen reichte. Sein rastloses Interesse zielte in jedes Dunkel, das der Ausbildung irgendeines Schäferglaubens günstig war. Die Rätsel der »kimbrischen Strickkunst« trieben ihn ebenso ausdauernd um wie die Geheimnisse der Kog-Sagys-Wurzel, mit »heiligem Ernst« vertiefte er sich in die Probleme von Odelgruben, perennierendem Roggen, den Fettsteiß bei Frauen primitiver Völker oder der »fliegenartigen Seuchenhexe Nasav«. Seine besondere Vorliebe galt den Themen von Ernährung und Gesundheit wie beispielsweise der »Pellkartoffelfrage«, die »ganz klar geregelt werden müsse«; auch plante er die Einführung eines Ernährungskurators in der SS. Dann wieder empfahl er die vitaminhaltige »Gladiolenzwiebel« und beanstandete »das Kochen des Haferbreis mit Vollmilch und Magermilch ..., der Brei« dürfe »lediglich mit Wasser aufgekocht werden«. Immerhin ließ er im Herbst 1942 angesichts der nahenden Wende des Krieges mitteilen, daß er auf »die Einzelheiten ... insgesamt, da im Augenblick wichtigere Dinge zu tun sind, nicht eingehen« wolle.

Gleichzeitig stellte er, zumal im Gebiet um Auschwitz, Versuche mit biologisch-dynamischen Anbaumethoden an und verfügte zeitweilig allein in der UdSSR über annähernd 600000 Hektar landwirtschaftlicher Flächen.

Das alles war nicht nur Ausdruck einer nach allen Richtungen ausgreifenden Zuständigkeitsgier, die sich über die im engeren Sinne politischen Ämter und Funktionen hinaus immer neue Eingriffsbereiche schuf. Am Ende gebot Himmler zusätzlich über Steinbrüche, Baustoffbetriebe, Ziegeleien, Mineralwasserquellen, Möbelfirmen, ein pharmazeutisches Unternehmen, Konservenfabriken, Keramikwerke und anderes mehr. Bei alledem war stets auch ein lebensreformerischer Vorsatz im Spiel sowie die Absicht, das kommende Germanenreich erzieherisch vorzubereiten. Die künftige Wirtschafts- und Gesellschaftsordnung sollte nicht nur durch zentrale Planung, rationelle Produktionsweisen und rassisch geprägte Sozialstrukturen bestimmt sein, sondern auch durch ideologische Geschlossenheit, und das eine wie das andere war, wie er fand, nur durch pädagogische Maßregeln zu bewirken.

Tatsächlich glich der SS-Staat, der ihm vorschwebte, einem riesigen Internat. »Wir müssen erziehen, erziehen, erziehen!« pflegte er zu sagen. Selbst die Konzentrationslager betrachtete er als eine Art Schule für soziale Irrgänger, und sein Masseur Felix Kersten, dem er manche verschwiegene Überlegungen anvertraute, hat berichtet, im Grunde hätte Himmler die Ostvölker lieber erzogen als ausgerottet. In seiner Pädagogenwut kümmerte er sich um schlechthin alles: um die Einstellung untergeordneter Schreibkräfte, die Getränkeordnung oder die Mückenplage, gegen die er das Institut des »Insektenabwehrunterführers« schuf, um Schädelmessungen und Skelett-Typologien oder die privaten Verhältnisse seines Führungskorps. Einem seiner höheren Untergebenen drohte er: »Entweder Du sagst, daß Du mit dem Alkohol umgehen kannst, oder Du bekommst die Pistole zugesteckt!« Einem anderen erteilte er ein Rauchverbot für zwei Jahre, ließ bei einem Dritten anfragen, was er »bisher getan habe, um sein Ledigsein bald aufhören zu lassen«, und ermahnte einen weiteren, auf seine Ehe zu achten: »Seien Sie sich darüber klar, daß ich einen dritten Schiffbruch nicht zulassen werde.«

Es war, aufs Ganze gesehen, eine Verbindung gewöhnlich unvereinter Elemente. Subalterne Pädagogenaufdringlichkeit und Großreichphantasien, Elitebewußtsein und Haferschleimideologie, Frömmigkeit, Kälte oder jener Reinkarnationsspleen, der ihn glauben machte, eine Wiedergeburt des Slawenbezwingers Heinrich I. (»der Vogler«) zu sein, an dessen Todestag er sich Jahr für Jahr zur Mitternacht und unter Glokkenschlägen in der Krypta des Quedlinburger Doms einfand, um mit seinem früheren Selbst einsame Zwiesprache zu halten – das alles stand unvermittelt nebeneinander. Zusammengehalten wurde es von einem ungewöhnlichen Organisationstalent und einem so manisch ausgreifenden Machtehrgeiz, daß Hitler in einem Zornausbruch von der »schwarzen Pest« sprach. Tatsächlich zielte, was Himmler mit der Reichsführung-SS und ihrem vielverzweigten Apparat aufbaute, der Tendenz nach auf nichts anderes als die Utopie des SS-Staats.

*

Man darf aber nicht übersehen, daß die so offenkundig bizarren Züge Himmlers nicht die Besonderheit dieses einzelnen sind. Der Typus ist in den totalitären Religionsregimen der Epoche millionenfach anzutreffen: in dem Heer der Gefolgsleute, deren inständiger Glaubenshunger so lange auf der Suche nach Gewißheiten war, bis sich ihnen in den Verkündigungen der einen oder anderen Seite wie mit einem Schlage alle Unsicherheiten lösten und die Welträtsel aufschlossen. Zwar gebot die sozialistische Lehre über eine Botschaft, die an ehrwürdige humanitäre Vermächtnisse anknüpfte. Aber die Widersprüche, Mythen und Trickwerke waren kaum weniger groß, sie traten in den Quacksalbereien und der Suche nach dem blondblütigen Homunculus nur auffälliger in Erscheinung. Im Blick auf die Verbrechensspur, die beide Heilslehren zogen, mag man sogar sagen, daß der Bruch zwischen Verheißung und Praxis auf seiten des Kommunismus noch offenkundiger zutage trat.

Keinen Gläubigen focht das an. Denn die Geschichts- und Daseinsdeutung der einen wie der anderen Seite war mit allen Ungereimtheiten und Monstrositäten vom großen Utopievertrauen gedeckt, das seit der späten Aufklärung ein machtvolles Leuchtzeichen über die Welt warf. Es schien schon in den zwanziger und dreißiger Jahren angesichts der Stalinschen Herrschaftsrealität zu verblassen, während der Gegenentwurf Hitlers nur selten als Utopie erkannt wurde. Doch ist im Zerrbild stets das Bild präsent. Es zählt zu den Einäugigkeiten der vor allem von Ernst Bloch während der siebziger Jahre noch einmal angestoßenen Utopie-Debatte, daß sie den Begriff der Utopie ausschließlich mit einem emphatischen, auf Befreiung und Emanzipation gerichteten Vorzeichen verwendet hat. Auf diese Weise und indem er die Massenverbrechen der kommunistischen Herrschaft ignorierte, die ungezählten Opfer einer gezielten Aushungerungspolitik, der Säuberungen oder der Moskauer Prozesse, suchte er den Gedanken nicht nur in die verlorene Unschuld des utopischen Traums zu retten, sondern ihn auch der marxistischen Welt vorzubehalten.

Doch die unvoreingenommene Wahrnehmung lehrt, daß der Nationalsozialismus keineswegs fremd in der utopischen Tradition steht. Schon die Terminologie vom »Dritten Reich« und »Tausendjährigen Reich« griff auf gleichsam klassische Formeln des utopischen Vokabulars zurück, in Gedichten und Anrufungen wurde Hitler als Heilsbringer gefeiert oder auch als einer der in den Bergen schlafenden »Erlöserkaiser«, auf den sich die utopische Sehnsucht nach Veränderung von der Wurzel her seit alters gerichtet hatte. Selbst die abseitig anmutenden Züge des nationalsozialistischen Rettungsvorhabens, die Wahnidee von Blutreinheit und Menschenzüchtung, können sich auf kanonische Texte der utopischen Literatur berufen. Sie tauchen schon im »Sonnenstaat« des kalabrischen Mönchs Tommaso Campanella im 16. Jahrhundert auf, bilden eine Zeitlang ein Seitenmotiv im Bild der befreiten Welt, ehe sie im 19. Jahrhundert von vielen Seiten aufgegriffen und weitergedacht wurden.

In diesen Züchtungsvorstellungen ist im übrigen ein oft übersehener, ursprünglicher Zusammenhang zwischen »linken« und »rechten« Weltheilungstheorien auszumachen. Die Erkenntnisse Spencers und Darwins über die Gesetze der Evolution machten den Anfang und waren mit allen Erweiterungen zunächst ein Element der linken Vulgäraufklärung, das sich erst allmählich nach rechts zu verschieben begann und dort vor allem herangezogen wurde, um die Naturwidrigkeit demokratischer und humanitärer Vorstellungen nachzuweisen. Im Bild des Neuen Menschen, wie er beiden Ideologien vorschwebte, blieb die einstige Verwandtschaft bis zuletzt greifbar. Was die Nationalsozialisten durch eine planmäßige Eugenik zu verwirklichen suchten, fand auf sozialistischer Seite ein Gegenstück in der Parole der Oktoberrevolution »Der Mensch wird umgebaut!«. Beiden gemeinsam waren darüber hinaus auch Pathos und Furor des Erziehungsgedankens, und Hitler hat gegen Ende seines Weges in verschiedenen Ansprachen und noch einmal im Februar 1945 sein Scheitern auf das Unvermögen zurückgeführt, eine Elite heranzuziehen, so daß »aus der Kriegspolitik eines revolutionären Staates … notwendigerweise eine Politik reaktionärer Spießbürger« geworden sei.

Man wird das nicht wörtlich nehmen, zumal im Typus des Exekutors, der beiden Regimen zahlreiche charakteristische Züge vermacht hat, eben jener »Spießbürger« erkennbar ist, freilich versehen mit den moralischen Freibriefen einer millenarischen Berufung. Man findet ihn in der Dissidenten-Literatur ebenso beschrieben, wie in den Biographien der Husak, Bierut oder Ceauşescu auf der einen, und der Himmler, Ohlendorf oder Frank auf der anderen Seite. Hannah Arendt hat für die totalitäre Figurengalerie die wohl definitive Formel von der »Banalität des Bösen« gefunden, und schon Jahre zuvor hatte Ernst Jünger in den »Strahlungen« den gleichen Sachverhalt entdeckt und dem Neuen Menschen jedes »luziferische« Wesen bestritten: »Heute locht er uns die Fahrkarte und morgen den Hinterkopf. Beides vollzieht er mit derselben Pedanterie, dem gleichen Pflichtgefühl.«

Auf solche Austauschbarkeiten stößt man, wohin der Blick fällt. Man kann auch das System der minimierten Zuständigkeiten nennen, das die Bedienung der Vernichtungsmaschinerie in eine Vielzahl von sachlichen Funktionen aufteilte. Das hat es jedem einzelnen erlaubt, sich den Verbrechenszusammenhang zu verheimlichen, in dem er tätig war. Die Rädchentheorie, mit der sich selbst die Führungsfiguren des NS-Regimes in den Nürnberger Gerichtssälen und später Adolf Eichmann verteidigten, hat die schuldabschwächende Wirkung dieses Kunstgriffs überdeutlich offenbart. Es wird auch in allen Verfahren, die jemals gegen die Organisatoren politischer Verbrechen im sowjetischen Machtbereich geführt werden mögen, das zentrale Vorbringen gegen jeden Vorwurf abgeben.

Zur Psychologie der Täter gehört schließlich die Anklage gegen die Welt, die sie verführt, betrogen und am Ende mit fremder Verantwortung allein gelassen habe. In der Tat hatte, wer immer dazu gehörte, nichts aus eigenem Antrieb getan, sondern als gläubiges, leidenschaftsloses Werkzeug einer höheren Mission. Die Kälte und emotionale Unbeteiligtheit, mit der sie das Aufgetragene verrichtet hatten, ist später, als das Täterbild bekannt wurde, zur Ursache kaum faßlichen Erschreckens geworden. Sie selber dagegen haben darin den Ausgangsgrund für ein Selbstmitleid gesehen, das weit über jede Empfindung für die Opfer hinausging. Eine Erscheinung wie Rudolf Höß ist nicht nur für das Handlangerkorps des Dritten Reiches repräsentativ, sondern für den Typus des totalitären Vollstreckers überhaupt. In seinen Aufzeichnungen aus der Zelle hat er über das Bild der »blutdürstigen Bestie« und des »Millionenmörders« geklagt, das sich die Welt in ihrem Unverstand von ihm zurechtmache; denn er habe nur gehorcht und »doch auch ein Herz« gehabt. Das von Grund auf fürchterliche Wesen des Zeitalters wird gerade daran erkennbar, daß er nicht unrecht hatte.

Ganz zuletzt lassen sich beide Epochenutopien auf die jeweilige Prämisse zurückführen, die sie ihrem Bild der Welt zugrunde legten: dem Vollzug des vermeintlichen Gesetzes der Geschichte einerseits sowie des Gesetzes der Natur andererseits, und die einen wie die anderen glaubten sich bevollmächtigt durch das Bewußtsein der Allmacht des Menschen. Der verbreitete Einwand, der Nationalsozialismus sei lediglich die Verkehrung der utopischen Verheißung, geht ins Leere, weil selbst die inhumane Utopie am Ende Utopie bleibt, Gewalt- und Entrechtungspostulate gehören von Anfang an zu allen Entwürfen einer idealen Ordnung. Sie folgen zwangsläufig aus der Idee der Neuerschaffung von Mensch und Welt selber, keineswegs erst aus der mißglückenden Praxis. Das heißt zugleich, daß die Ursache der Opferberge, die beide zurückgelassen haben, im falschen Denken liegt und nicht in der unzureichenden Anwendung des richtigen.

Mitunter scheint es, als lägen die totalitären Erfahrungen unendlich weit zurück. Tatsächlich ist der Nationalsozialismus nach vergleichsweise kurzer Dauer seltsam rückstandslos untergegangen. Die andere große Erlösungsutopie ist in Auflösung begriffen, erweckte aber schon lange keine Glaubenskräfte mehr. Gerade das unvermittelte Verschwinden beider

Doktrinen ist jedoch kein Anlaß zur Beruhigung. Vielmehr deutet es auf eine nur zurückgestellte und folglich jederzeit von neuen Verheißungen und neuen Hoffnungen mobilisierbare Sehnsucht; so daß man besser von ihrer bloß episodischen, längst nicht zu Ende gebrachten Geschichte spräche und daß Beschreibungen wie diese einer Vergangenheit gelten, die jederzeit wieder Gegenwart werden kann.

# Zeitgenosse Hitler

*Eine Nachschrift*

Zum Einzigartigen, das mit dem Namen Hitler verbunden ist, gehört seine unverminderte Gegenwärtigkeit. Selbst fünfzig Jahre nach seinem Ende behauptet er eine Zeitgenossenschaft, deren Schatten beständig tiefer wird. Sie äußert sich nicht nur in fallweise wiederkehrenden Ängsten, psychischen Gleichgewichtsstörungen und Exorzismen, wieviel davon auch nur Ritual und bloßer Reflex sein mag. Vielmehr führt sie darüber hinaus zur Tabuisierung von Themen und Fragen, zu einer noch immer ansteigenden Flut von Schriften und Untersuchungen, auch wenn vieles davon dem Bild kaum zusätzliche Erkenntnisse abgewinnt, sondern die schon herausgearbeiteten Züge in chimärische Unschärfe entrückt. Zwar ist Hitler, wie Wochenschauen, Filme oder Schallplatten aus den zwanziger und dreißiger Jahren ebenso lehren wie die ideologischen Obsessionen, die ihn beherrschten, lange ins Anachronistische geraten, eine Erscheinung aus einer weit hinter den Horizont gefallenen Zeit. Dennoch ist er keineswegs historisch geworden, und selbst die Versuche der Wissenschaft, ihn und seine Herrschaft in geschichtlicher Distanz zu betrachten, haben Mal um Mal zu leidenschaftlichen Kontroversen geführt. Statt dessen ist er dabei, zum Mythos zu werden, der für alles Finstere und Abscheuerregende einsteht, das je in der Welt war. Je fremder und rätselhafter die Figur wird, desto sichtbarer tritt ihre sozialpsychologische Funktion hervor. Offensichtlich benötigt der Mensch die anschaubare Figur des Bösen, und eine säkularisierte Welt, die den alten Widersacher kaum noch als Kinderglauben kennt, ruft sich Hitler vor Augen, wenn sie den Urfeind schlechthin aus der Schemenhaftigkeit abstrakter Begriffe ins Bildhafte zurückholen will.

Man hat verschiedentlich die Auffassung vertreten, der geeignete Augenblick für die Darstellung geschichtlicher Ereignisse oder Personen liege etwa ein Menschenalter nach dem Geschehen. Als die Biographie 1973 erschien, gab es den Mythos Hitler noch nicht, doch die Betäubung, die dem Untergang gefolgt war, desgleichen die Sprachlosigkeit, begann soeben nachzulassen und das Interesse an die Stelle der Beschwörung zu treten. Im Rückblick erscheint die Zeit als ganz und gar offen, die bald so verfeindeten methodischen Schulen setzten gerade erst zu ihrem Abgrenzungswerk an, und ein Autor konnte sich, anders als vielfach später, durch die immer gültigen historischen Tugenden von Wahrnehmungsweite, Distanz, Einfühlung und Urteilskraft legitimieren, während alle Moralität, die ihm abverlangt wurde, einzig aus dem Begreifenwollen kam. Die Wissenschaft hatte erste große Schneisen in das verworrene Dickicht der Materialien geschlagen, es war eine Zeit des Sichtens und Ordnens, auch der ersten Darstellungsversuche, von denen einige, wie Karl Dietrich Brachers Studie über die Auflösung der Weimarer Republik, zum festen Bestand der zeitgeschichtlichen Beschäftigung mit der Epoche geworden sind. Die Mehrzahl dieser Arbeiten war jedoch infolge der Neigung, sich schwer zugänglich zu machen, ohne merkliches Echo geblieben.

Obwohl die Resonanz eines Buches stets einen Rest an Unerklärbarem birgt, liegt in der Tatsache, daß das Erscheinen dieser Biographie in jene Zeitzone fiel, vermutlich der hauptsächliche Grund für ihren Erfolg in die Breite. Desgleichen spielte die Erwartung der Mitlebenden nach einer Darstellung, in der sie, wie versetzt auch immer, etwas von sich und ihren Lebensumständen wiedererkannten, eine Rolle sowie das begreifliche Interesse der nachgekommenen Generation, zu erfahren, welche historische Konfusion mit ihren Wunschbildern, Irrtümern und Fehlrechnungen zu einem Geschehen geführt hatte, dem im Fortgang der Zeit nichts von seiner Unfaßlichkeit abhanden gekommen war. Am wenigsten hatte der Erfolg, wie einige Stimmen damals argwöhnten und unter erheblichem Phantasieaufwand nachzuweisen versuchten, mit einer von langer Hand vorbereiteten »Hitler-Welle« zu tun. Einige kabarettistische Lesungen aus »Mein Kampf«, die Auktionspreise für ein Hitler-Aquarell, der Alec-Guiness-Film über die letzten Tage im Berliner Bunker und was es sonst noch an Zufallserscheinungen geben mochte, wurden von den Urhebern der These zusammen mit diesem Buch zur Ausgeburt einer über alle Grenzen hinweg operierenden Verschwörung verbunden. Die bizarre Erfindung, die damals viel Aufsehen erregte, war, wenn auch mit verdrehtem Vorzeichen, geradezu ein Ausdruck jener Hysterie, gegen die sie anzugehen vorgab. Und wenn die angebliche »Hitler-Welle« bald in Vergessenheit geriet, so mehr noch die Spuckebatzen, die darauf schwammen.

Das zu jener Zeit erstmals verstärkt sich meldende Bedürfnis nach begründeten Antworten zielte auf die Fragen, die nach wie vor den Kern jeder Beschäftigung mit diesem Gegenstand ausmachen: wie Hitler zur Macht hatte kommen, die Anhänglichkeit großer Massen gewinnen und trotz allen prahlerisch verübten Unrechts, trotz Krieg und Verbrechen im ganzen hatte behaupten können. Bis weit in die fünfziger Jahre hinein waren auf dem Markt zumal der Erinnerungsbücher verschiedene Formen der Beteuerungsliteratur vorherrschend gewesen. Sei es, daß die Parteigänger oder Mitläufer des Regimes ihre Zustimmung oder doch ihr unmutiges Schweigen zu rechtfertigen suchten, sei es, daß dessen Gegner ihrem Versagen und ihrer Ohnmacht die Begründungen nachlieferten. In den gleichen Motivzusammenhang gehörten auch die zahlreichen Deutungen, die darauf hinausliefen, Hitler zu dämonisieren und in überzeitliche Zusammenhänge zu entrücken: als Endfigur in der Krise der Moderne, als Katastrophe des »faustischen« Prinzips oder der deutschen Philosophie zwischen Hegel und Nietzsche. Über ungezählte weitere Ansätze hinweg reichten solche meist summarischen Befunde bis zu mancherlei theologisch gestimmten Interpretationen, die ihn zu einer Art apokalyptischem »Tier aus der Tiefe« stilisierten. Hier viel eher als in der blanken Erinnerungslosigkeit war jenes Verdrängungsbedürfnis anzutreffen, das später so oft berufen worden ist. Dem gleichen Vorsatz dienten auch die meisten Darstellungen aus marxistischer Sicht, deren Anwälte ebenfalls ein Versagen zu beschönigen hatten, und Hitler, wie es in einer dieser Deutungen hieß, zum »mühselig hochgespielten und teuer bezahlten Kandidaten einer im Hintergrund wirkenden Nazi-Clique« aus Reaktion und Großkapital machten.

Von allen diesen verwirrten und verwirrenden Darstellungen gab es schon seit Anfang der fünfziger Jahre eine bemerkenswerte Ausnahme: Alan Bullocks berühmte, aus der Tradition großer angelsächsischer Geschichtsschreibung verfaßte Hitler-Biographie. Mit einer glanzvollen Nüchternheit und ohne die teilweise wohl unvermeidlichen Voreingenommenheiten, denen alle deutschen Annäherungen an den Gegenstand unterworfen waren, zeichnete sie den Mann und seine Politik aus überlegener Distanz, leidenschaftslos und urteilsstark zugleich, und galt lange Zeit mit guten Gründen als die definitive Beschreibung seines Lebensganges.

Trotz des legendären Rufs, der das Werk alsbald umgab, stellten sich im Fortgang der Jahre jedoch rasch anwachsende Zweifel an wenigstens zweien seiner Ausgangsüberlegungen ein. Wie alle Welt hatte Alan Bullock seiner Darstellung zugrunde gelegt, daß Hitler der große Widersacher seiner Zeit war, und die

Zeit, zumindest außerhalb Deutschlands, dies trotz aller Nachgiebigkeiten nie verkannt habe. Die Auffassung konnte zahlreiche Argumente für sich anführen. In der Tat schienen nach dem Desaster des Ersten Weltkriegs und trotz aller nachwirkenden Erregungen die Zeichen der Epoche auf Demokratie, wachsende Selbstbestimmung, Überwindung hergebrachter Verfeindungen zwischen den Staaten sowie, wenn auch zunächst nur in schmalen Silberstreifen, sogar auf Völkerverständigung zu weisen, und vor jeder einzelnen dieser Tendenzen nahm sich Hitler wie eine phantastisch rückständige, eigentlich absurde Erscheinung aus.

Aber was war mit den Besucherscharen, die seit 1933 in zusehends dichterer Folge nach Berlin oder auf den Obersalzberg pilgerten, viele zunächst widerstrebend oder ironisch gestimmt, doch dann immer wieder beeindruckt, alle die Simon und Eden, Lloyd George, François-Poncet und Toynbee? Was mit dem Publikum jenes Londoner Kinos, das nach dem Austritt Deutschlands aus dem Völkerbund beim Erscheinen Hitlers auf der Leinwand in Jubel ausbrach? Welche Empfindungen bewegten die in ihrem Traditionsstolz so hochmütige gute Gesellschaft von Florenz, dem verächtlich erwarteten Gast schon Stunden später »ihren Geist und ihr Herz« darzubieten, wie Graf Ciano schrieb, Mussolini selbst nicht zu vergessen, der dem anfangs so belächelten Parvenü von jenseits der Alpen bald bis zur Selbstaufgabe verfiel?

Und was, ließe sich fortfahren, drängte die europäischen Mächte, als Hitlers Rechtsverachtung längst offenkundig geworden war, zu jenem Wettlauf um Abmachungen und Verträge, die sie den Politikern der Weimarer Republik nie zugestanden hatten, als sei jede von ihnen begierig auf ihren Löffel vom Linsengericht? Es war doch nicht nur Angst, Gedankenlosigkeit oder Friedensliebe, was sie so bereitwillig die Einfallstore öffnen ließ, bis Hitler die gesamte Nachkriegsordnung über den

Haufen geworfen hatte. Den entschlossenen Hitler-Gegnern jedenfalls, zumal den Emigranten, bescherte es immer neue Empfindungen von Bitterkeit und Ohnmacht, wie der deutsche Diktator, eine Zeitlang zumindest, nach den Worten eines von ihnen, als das »Hätschelkind« der Epoche aufzutreten vermochte. Fragen über Fragen. Sie alle mündeten in die Bemerkung, die der Verfasser zu Beginn der fünfziger Jahre von einem der unbeugsamen Hasser des Regimes vernahm: Nie habe ihn in all den Jahren der Hitler-Herrschaft der Gedanke verlassen, im Jahre 1933 nicht von einem skrupellosen Gegner, sondern von dem mächtigeren historischen Prinzip und folglich gleichsam von der Geschichte selbst besiegt worden zu sein.

Solche und andere Anstöße drängten dem Betrachter die Überlegung auf, ob Hitler nicht in aller Verspätung, die zu ihm gehörte, auch als Repräsentant starker Strömungen in einer Zeit gelten konnte, die aus den Fugen war. Jedenfalls hatte er den Rückenwind machtvoller Sehnsüchte für sich, der über Deutschland hinaus durch die Zeit ging und viele lange gültige Prinzipien von politischer Vernunft, Wirklichkeitssinn und Berechenbarkeit umwarf.

Dazu zählte das Verlangen nach Utopie und Aufbruch sowie nach charismatischen Willensmenschen, die für die strikte Unterwerfung, die sie verlangten, Gefühle einer kollektiven Geborgenheit zurückgaben. Viele ahnten wohl, wie manipuliert und voll von Hintergedanken die neuen Zusammengehörigkeiten waren, die ihnen eingeredet wurden. Aber im ganzen fanden sich die richtungslosen Massen darin ernster genommen als durch ein Freiheitsversprechen, das sie mit ihren tausend Nöten allein ließ; und was den Verlust der politischen Rechte anging, glaubten sie sich reichlich entschädigt durch die Teilnahme an den jahrein und jahraus, landauf und landab inszenierten, mit dem Sinn für grandiose Liturgie veranstalteten Gemeinschaftserlebnissen, die ihnen tiefere Empfindungen politischer Mitwirkung verschafften als der gelegentliche Gang zur Wahlurne. Wenn es Unbehagen und bald auch unverhohlene Furcht waren, die das Deutschland Hitlers in der Welt verbreitete, rief es doch zugleich immer auch Neid und Bewunderung wach, und manchen schien es, als habe das Regime die Formel einer Zukunft gefunden, die so unverkennbar im Zeichen der Massen, ihrer ebenso großherzigen wie nicht geheuren Instinkte stand sowie ihrem Verlangen nach einem starken Glauben.

In alledem war eine radikale Wendung gegen die verhaßte bürgerliche Welt und deren Spaltungen am Werk, verbunden mit der Erwartung, deren platte, materialistische Verhältnisse zu überwinden und in Akten von Hingabe und überpersönlichem Opfer das verlorene Glück ursprünglicher Brüderlichkeit wiederzufinden. Viele Zeitbeobachter und mehr noch diejenigen, die sich einer der politischen Bewegungen zumal gegen Ende der Weimarer Republik anschlossen, begriffen das düstere Schauspiel der Massenumzüge mit Fackeln und Fahnen schon als die Totenmessen, die einer unwiderruflich vergangenen Epoche gelesen wurden und jene neue Zeit heraufführten, die in ihren Liedern mit ihnen zog.

Politisch war der antibürgerliche Affekt auf der Rechten wie auf der Linken anzutreffen, und die seltsam spiegelbildliche Verkehrung, die so viel Ähnlichkeit wie Widerspruch enthielt, einte und trennte die Lager. Als instinktsicherer Demagoge hat Hitler die Epochensehnsucht nach jener Änderung von Grund auf, die vom radikalen Marxismus überall auf Straßen und Plätzen ausgerufen wurde, als verbreitetes Bedürfnis erfaßt, sie aber zugleich in der Stoßrichtung verändert und auf diese Weise die Stärke des Gegners zu seiner eigenen gemacht. Es war die von nun an unausgesetzt beschworene bolschewistische oder, wie er in bezeichnender Ausweitung seiner Wahnvorstellung ins Rassische zu sagen pflegte, jüdisch-kommunistische Gefahr, die ihm die Massen zutrieb, und er sah darauf, daß sie nicht nur als Angst vor politischer Überwältigung empfunden wurde, sondern als Bedrohung aller Werte, kulturellen Maßstäbe sowie der vertrauten Lebensform überhaupt.

Der unterdessen ausgebrochene, noch immer anhaltende Streit, ob und inwieweit Hitler als Reaktion auf die europäische Grundangst jener Jahre zu verstehen sei, war zu der Zeit, als die Überlegungen zu diesem Buch erste Umrisse annahmen, noch nicht entfacht. Aber daß sich in dem schreckensgeweiteten Blick auf Sowjetrußland alle Krisengefühle angesichts eines neu und fremd heraufziehenden Zeitalters in bestürzender Anschaulichkeit sammeln ließen und daß die Gemüter vor allem der bürgerlichen und kleinbürgerlichen Massen damit bis zur Hysterie getrieben werden konnten, geht aus ungezählten zeitgenössischen Quellen hervor. Darüber hinaus kann auch kein Zweifel sein, daß Hitler sich diese panischen Empfindungen zu eigen gemacht und mit großem rhetorischem und theatralischem Geschick in Aggression umgesetzt hat. Sie entsprachen, wie eine Zauberformel, der Gleichung seiner eigenen Persönlichkeit: den Ängsten, die ihn zeitlebens erfüllten, seinem Machtwillen sowie seinem Verlangen nach der großen Rolle, und erlaubten es auch, seiner Roheit und Kälte die Weihe durch ein überwältigendes Motiv zu geben. Unter den Verheißungen jedenfalls, mit denen er sich als rettende Kraft anbot, ist die Abwehr der kommunistischen Revolutionsdrohung erst im Innern und dann der Außenwelt gegenüber stärker als nahezu alles andere wirksam gewesen.

Gerade die Tatsache, daß Hitler und die rasch anschwellende Bewegung auf die unterschiedlichsten Bedürfnisse zu antworten schienen, hat ihrem Erfolg vorgearbeitet. Sie verbanden antibürgerliche wie antikommunistische, bewahrende und sozialrevolutionäre Vorstellungen, das gekränkte Nationalgefühl der Deutschen sowie universalistische Bestrebungen wie die allenthalben verbreitete Sorge vor einer nahenden großen Krise auf eine willkürliche und dennoch für alle, die nach einem Glauben suchten, einleuchtende Weise. Anders als vielfach später haben die Zeitgenossen ihn und seinen bunt gemischten Anhang nicht einfach als »rechte«, »konservative« oder gar »reaktionäre« Erscheinung angesehen. Als eindeutig rückständige, der Wiederherstellung des Alten zugewendete Figur hätte Hitler bei den Zeitgenossen allenfalls jenes Gelächter erzeugt, dem Charlie Chaplin ihn preiszugeben versucht hat. Denn die Massen folgen nicht den Mumien, wie Hugenberg oder Papen auf ihre Weise ebenso erfahren und politisch bezahlen mußten wie kürzlich die kommunistischen Machthaber von Breschnew bis Honecker. Vielmehr begriff die Mehrheit Hitlers Aufbruch als das lange ersehnte Signal zu einer inneren Einigungsbewegung, die das Überlieferte festzuhalten und in eine mobilisierende Zukunftsvision einzuschmelzen versprach. Nichts anderes machte ihn auch geeignet, als die große Gegenkraft zu einer Zeit aufzutreten, die ans Ende eines langen Irrwegs geraten schien und nur durch eine Generalumkehr dem Untergang entgehen mochte. Weit über alle historisch greifbaren Anlässe wie die Niederlage von 1918, die Revolution und die gesuchten Demütigungen von Versailles hinaus, von Inflation, Deklassierung der Mittelschichten oder Weltwirtschaftskrise, haben solche Empfindungen einer nahen und notwendigen Zeitenwende dem Nationalsozialismus zur Massengefolgschaft verholfen und um ihn herum den Dunst einer halbreligiösen, adventistischen Aura sowie um Hitler eine Art messianischer Erwartung verbreitet.

Solche hier nur andeutungsweise angestellten Überlegungen machten offenbar, daß der Mann und die Zeit sowie die Wechselwirkungen, in denen sie standen, komplexer waren als es dem Forschungsstand entsprach, der dem Werk Bullocks noch zugrunde lag. Nicht weniger ins Gewicht fiel, daß Bullock die für jede politisch-historische Biographie zentrale Frage nach dem vorherrschenden Impuls im Leben der beschriebenen Figur mit dem Hinweis auf den Machthunger Hitlers beantwortet hatte. Entfernte man alle Verbrämungen oder Fangschnüre und ging seiner gewaltigen Wortmacherei auf den Grund, so hatte er dargelegt, kam ein Machtwille zum Vorschein, der nur sich selbst kannte und begehrte. Die Dürre und menschliche Armut der »Unperson« Hitler, mit der sich so viele Historiker im Blick auf die angerichtete Katastrophe schwertun, deutete er gerade als Folge eines alles überlagernden, jede Spur menschlicher Substanz austrocknenden Machthungers.

Der Gedanke stützte sich weitgehend auf die These, die einer der frühen und dann abgefallenen Parteigänger Hitlers, der ehemalige Danziger Senatspräsident Hermann Rauschning, in der zweiten Hälfte der dreißiger Jahre in dem rasch berühmt gewordenen Buch »Die Revolution des Nihilismus« entwickelt hatte. Danach waren Hitler und der engere Kreis seiner Gefolgsleute voraussetzungslose Revolutionäre, die keine Ideologie besaßen oder gar verfolgten, sondern Ideologien nur benutzten zu einem einzigen Zweck: der Eroberung, Sicherung und Steigerung persönlicher Macht. So viele einleuchtende Aspekte diese Auffassung anführen kann, so vieles läßt sie doch auch ungeklärt. Den erbitterten, von Stimmungen eines wüsten Urhasses erfüllten Antisemitismus Hitlers beispielsweise, dessen Entstehung und niemals nachlassende, sogar den eigenen Zielen abträgliche Hartnäckigkeit womöglich das am schwersten aufhellbare Problem des hitlerischen Wesens ist, hat Bullock lediglich als »Sparren« angesehen und abgetan.

Es war dann, kein Jahrzehnt nach dem Erscheinen der Biographie von Bullock, der britische Historiker Hugh R. Trevor-Roper, der den ersten und sogleich entscheidenden Stoß gegen diese These geführt hat. In einem Münchener Vortrag über »Hitlers Kriegsziele« hat er den Diktator erstmals als einen ideologisch fixierten und in allen taktischen Manövern von einigen unbeirrbar verfolgten Prämissen geleiteten Politiker vorgestellt. Die Manien und Besessenheiten, die ganze Psychopathologie dieses Mannes kamen, wie Trevor-Roper überzeugend zu machen verstand, nicht so sehr aus einem monströsen Machtwillen, wie sehr er auch zum Persönlichkeitsbild Hitlers gehörte. Vielmehr gingen sie auf die vermeintlichen Gewißheiten eines aus Schlagworten und Ressentiments verfertigten, monolithisch starren Weltbildes zurück, dessen Konstanten die Eroberung von Lebensraum und ein obsessiver Judenhaß waren.

Nur ein geschlossenes, aus wie trügerischem Stückwerk auch immer fest verklammertes Geschichtsbild kann jene gewaltige Zerstörungsenergie entfalten, die Hitler bis in seine buchstäblich letzte Stunde freigesetzt hat. Gleichwohl erklärt es nicht alles. Was in diesem Fall hinzukam, war die Bereitschaft, durchweg bis an die äußerste Grenze zu gehen und auch bei vergleichsweise geringem Anlaß die letzte Karte auf den Tisch zu werfen. Wer mit dieser Entschlossenheit in die Runde tritt, setzt alle Spielregeln außer Kraft. Die vielbestaunten, den Mythos seiner Unbezwinglichkeit begründenden Erfolge, die Hitler bis ins Frühjahr 1939 verzeichnen konnte, hatten keineswegs nur mit der Blindheit und Schwäche der europäischen Mächte und nicht einmal mit seinem Übertölpelungsgeschick zu tun. Vielmehr kannte keiner seiner Gegenspieler irgendeinen Zweifel, daß alle Politik einen rationalen Kern habe und einem berechenbaren Interesse folge.

Diese niemals angefochtene Gewißheit war das eigentliche Motiv aller Zugeständnisse, die sie sich abringen ließen. Erst nach einer Kette von Irrtümern und immer neuen Nachgiebigkeiten, noch nicht einmal 1938 auf der Konferenz von München, sondern erst mit dem Griff nach Prag im Frühjahr 1939, kam ihnen die Ahnung, daß Hitler mit diesem Grundprinzip aller Politik brach. So wenig wie die Deutschen selber begriffen sie, daß er um wörtlich jeden Preis den Krieg wollte, selbst um den der Katastrophe, und unter allen Deutungen, die sein Charakter gefunden hat, ist diejenige am ausgiebigsten belegbar, die eben darin das unwiderstehlich treibende Motiv seines Lebensweges sieht. Weil er durchweg zu diesem letzten Einsatz bereit war, konnte und mußte er geraume Zeit Erfolg haben, nichts anderes war sein bejubeltes Geheimnis. Aber es war jene Art von Erfolg, auf die der Selbstmörder zielt. Dessen Typus, bis dahin der Geschichte unbekannt, betrat mit ihm die politische Bühne.

Ohne eine tief in Herkunft, früher Prägung und Zeitstimmung verankerte Todesenergie sind Wesen und Verhalten Hitlers kaum zu erklären, und man muß wohl die kulturpessimistischen Tendenzen in der zweiten Hälfte des 19. Jahrhunderts heranziehen, die Phobien und Überwältigungsprophetien, in denen sich die Zeit so entsetzt wie fasziniert erkannte, um dieser Neigung gerecht zu werden. Hier ist auch der Ort, auf Richard Wagner zu verweisen, der als Musiker, als politisierender Schriftsteller sowie als Persönlichkeit schlechthin das unvergleichliche Bildungserlebnis Hitlers war. Von ihm übernahm er nicht nur die Idee der ästhetisierten, ins Liturgische übersetzten Auftritte mit der symbolischen Versöhnung von Kunst und Politik im »Schönheitsstaat«. Vielmehr formte er sich aus der Personnage von Heilsbringern, Weißen Rittern und Erlösern, die das Werk des Komponisten bevölkern, undeutlich zunächst, aber dann mit zunehmender Gewißheit, seine Retterrolle, dies alles vor dem Prospekt eines Weltbildes, das erfüllt war von germanischen Untergangsstimmungen und dem Rausch der Katastrophe, süchtig gleichsam nach Götterdämmerungen.

Weit abseits solcher belegbaren Entschlüsselungsansätze hat es in den zurückliegenden Jahren eine Vielzahl unterschiedlicher und sogar gegensätzlicher Versuche gegeben, den innersten Antrieben Hitlers auf die Spur zu kommen, und tatsächlich sind sie, dem bekannten Churchill-Wort zufolge, »ein Rätsel auf dem Grund eines Problems«. Eine Erscheinung wie Hitler zieht unvermeidlicherweise zahlreiche ehrgeizige Geister an, die sich durch spekulative Kühnheit, Phantasiereichtum sowie eine souveräne Freiheit gegenüber den Quellen auszeichnen. Erich Fromm beispielsweise hat gerade Hitlers Todeswillen in den Mittelpunkt seiner Interpretation gerückt und den Ursprung im inzestuös eingefärbten Bild der Mutter gesehen. Getreu dem Übertragungsschema habe er dessen Züge auf Deutschland ausgeweitet, und seine »nekrophilen« Neigungen seien denn auch stets von dem lange unterdrückten, dann um so mächtiger hervorbrechenden Wunsch durchsetzt gewesen, dieses Bild zu zerstören, so daß am Ende die Einsicht herausspringt, nichts anderes als Deutschland sei das eigentliche Haßobjekt Hitlers gewesen. Im Gegensatz dazu hat Alice Miller das exzeßhafte Wesen Hitlers auf eine Vergeltungssucht zurückgeführt, die von der häuslichen Tyrannei und Züchtigungslust des Vaters herkam, Simon Wiesenthal noch in den achtziger Jahren die sichtlich literarisch inspirierte, von Nietzsche, Hugo Wolf und vielleicht sogar von Thomas Manns »Doktor Faustus« hergeleitete Auffassung vertreten, Hitlers Antisemitismus und alles, was daraus folgte, sei auf die Infektion durch eine jüdische Prostituierte im Wien kurz vor der Jahrhundertwende zurückzuführen.

Und so noch unsäglich vieles, worüber hier nicht berichtet werden muß. In ihrer Gesamtheit kranken alle diese Versuche an unzureichenden Belegen, oft dienen sie auch der Absicht des jeweiligen Verfassers, eine von ihm lange vertretene Theorie an einem spektakulären, vom fatalen Glanz des Bösen umwitterten Fall nachzuweisen, und alle bezeugen sie nur die Ohnmacht der Vernunft, mit einer Erscheinung wie Hitler zurechtzukommen. Gleichwohl kann, anders als noch kürzlich Claude Lanzmann, der Regisseur des Dokumentarfilms »Shoah«, bemerkt hat, die Antwort nicht lauten, daß jede historische Darstellung

Hitlers unerlaubt sei, weil sie das schlechthin Unbegreifliche begreiflich zu machen beabsichtige. Solche Thesen gründen auf dem verbreiteten Bedürfnis, Hitler als eine Art Antimythos pädagogisch einzusetzen und ihn als finsteres Monument, umgeben von all dem Schutt und zurückgelassenen Unrat, zur Abschreckung vor die Welt zu stellen. Auch die Sorge, daß die analytische Darstellung den Affekt schwäche, mag dabei im Spiel sein. Aber die aussichtsreicheren Gegenmittel bleiben Gedanke und Erkenntnis, und im Grund zielen Einwände wie die von Lanzmann oder früher auch von Jean Améry auf eine andere Form dämonologischer Verdrängung. Sie sperren Hitler aus der Geschichte und laufen darauf hinaus, das überlieferte Bild des Menschen von ihm und seinen Verbrechen nicht verwirren zu lassen.

Dabei liegt die entgegengesetzte Überlegung weit näher, wonach Hitler nicht die Ausnahme darstellt, sondern gerade die Regel: daß er den Menschen in seinem Urstand zeigt, seinem wirklichen Wesen und jenseits des allezeit rissigen Normengespinsts, womit Religion, Gesellschaft oder Moral die mörderische Natur halbwegs im Zaum zu halten versuchen, während als Ausnahme viel eher die Fälle einer gelungenen Zivilisierung zu gelten haben. Richtig an dem Einwand Lanzmanns ist nur, daß sich jede biographische Auseinandersetzung bewußt sein muß, nicht mehr als eine gelungene oder mißratene Annäherung zustande zu bringen. Mit seinem innersten Geheimnis, insonderheit den Ursachen seines manischen Judenhasses, ist Hitler der Welt entkommen.

Doch zu erfahren ist, wie aus aller Geschichte, selbst dann noch hinreichend viel: über die oft weit zurückreichenden Anstöße der historischen Prozesse, die Mechanismen der Abläufe, über Gebundenheit, Korrumpierbarkeit und Versagen, aber auch Freiheit der Menschen in Entscheidungslagen und anderes mehr. Zu der Kritik, die bei Erscheinen dieses Buches erhoben wurde, gehörte der Einwand, daß es als Biographie methodisch überholt sei und die gesellschaftlichen Kräfte sowie die Strukturen, die Hitler trugen und Schritt um Schritt voranbrachten, nicht ausreichend berücksichtige. Über die Berechtigung dieses Vorbringens mag sich der Leser sein eigenes Bild machen. Zutreffend ist daran die auch in dem Buch selbst schon angestellte Überlegung, daß die Rolle des einzelnen für den Geschichtsverlauf zusehends schwächer wird und er längst nicht mehr in dem Maße, wie es vielfach das 19. Jahrhundert sah, Geschichte »macht«. Aber dieser eine hat eben doch, seltsam verspätet auch insoweit, noch einmal mehr davon gemacht, als es womöglich der Zeit entsprach.

Unwiderleglich ist, daß sich die Wirkungsmacht einzelner nicht gänzlich abtun und alles auf die Verhältnisse oder gar die Strukturen verlagern läßt. Zwar hat die sozialhistorische Sichtweise dem Verständnis des Geschehens zahlreiche Zugänge eröffnet, und die Deutung beispielsweise der Resonanz, die den Aufstieg und die Machteroberung der NS-Bewegung ermöglicht haben, auf festeren Grund gestellt. Ihr Erfolg ging gerade bei Bürgertum und Mittelstand weniger auf die Wirksamkeit weltanschaulicher Postulate zurück, wie überhaupt der Widerhall und die Fanatisierungsmacht der nationalsozialistischen Ideologie im Rückblick erheblich überschätzt werden.

Viel stärker jedenfalls bestimmten greifbarere Bedürfnisse oder Sehnsüchte das große Überlaufen, das Ende der zwanziger Jahre einsetzte. Was die Massen einnahm, war nicht die lockende Aussicht auf die weiten Ebenen der Ukraine oder die Ausschaltung und sogar Vernichtung der Juden. Vereinfacht gesagt und sichtlich den Illusionen des rasch wachsenden Anhangs aus allen Schichten und Lagern weitaus näher war vielmehr die suggestive Mischung aus gewohnt autoritätsstrenger Ordnung, einem Nationalismus, der dem Land Erneuerung und die Wiedererlangung der aberkannten Ehre versprach, und das eine wie das andere verbunden durch einen zwar vage formulierten, aber keineswegs ineffizienten Sozialismus, seine Gemeinschaftserlebnisse sowie die Gewinne an sozialer Schubkraft. Nicht der Glaube, ließe sich, die Dinge noch einmal vereinfachend, sagen, sondern die Sicherheits- und Aufstiegschancen haben, zumindest in der frühen Phase, massenhaft Proselyten gemacht. Und jedenfalls waren es nicht die in imaginären Nebeln von Rasse, Blutreinheit und Welteroberung entschwindenden Visionen, sondern weit schlichtere Parolen und Praktiken, die dem System zur Gefolgschaft und zu seiner bis heute verblüffenden Dynamik verholfen haben.

Die Ergebnisse der sozialgeschichtlichen Forschung wie die Studien zum Wählerverhalten, zu den Pathologien der Mentalitäten und Milieus, dem Einfluß der vorindustriellen Eliten oder den Reaktionen auf den einsetzenden Veränderungsprozeß und anderes mehr haben überdies das Regime in einen übergreifenden gesellschaftshistorischen Prozeß eingeordnet, der lange vor Hitler begann und mit ihm nicht zu Ende ging. Auf diese Weise ist zugleich sichtbar geworden, warum der von der Nachwelt so schroff empfundene moralische Bruch der Wahrnehmung der Zeitgenossen weitgehend verborgen blieb. Viele Mitlebende haben den daraus folgenden Vorwurf nur als Ausdruck der ahnungslosen Überheblichkeit von Nachgeborenen verstanden, in deren Darstellungen sie die eigene Erinnerung nicht wiederfanden.

Doch so erkenntnisfördernd alle diese oft empirisch gestützten Untersuchungen auch waren, erfaßten sie stets nur eine Teilansicht des Geschehens. Das machen in aller Regel schon die Fragestellungen kenntlich, die den Eindruck erwecken, als ginge der Mensch nahezu restlos in seinen gesellschaftlichen Umständen und eine Millionenbevölkerung in ihren quantifizierbaren Verhältnissen auf. Sie entsagen damit von vornherein jener Wahrheit, auf die das von der Zeit her denkende und ihren Blickverkürzungen zugleich enthobene Bemühen aller wirklich historischen Darstellung gerichtet ist. Der Satz von Johann Gustav Droysen, wonach »das wahre Faktum … nicht in den Quellen« steht, vermittelt eine Einsicht, die gegen alles positivistische Fieber der Gegenwart ihre Richtigkeit behält. Was der Historiker, über die Mengen verfügbaren Materials hinaus, vor allem hinzutun muß, sind Einfühlungsvermögen, Phantasie, Urteil und Zusammenhang.

Wie sehr es daran häufig fehlt, hat sich zuletzt, um ein entlegenes und doch nahes Beispiel heranzuziehen, in den achtziger und frühen neunziger Jahren erwiesen. Der bezeichnenderweise von niemandem vermutete, fast lautlose Zusammenbruch des strukturell so gefestigt scheinenden, ganz und gar auf den Machterhalt der herrschenden Schicht hin organisierten Sowjetimperiums hat neben vielem anderen sichtbar gemacht, daß die strukturanalytische Betrachtungsweise gewiß nicht der Königsweg zur Erkenntnis historischer Zusammenhänge ist. Darüber hinaus untergräbt die strukturelle Sicht aber auch nahezu alles, was die Geschichte an Widersprüchlichkeit, auch an Konfusion sowie an Unvermutetem und in alledem an vermittelbarer Einsicht enthält. Wenn die gesellschaftlichen Strukturen tatsächlich gebieterischer als alles andere geschichtsbeherrschende Bedingungen sind, unterliegt jedes Geschehen einer deterministischen Beengung. In der Tat werden dann die lebensgeschichtlichen Umstände, die Hitler zu dem werden ließen, der er war, seine Komplexe, Ängste, Vorurteile und die destruktiven Energien, die er daraus gewann, weitgehend irrelevant. Ebenso bringt es die Verantwortung für den Gang der Dinge, die sich jeder einzelne zurechnen lassen muß, nahezu zum Verschwinden oder reduziert sie auf das Gefühl schicksalsabhängiger Ohnmacht.

Aber aus dem Geschehen jener Jahre ist weder die Person Hitlers wegzudenken oder, wie man gesagt hat, zum »schwachen Diktator« zu verkleinern noch der Clan seiner stillen oder offenen Wegbereiter aus den alten Machteliten und auch nicht die orientierungslose Masse mit ihrer Sehnsucht nach Führung und strenger Ordnung. Alles hat sein eigenes Gewicht, und entscheidend ist die Balance, die der Autor zwischen den Elementen herzustellen weiß. Der britische Historiker Ian Kershaw hat unlängst eine Biographie angekündigt, die Aufstieg, Machtgewinn und Herrschaftssystem Hitlers vor allem von den gesellschaftlichen Kräften her beschreiben will, deren Produkt der Diktator in so hohem Maße gewesen sei.

Hitler war jedoch stets mehr als das, und gerade die Differenz zu den Verhältnissen und wie er sie dennoch seinem Willen und seinem Wahnwitz fügsam machte, ist das Problem. Womöglich hat nicht zuletzt die stupende Macht über die Umstände und teilweise auch über die Zeitbedingungen, die Hitler als »Figur aus dem Nichts« bewies, jenen Geschichtsbruch erzeugt und jene äußerste Skepsis, die in aller Empfinden eingegangen sind. Man hat ihn und seine Herrschaft einen »Kulturschock« genannt. In Wahrheit greift der Begriff zu kurz. Er hat ein ungeheures Zerstörungswerk angerichtet: Menschen, Städte, Länder, auch Werte, Traditionen und Lebensformen ausgelöscht. Aber seine folgenreichere Hinterlassenschaft ist der Schrecken darüber, wessen der Mensch gegen den Menschen fähig ist. Jeder trägt seither eine Ahnung mit sich, wie dünn der Grund ist, auf dem alle stehen.

Diese Erfahrung hat einen tiefen Riß in dem hochpathetischen Bild hinterlassen, das der Mensch sich vom Menschen verfertigt und trotz aller Untaten, von denen die Geschichte voll ist, bewahrt hat. Der jahrhundertealte zivilisatorische Optimismus, der sich so viel auf die Bändigung der barbarischen Instinkte zugute hielt, das ganze evolutionäre Grundvertrauen in eine Welt, die trotz aller Aufhaltungen und Rückschläge zuletzt auch moralisch dem Besseren entgegengehe, ist durch

Hitler ans Ende gelangt. Aufs Ganze gesehen hat er die schöne Selbsttäuschung aufgedeckt, die dem seit der Aufklärung herrschenden Menschenbild zugrunde lag. Doch dieses womöglich wichtigste seiner Vermächtnisse ist weder erkannt noch angenommen. Alle Welt, angefangen vom Erziehungssystem bis hin in die Politik, baut nach wie vor auf den natürlichen Hang des Menschen zum Guten und seinen gleichsam angeborenen, von der Einsicht beförderten Sinn für die Prinzipien der Moral. Infolgedessen hat die Gegenwart auch kein Bewußtsein dafür, wie jederzeit gefährdet und aller vereinten Anstrengung bedürftig die Sicherungen sind, die das Denken im Lauf von Jahrhunderten gegen die Freisetzung der Natur des Menschen entwickelt hat. Mehr als die Weltkarte jedenfalls, auf der Hitler, angefangen vom Ruin der hegemonialen Rolle Europas über das Ende des Kolonialzeitalters bis hin zur Gründung des Staates Israel, bleibende Spuren zurückließ, hat er das Weltbild verändert, wie sehr die Erkenntnis sich dagegen sträubt.

Es paßt ins Bild eines längst bodenlos gewordenen, nur noch redensartlich weitergereichten Optimismus, daß die Frage, ob eine Wiederholung jener Erfahrung möglich sei, zumeist verneint wird. Trotz allen nachwirkenden Entsetzens blickt die Gegenwart nicht ohne Geringschätzung auf Hitler, sein martialisches Auftrittsgebahren, seine ideologischen Finsternisse, seine Prophetenverdrehtheit. Bestärkt werden die Abwertungsempfindungen noch durch die unermüdlich beschworene Erinnerung an die Greuel, die er angerichtet hat, und alles zusammen leistet der These Vorschub, er sei so etwas wie der irreale, dem Begreifen entzogene Sturz in ein Mittelalter, das mit ihm noch einmal in die Welt zurückgekehrt ist.

Diese anhaltende Vorstellung hat die Einsicht in die Beweggründe verdunkelt, aus denen seine Verführungsmacht kam. Tief unter dem Gestrüpp der Tagesparolen im lärmenden Vordergrund stößt der Betrachter auf Urbedürfnisse, die zum Wesen des Menschen gehören und denen die moderne Welt mehr als jede andere Zeit die Antwort schuldig bleibt. Die Fähigkeit, die Verlorenheitsgefühle der »einsamen Masse« zu erspüren, hat ihm die Anhängerscharen zugetrieben: das Verlangen nach einem Glauben, nach Sinn, Bindung und einem suggestiven Bild der Zukunft, nach Fronten und Abwehrlinien sowie nach ebenso klaren wie einfachen Lösungen in einer zusehends unübersichtlicher werdenden Gegenwart. Der Einwand, daß die Tendenz der Epoche in gänzlich andere Richtungen weise, geht ins Leere. Zu den von Hitler herkommenden Lehren gehört gerade, wie unschwer die Schubkraft, die eine Zeit zu beherrschen scheint, gebrochen und in ihrem Lauf verkehrt werden kann.

Darin liegt, weit über die Umtriebe der Jugendbanden hinaus, die sich so provozierend mit den Zeichen und abstoßenden Symbolen jener Jahre schmücken und die doch nur der Staub einer versunkenen Zeit sind, Hitlers paradoxe Modernität. Er hat denn auch nicht nur, wie die verbreitete Auffassung lautet, ein Zeitalter abgeschlossen. Als Urheber eines generellen, auf den Menschen und die Welt bezogenen Pessimismus ist er in einem von keinem Leugnen und keinem Beschwichtigungswunsch erreichbaren Sinne noch immer unser aller Zeitgenosse und die Gegenwart eine Epoche, an deren Zugang er steht. Ohne die Kenntnis seines Aufstiegs und der Gründe, die ihn trugen, heißt das, ist die Welt von heute nicht zu verstehen.

Die Absicht der Selbstverständigung sowie das Bedürfnis, einige Einsichten ins Gegenwärtige zu gewinnen, haben, über alle engeren historischen Fragestellungen hinaus, vor Jahren auch den Entschluß des Verfassers herbeigeführt, die Biographie Hitlers zu schreiben. Sie versuchte nichts anderes als eine Darstellung dessen, womit in umfassenderer Sicht unsere Epoche begann, welche persönlichen und sozialen Bedingungen für den

Aufstieg des Mannes ursächlich waren, der sie auf so nachhaltige Weise mitgeprägt hat, auch wie seine Macht dauern und gerade im Scheitern ihre eigentliche Absicht verwirklichen konnte.

# Das verweigerte Vermächtnis

*Gedanken zum Staatsstreich des 20. Juli 1944*

Wer heute, aus dem Abstand von rund fünfzig Jahren, auf den deutschen Widerstand zurückblickt, kommt um das Eingeständnis nicht herum, daß er die eigene Sterbestunde kaum überdauert hat. Der Staatsstreichversuch an jenem heißen Sommertag des 20. Juli 1944 ist zwar in seinem äußeren Ablauf einer größeren Minderheit vertraut, die Vorgeschichte des Tages dagegen, die Gruppen, Hintergründe, Motive und Hemmnisse, denen die Tat schließlich entsprang, sind weitgehend unbekannt. Rasch und unauffällig verlor sich die Spur jener Erhebung in Gefängniszellen, in Hinrichtungsstätten und auf unbekannten Friedhöfen. Zwar gehört die jährliche Feierstunde im Hof des Bendlerblocks in den Gedenkkalender der Republik. Aber ins allgemeine Bewußtsein hat der Tag kaum Eingang gefunden. Jede der regelmäßig wiederkehrenden Debatten macht deutlich, wie fremd er dem Land historisch, politisch und menschlich geblieben ist. Umfragen belegen, daß weit mehr als die Hälfte der Deutschen dem Widerstand mit Ablehnung, Skepsis oder blanker Unkenntnis begegnet. Diese Anteile sind nach der ersten Erhebung von 1951 ungefähr gleichgeblieben, nur haben sich die Gewichte von der Ablehnung hin zur Interesselosigkeit verschoben.

Auf merkwürdige Weise hat das von Hitler noch in der Nacht nach dem Attentat ausgegebene und von der Propaganda des Regimes aufgegriffene Zerrbild von der »ganz kleinen Clique ehrgeiziger Offiziere« die Zeit überdauert. Viele unterschiedliche Beweggründe vor und nach dem Untergang des Dritten Reiches haben daran mitgewirkt, und mehr als ein zögernder, halb widerwilliger Respekt ist dem Widerstand nie zuteil geworden. Allenfalls blieb er, was er nach einer geringschätzigen Bemerkung des Feldmarschalls v. Kluge am Abend des 20. Juli war: eben ein mißglückter Staatsstreich.

Ganz im Gegenteil verschaffte sich der bald schon aufgetauchte, von einer kritischen Publizistik verbreitete Verdacht Gehör, die deutsche Opposition habe sich erst, als die Niederlage längst unvermeidbar war, zur Tat entschlossen und dabei überdies höchst eigensüchtige Zwecke verfolgt: die vor allem standespolitischen Interessen einer alten, zum Abtreten bestimmten Führungsschicht, die ihre viel zu lange währende Komplizenschaft mit Hitler verdecken und in letzter Stunde Besitzstände, Privilegien und Einflußmöglichkeiten retten wollte. Schon die oberflächliche Kenntnis der Zusammenhänge lehrt jedoch, wie verfehlt und voreingenommen diese Sicht der Dinge ist. Denn die vermutlich aussichtsreichste Widerstandsaktion entzündete sich 1938 an Hitlers Entschluß zum Krieg, und auch die Planung des zweiten Anlaufs bei der Heeresgruppe Mitte um Henning v. Tresckow lag vor Stalingrad und der Wende des Krieges.

Man muß nicht in die Abgründe der Psychologie hinabsteigen, um zu begreifen, worauf die verbreiteten Vorbehalte gegen den Widerstand zumindest während der frühen Nachkriegsjahre zurückzuführen sind. Sie haben zu tun mit dem Empfinden, daß damals alle gleichermaßen versagt, alle gleichermaßen mitgejubelt und bis zum Ende mitgehorcht hatten. Keiner sollte das Vorrecht in Anspruch nehmen, schärfer gesehen und moralisch empfindlicher geurteilt zu haben als jedermann – schon gar nicht die Angehörigen der zum Untergang verurteilten Klasse von Militärs und Aristokraten, die am 20. Juli noch einmal groß ins Blickfeld getreten waren.

Historisierung als Gleichmacherei: dagegen hat auch die Historikerzunft kaum etwas getan. Wer kann die Gründe ans Licht holen, die dazu geführt haben, daß sie in den nahezu fünfzig zurückliegenden Jahren keine umfassende Darstellung des Widerstands zustande gebracht hat? Es gibt eine Vielzahl hervorragender Monographien und Detailstudien. Aber womit hat es zu tun, daß Schwäche, Fügsamkeit und politisches »Reaktionärswesen« in zahlreichen Veröffentlichungen den immer wieder herausgekehrten Zentralpunkt der Fragestellungen bilden? Natürlich wissen wir, wie übermächtig dergleichen war und in welchem Maße es dem Regime zugearbeitet hat. Aber welche Scheu wirkt daran mit, die nach oft schrecklichen Irrtümern zurückgewonnene moralische Integrität darzustellen, wie selten sie auch gewesen sein mag? Geht der Egalitarismus dieser Gesellschaft so weit, daß er das moralisch Besondere nicht zu dulden vermag? Eine der Frauen des Widerstands hat, kurz vor ihrem Tod, gefragt, »ob es eigentlich etwas bewirkt (habe), für eine gerechte Sache einzustehen«, und davon gesprochen, daß sie mitunter der Gedanke gequält habe, diese Menschen seien »vollkommen umsonst gestorben«. Und Fabian v. Schlabrendorff, einer der wenigen Überlebenden der Opposition und spätere Richter am Bundesverfassungsgericht, hat den Widerstand eine »Episode« genannt, die außerhalb der Erinnerung geblieben ist. Die Blockwarte, ihre Söhne und ihre Enkel, haben zusammen mit den Gleichgültigen am Ende das Feld behauptet.

In der Einengung des Widerstands auf eine kleine Schicht von Militärs und Aristokraten lag immer ein Mißverständnis. Längst hat sich erwiesen, daß der 20. Juli kein hintergrundloses Offiziersunternehmen war. Vielmehr vereinten sich in dem Staatsstreichversuch dieses Tages verschiedene, teils enger, teils lockerer verbundene Oppositionsgruppen in einem dramatischen Ereignispunkt. Die Militärs waren dabei gleichsam nur die Exekutive. Dahinter oder daneben standen vor allem zwei engere Zusammenschlüsse: die national-konservative Gruppe um den ehemaligen Leipziger Oberbürgermeister Carl Goerdeler, den zurückgetretenen Generalstabschef Ludwig Beck und den einstigen Botschafter Ulrich v. Hassell auf der einen sowie der von christlich-sozialistischen Motiven geprägte Kreisauer Kreis des Grafen Helmuth v. Moltke auf der anderen Seite. Und dazwischen bewegte sich, neben den linksideologischen, humanitären oder radikalanarchischen Vereinigungen, eine große Anzahl von Einzelgängern, die sich keiner Gruppe zuordnen lassen und nach Herkunft und politischer Richtung nicht nur unterschiedlicher, sondern mitunter schroff gegensätzlicher Farbe waren: Anwälte, ehemalige Gewerkschaftsführer, Personen aus der Wirtschaft, dem kirchlichen Bereich oder dem staatlichen Apparat.

Schon deshalb waren auch die Beweggründe derer, die sich dem Widerstand anschlossen, keineswegs standespolitischer Art. Wie bei einem in sich so widersprüchlichen Zusammenschluß nicht anders zu vermuten, kamen auch hier die divergierendsten Motive zusammen. Sie setzten oft bei Erfahrungen an, die dieser oder jener in seinem persönlichen oder beruflichen Umkreis mit der Rechtsverachtung und brachialen Bedenkenlosigkeit des Regimes gemacht hatte, weiteten sich aufgrund des einmal geschärften Blicks ins Grundsätzliche und waren durch ein von Fall zu Fall unterschiedlich starkes moralisches, religiöses oder nationales Empfinden unterbaut.

Allein zwanzig der Angeklagten aus den verschiedenen Gruppen der zivilen wie der militärischen, der nationalkonservativen, bürgerlichen oder sozialistischen Richtung haben im Verhör durch die Gestapo oder vor dem Volksgerichtshof die Judenverfolgungen als den grundlegenden Anstoß für ihre aktive Gegnerschaft angeführt, andere die Abschaffung der Verfassungsrechte, das staatliche Willkürregiment, den Kampf gegen die Kirchen. In engem Zusammenhang damit, wenn auch ins Grundsätzliche erweitert, wurden religiöse Motive benannt. Sie traten naturgemäß besonders bei den Theologen hervor, wie dem Jesuitenpater Alfred Delp, Dietrich Bonhoeffer sowie bei den Kreisauern. Was sie alle einte, kam in Hans-Bernd v. Haeftens Äußerung vor dem Volksgerichtshof zum Ausdruck, daß Hitler »ein großer Vollstrecker des Bösen« sei. Eugen Gerstenmaier, der zu den führenden Köpfen des Kreisauer Kreises gehörte, hat diese Bemerkung »das entscheidende Wort des ganzen Widerstands« genannt, aus dem sich das Weitere wie eine Christenpflicht ergab.

Am schwierigsten hatten es sichtlich diejenigen, die ihre Gegnerschaft auf überwiegend nationale Motive stützten. Ihr Dilemma rührte nicht allein daher, daß Hitler auch ein Exzeß jenes nationalstaatlichen Denkens war, in dem sie selber sich bewegten, sondern daß seine Erfolge während geraumer Zeit zugleich den eigenen Bestrebungen entsprachen. Von der Eingliederung Österreichs bis zum Sieg über Frankreich wird in den Aufzeichnungen und Berichten wieder und wieder der verwirrende Konflikt spürbar, in den die Hassell, Stieff oder Schulenburg sich als Zeitgenossen einer von nationalen Gefühlen beherrschten Epoche hineingerissen sahen: die tiefe Kränkung des Landes und seines Namens durch ständig neue Unrechtsakte einerseits und der Stolz auf seine zunehmende Größe und hegemoniale Macht andererseits. Der immer neue Zwiespalt stürzte sie in ein kaum entwirrbares Durcheinander der Empfindungen, so daß sie den Sieg des eigenen Landes ebenso fürchteten wie dessen Niederlage.

Um so beeindruckender ist die Entschiedenheit, mit der sie an ihrer Gegnerschaft festgehalten haben, und jene späteren Stimmen, die sie dennoch für ihren Widerstreit der Gefühle tadeln, wissen zu wenig von der Liebe zum eigenen Land und daß sich auch lautere Beweggründe dafür ins Treffen führen ließen.

General Friedrich Olbricht jedenfalls, einer der Hauptakteure des Staatsstreichunternehmens, entschloß sich auf dem Höhepunkt der Machtausdehnung Hitlers zum tätigen Widerstand. Wiederholt, zuletzt noch am Abend des 20. Juli, als das Scheitern der Erhebung zur Gewißheit geworden war, hat er bekannt, er sei von der »unendlichen Sorge um unser Vaterland« getrieben gewesen und jetzt bereit, dafür auch zu sterben.

Der Abstand der Gegenwart nicht nur zu solchen Formulierungen, sondern zu der ganzen Empfindungswelt, die sich dahinter auftut, ist unübersehbar. Dennoch kann, wer einiges historisches Einfühlungsvermögen besitzt, nicht ohne Bewegung lesen, wie Ulrich v. Hassell im Juli 1944, als mache er sich zum Abschiednehmen auf, nach Friedrichsruh fährt, das Mausoleum Bismarcks aufsucht und in verzweifeltes Nachsinnen gerät: über das töricht-falsche Bild des »Gewaltpolitikers«, das die Deutschen von Bismarck in der Welt verbreitet, sich aber auch selbst zu eigen gemacht hätten, »kaum zu ertragen«, klagte er, »ich war dauernd an Tränen beim Gedanken an das zerstörte Werk«.

Unterschiedlich wie die Beweggründe waren auch die Formen der Opposition. Sie reichten von der bloß schweigenden oder sich entziehenden »Resistenz« über zahlreiche Hilfeleistungen für Diskriminierte oder Verfolgte bis zur Staatsstreichplanung. Einfach sind die Beispiele einer von Beginn an nie erschütterten Verneinung vor allem bei den politischen Gegnern wie Julius Leber oder Carlo Mierendorff, bei den Kreisauern, dem Chef der Heeresleitung Kurt v. Hammerstein oder dem Oberst Hans Oster. Etwas komplizierter fällt das Urteil bei den gebrochenen Biographien des Mertz v. Quirnheim aus, des Staatswissenschaftlers Jens Peter Jessen oder Fritz-Dietlof v. d. Schulenburgs, deren anfänglich emphatische Zustimmung zu Hitler in Enttäuschung, Zorn und schließlich erbitterte Ablehnung umschlägt. Wiederum anders verhält es sich mit Ernst

v. Weizsäcker, dem Staatssekretär des Auswärtigen, der sich auf die halsbrecherische Gratwanderung zwischen Anpassung und Widerstand mit allen unausbleiblichen Illusionen und Verstrikkungen begab, noch einmal anders bei Graf Helldorf, einem Mann von derbem, landsknechtmäßigem Zuschnitt, der nicht ohne Grund in der SA aufgestiegen und zum Polizeipräsidenten von Berlin geworden war, und fast unlösbar bei dem SS-Gruppenführer Arthur Nebe, der einer der Schöpfer des totalen Polizeistaats war, zugleich Befehlshaber der Einsatzgruppe B, und sich doch seit seiner engeren Bekanntschaft mit Hans Oster während der späten dreißiger Jahre im Umkreis des Widerstands findet. Kein Fall gleicht dem anderen, auf jeden fällt ein besonderes Licht und über alle der Schatten jener Jahre.

Bereits diese knappen Andeutungen lassen erkennen, daß die Opposition gegen Hitler, trotz der Querverbindungen, wie sie durchweg zwischen den einzelnen und vielfach zwischen den Gruppen bestanden, keinen noch so weiten gemeinsamen Nenner hatte und keine verbindende Idee. Es gab nur eine Anzahl elementarer Maximen, die das Stück festen Grundes waren, auf dem sie standen: kein Teil haben an der Gewalt, auch nicht an der narkotisch gesteuerten Besinnungslosigkeit ringsum, sich das Bewußtsein für Recht und Unrecht erhalten. Im Oktober 1944 schrieb Helmuth v. Moltke aus der Zelle an seine beiden Söhne: »Ich habe mein ganzes Leben, schon in der Schule, gegen einen Geist der Enge und der Gewalt, der Überheblichkeit und des Absoluten, erbarmungslos Konsequenten angekämpft, der in den Deutschen steckt und der seinen Ausdruck in dem nationalsozialistischen Staat gefunden hat. Ich habe mich auch dafür eingesetzt, daß dieser Geist mit seinen schlimmen Folgeerscheinungen wie Nationalismus im Exzeß, Rassenverfolgung, Glaubenslosigkeit, Materialismus überwunden werde.«

Der Gewissensernst und die moralischen Grundsätze, denen

jeder einzelne Beteiligte sich unterwarf, haben dem Widerstand den Zug ins Unbedingte und die innere Stärke gegeben. Aber gleich jenseits davon begannen die Meinungsverschiedenheiten. Zu jeder Position gab es den Widerspruch, gegen den sich andere Widersprüche erhoben, endlos, ins Prinzipielle sich weitend, alles hochspekulativ, aber doch der Klärung bedürftig, wie jeder glaubte, und, wie die Grundsatzfragen im Reich des Geistes immer, durch keinen Kompromiß aus der Welt zu schaffen.

In dieser Neigung zum Skrupulösen, gedanklich Umständlichen liegt wohl auch die Ursache für die eigentümliche Tatschwäche, die am deutschen Widerstand des öfteren bemerkt worden ist, und im Rückblick stellt er sich als ein anhaltendes, leidenschaftliches Selbstgespräch dar. Wer sich sein Bild vor Augen ruft, wird es am anschaulichsten in den beharrlich debattierenden, tief in ihre Gründe und Gegengründe verstrickten Gesprächsrunden entdecken. Unaufhörlich jedenfalls brachten die Verschwörer immer andere Denkschriften hervor, Verfassungskonzepte, Neuordnungsgedanken. Walter Bargatzky, der zu den Mitverschworenen im Stab Karl-Heinrich v. Stülpnagels in Paris gehörte, war fassungslos über diese Problematisierungsmanie, die, wie er meinte, den Sinn für »die Hauptsache« vermissen ließ: nämlich, daß es einfach ein Ende haben müsse mit dem Hitler-Regime und alles Weitere die Sorge eines anderen Tages sei.

Wie deutsch die in diesem Gedankeneifer zum Ausdruck kommende Neigung tatsächlich war, lehrt ein Blick nach Italien. Als Dino Grandi sich am 25. Juli 1943 zur Sitzung des faschistischen Großrats begab, auf der Mussolini gestürzt werden sollte, hatte er zwei Handgranaten bei sich. Am Eingang des Saales zum Palazzo Venezia war das erste Mitglied des Rates, auf das er stieß, Cesare de Vecchi. Da Grandi fürchtete, Mussolini werde sich zur Wehr setzen und womöglich auf ihn schießen, fragte er de Vecchi kurzentschlossen, ob er eine der Granaten übernehmen und notfalls auf den Duce werfen wolle, und de Vecchi willigte augenblicklich und ohne irgendeine Gegenfrage ein. Es war vermutlich die Hauptschwäche des deutschen Widerstands der frühen Phase, daß er keinen Grandi hatte und selbst einen de Vecchi nicht, und jeder Tatentschluß erst umfassender Erörterungen bedurfte.

Nicht einmal über die Hauptfrage, ob Hitler kurzerhand im Gewaltstreich beseitigt oder nicht rechterdings verhaftet und vor Gericht gestellt werden müsse, konnten die Verschwörer ein Einverständnis erzielen. Die Wucht der philosophischen, moralischen und religiösen Einwände gegen die Attentatsidee wog schwer, und selbst die Rechtfertigungslehre über den Tyrannenmord kam nicht dagegen an. Eine Mehrheit jedenfalls war die längste Zeit dagegen oder doch voller Bedenken. Beck hat für sie alle gesprochen, als er erklärte, der Neuanfang, zu dem sie sich entschlossen hätten, dürfe sich nicht gleichsam im Gründungsakt mit Blut »beflecken«. In der Tat ist es wohl so, daß sich der Widerstand ohne das Hinzutreten Stauffenbergs im Glück seiner gedankenschweren Ausweglosigkeit ganz und gar verloren hätte.

Das wirft die Frage nach den Hemmnissen auf, die viele Offiziere davon abhielten, sich dem Kreis der Verschwörer anzuschließen. Zunächst widersprach ein solches Vorhaben allen Traditionen und Denkgewohnheiten, und bezeichnenderweise haben sich aus der höheren Generalität, die noch überwiegend vom älteren Herkommen geprägt war, nur zwei Offiziere an dem Unternehmen beteiligt. Vereinfachend gesprochen, war der 20. Juli denn auch die Tat von Obersten, die als ihre Pflicht erkannten, wozu Generäle und Feldmarschälle nicht bereit waren: Stauffenberg hat auf diesen Unterschied ausdrücklich hingewiesen. Die Mehrheit der Offiziere dagegen, auch diejenigen, die dem Regime mit Vorbehalten oder sogar in scharfem Widerspruch gegenüberstanden, hat sich allen Aufforderungen gegenüber auf Eid und Gehorsam zurückgezogen und sich zu bloßen Spezialisten für das Waffenhandwerk erklärt. »Schlägt den Kragen hoch und sagt: ›Ich habe zu gehorchen!‹«, hat Ulrich v. Hassell in einer bitteren Tagebuchnotiz über den Feldmarschall v. Brauchitsch geschrieben, und Stauffenberg hat sich ähnlich abfällig über Manstein geäußert, der zwar einräumte, daß Hitler das Land der Katastrophe entgegentreibe, aber seine Verpflichtung leugnete, dem entgegenzuwirken.

Man wird sicherlich berücksichtigen, daß Eid und Gehorsam für jene Generation noch eine Verbindlichkeit besaßen, die in dieser Strenge inzwischen nicht ohne Mühe nachzuempfinden ist, zumal dagegen ins Feld geführt werden konnte und geführt worden ist, daß Hitler seinerseits die Eidesverpflichtung ungezählte Male gebrochen hat. Dennoch läßt sich nicht übersehen, daß in der Mehrzahl der Fälle die Berufung darauf ein hohes Maß an Entscheidungsschwäche, Opportunismus und subalterner Gesinnung verbarg. Das gilt weniger für die Frontoffiziere, die stets von der Sorge um die ihnen anvertraute Truppe umgetrieben waren und begreiflicherweise die Zerreißprobe scheuten und die Folgen für die Front, die ein Staatsstreich nach sich ziehen konnte oder sogar mußte. Aber es galt für die Stabsoffiziere und ganz allgemein in den Jahren bis 1941 für die Zeit zwischen den Feldzügen. Da ist das Verhalten der Militärs, bei allen Ausnahmen, die es auch gab, eine einzige Abfolge von Ausflüchten und Unterwerfungsgesten, auf die nur selten ein versöhnliches Licht fällt.

Viele Offiziere haben sich nach dem Krieg zu ihrer Rechtfertigung auf ihre Pflicht zu unpolitischem Verhalten berufen, das ihnen gerade von ihren schärfsten Kritikern stets nahegelegt worden sei. Das Argument verkennt jedoch, worum es eigentlich geht. Denn der Vorwurf zielt viel eher auf die fehlende Verantwortung fürs Ganze sowie auf das ausgeschaltete moralische Empfinden. Als Hitler am 30. März 1941 der versammelten Generalität ankündigte, er werde den Feldzug gegen die Sowjetunion außerhalb aller üblichen Regeln als »Vernichtungskrieg« führen, waren die Anwesenden zwar bestürzt. Aber keiner der annähernd dreihundert Offiziere zeigte sich bereit, irgendeine Konsequenz zu ziehen. Und als im Mai die entsprechenden Befehle ergingen, hat Henning v. Tresckow so verzweifelt wie vergeblich versucht, die Oberbefehlshaber der drei Heeresgruppen im Osten zum geschlossenen Rücktritt zu veranlassen: dies in der zutreffenden Erwägung, daß Hitler wenige Wochen vor Beginn des Feldzugs, bei schon anlaufenden Aufmarsch-Operationen, gezwungen sein werde, nachzugeben. Die Gründe für seinen Mißerfolg hat General Halder in seinem Kriegstagebuch durch eine Bemerkung von Admiral Canaris, dem Chef der Abwehr, festgehalten: »Offiziere zu schlapp. Kein menschliches Eintreten für unrecht Verfolgte.«

Gewiß kamen noch weitere Gründe hinzu: die Sorge beispielsweise, daß der Staatsstreich zum Bürgerkrieg führen und die Fronten brechen lassen werde, ferner die im Krieg fließend werdende Grenze zwischen dem zumindest nicht ehrenrührigen Hochverrat und dem Kapitalverbrechen des Landesverrats sowie anderes mehr. Ein Blick sollte aber doch fallen auf das Motiv, das viele zusätzlich zögern ließ: daß nämlich aller Widerstand selbst noch im Jahre 1944 ein »Widerstand ohne Volk« war und vermutlich sogar gegen das Volk. Für das gegenwärtige Bewußtsein und seine Tendenz zur Mythologisierung des »einfachen Mannes« ist das eine störende Einsicht, und doch war es so. Erkundungen, die Julius Leber, Pater Delp und andere 1943 eingeholt hatten, zeigten, daß selbst die Industriearbeiterschaft, womöglich nicht zuletzt angesichts der Schrecken des Bombenkriegs, so nahe an das Regime herangerückt war wie selten zuvor. Auch die insoweit meist zuverlässigen Gestapo-Berichte offenbaren gerade nach dem 20. Juli 1944 sogar für Hitler persönlich einen Zuwachs an Popularität, und nicht zu Unrecht konnten Goebbels oder Robert Ley triumphierend verbreiten, daß das Volk »nicht mitgemacht« habe. Zwar war es nun nicht mehr die Begeisterung früherer Jahre, sondern eher Dumpfheit, Angst und ein Gefühl schicksalhafter Verkettung, was die Masse und das Regime zusammenband. Und vielleicht auch die vage Hoffnung, daß dieser Mann, der so oft in der Vergangenheit gegen alle Wahrscheinlichkeit einen Ausweg gefunden hatte, auch diesmal auf die eine Lösung kommen könnte, die doch noch alles, wenn nicht zum Guten, so doch zum Hinnehmbaren wenden werde.

So ist der Entschluß zum Widerstand stets ein Entschluß zum Übertritt in ein gesellschaftliches Abseits und oft auch in die menschliche Einsamkeit gewesen. Er verlangte den Rückzug auf wenige Gleichgesinnte und nach außen den Abbruch gewachsener Beziehungen, beruflicher und nachbarschaftlicher Verbindungen. Zudem nötigte er zu immerwährendem Argwohn, zu Verstellung und Zweideutigkeit, und bedeutete darüber hinaus die stete Gefährdung von Angehörigen und Freunden. Moltke hat in einem Brief an einen englischen Freund vom Juni 1942 die tausend Schwierigkeiten und Umstellungen im Alltäglichen beschrieben, zu denen er und sie alle gezwungen waren. Wie weit sie reichten, geht unter anderem daraus hervor, daß zwei der Hauptverschwörer, Hans Oster und Henning v. Tresckow, sich trotz der ungezählten Einzelfragen, die sie in Vorbereitung des Umsturzes beständig klären und abstimmen mußten, nie persönlich getroffen oder gesprochen haben.

Alle diese Bewandtnisse zusammen haben die Beteiligten in die Isolierung gedrängt und dem Widerstand den auffällig individuellen und sogar introvertierten Zug verschafft. Man hat später oft bemängelt, daß seine führenden Köpfe keinen weiten und offenen, in die Welt gewandten Blick gehabt hätten. Namentlich ihre Ordnungsentwürfe für die Zeit nach Hitler seien entweder autoritär-staatlichen oder aber sozial-utopischen, in jedem Fall charakteristisch verengten »deutschen« Lösungsmodellen verhaftet gewesen: dem vertrauten obrigkeitsstaatlichen Bild hier oder jenem wirklichkeitsenthobenen hohen Gedankenflug dort – das eine oder das andere, deutsche Tradition in der Tat. Und das alles von äußerstem metapolitischem Ernst getragen, es gab kein Abhandeln. Wenn man den Widerstand einen »Aufstand des Gewissens« genannt hat, war er es auch in diesem, politisch eher problematischen Sinn.

Kein solcher Einwand kann den moralischen Rang des Entschlusses zur Gegnerschaft gegen das übermächtige Regime schmälern. Stets muß man die Zukunftspläne der Beteiligten vor dem Hintergrund der persönlichen historischen Erfahrung sehen, deren Gefangene wir alle zu jeder Zeit sind. Die ihre war insbesondere geprägt durch das Scheitern von Weimar und durch jenes Hitler-Regime, das den meisten, bis hin zu den Sozialdemokraten, mit einer gewissen Zwangsläufigkeit aus den Unzulänglichkeiten dieser glücklosen Republik hervorgegangen schien. Daß jedes demokratische System, der Tendenz nach, dem Scheitern entgegendränge, hielten sie für eine unwiderlegliche und zudem durch das eigene Erleben beglaubigte Erkenntnis, gegen die nur die Blindheit aufbegehrte. Der Blick ins Freie, in Länder mit anderen Traditionen und gelungenen Beispielen demokratischer Verfassungspraxis war ihnen auf eine vielleicht unvermeidliche Weise verstellt. Immer wieder jedenfalls drängt sich dem Betrachter der Eindruck einer von jenen politischen Erfahrungen überwältigten Ratlosigkeit auf. Jedenfalls stößt man auf wenig Zuversicht, die immensen Probleme, die da heranrückten, je bewältigen zu können.

Dieser Mangel an Zutrauen war womöglich die tiefste Ursache ihres Scheiterns. Fast keiner aus dem engeren Kreis der Verschwörer räumte selbst der ersten, unmittelbar bevorstehenden Aufgabe: dem Attentat und dem nachfolgenden

Staatsstreich, große Erfolgsaussichten ein. Selbst Stauffenberg nicht, und auch nicht Tresckow, Caesar v. Hofacker, Schulenburg. Von ihnen allen sind Äußerungen überliefert, die den Fehlschlag vorhersagen. Dem genaueren Blick entgeht überhaupt der Ausdruck strenger, seltsam todgeweiht wirkender Melancholie nicht, der über dem Gruppenbild der Verschwörer liegt. Von Yorck wird berichtet, er sei »in den letzten Wochen von einem tiefen Ernst und großer Traurigkeit« gewesen, und Adam v. Trott sagte in den Tagen vor dem Attentat: »Wenn dieser Koloß Hitler zusammenbricht, reißt er uns alle mit in die Tiefe ...«

Im Grunde wußte jeder, daß sie ohne ernsthafte Erfolgschance waren. Selbst ein gelungenes Attentat befreite das Land noch nicht aus dem Griff der Machthaber. Vielmehr löste es lediglich die Eidesbindung und damit die Erstarrung der höheren Offiziere aus ihrem moralischen Immobilismus. Aber wer weiß, was dann zum Vorschein gekommen wäre? Überdies gab es noch den Apparat der Partei, die SS mit immerhin einer erheblichen militärischen Streitmacht, die politische Polizei sowie andere, auch exekutive Machtzentren mehr. Entschieden war, wenn das Codewort »Walküre« ausgegeben wurde, jedenfalls noch nichts. Vielmehr begann der Kampf dann erst, und sein Ausgang war, angesichts der Machtverhältnisse und der undurchsichtigen Loyalitätsempfindungen auf allen Seiten, überaus ungewiß.

Bis zum Zeitpunkt der Invasion Anfang Juni 1944 hatten die Verschwörer noch gehofft, für die Selbstbefreiung des Landes von Hitler ein politisches Zugeständnis erreichen zu können: einen Verhandlungsfrieden oder eine Kapitulation nur nach Westen bei fortgeführter Verteidigung gegen die Rote Armee im Osten. Zwar hatten Amerikaner und Engländer schon im Januar 1943 auf der Konferenz von Casablanca die »Bedingungslose Kapitulation« verkündet, doch hoffte zumal Stauffenberg, daran vorbeizukommen. Am Ende mußte auch er einsehen, daß nichts dergleichen durchzusetzen und durch einen Umsturz kein noch so geringes Entgegenkommen von seiten der Gegner zu erreichen war.

Warum dann dennoch die Tat? Warum nicht, wie einzelne Stimmen auch im engsten Kreis immer wieder rieten, einfach abwarten, das Regime seinen Weg bis zum verdienten Ende gehen lassen und sich selber bewahren für die Zeit danach? Das entscheidende Wort hat Tresckow gesprochen, als Stauffenberg kurz nach der Invasion bei ihm anfragen ließ, ob denn Attentat und Umsturz noch einen Sinn hätten, da so offensichtlich nichts mehr damit zu bewirken war. »Das Attentat«, ließ Tresckow ausrichten, »muß erfolgen, coûte que coûte. Sollte es nicht gelingen, so muß trotzdem gehandelt werden. Denn es kommt nicht mehr auf den praktischen Zweck an, sondern darauf, daß die deutsche Widerstandsbewegung vor der Welt und vor der Geschichte unter Einsatz des Lebens den entscheidenden Wurf gewagt hat. Alles andere ist daneben gleichgültig.«

Gordon Craig hat die Akteure des Widerstands »Romantiker« genannt, und das waren sie wohl auch, wie nicht zuletzt diese Äußerung in ihrem eigentlich unpolitischen, nur noch auf die große moralische Geste zielenden Charakter zeigt. Aber der kritische Unterton, den der Einwand mitführt, nimmt den Verschwörern zugleich, was ihrem verzweifelten, von keinem Kalkül erreichbaren, womöglich sogar überspannten Vorhaben erst den historischen Rang verleiht.

Denn gerade die Aussichtslosigkeit, gegen die sie sich zur Tat entschlossen, hat dem Widerstand die ihm eigene Größe gegeben. Er war der »Aufzug des verlorenen Postens« (Rüdiger Altmann). Ohne jeden Beistand im Innern und ohne die geringste Ermutigung von außen, hat er am Ende seinen Kampf für kein nationales, konkret politisches oder wie immer geartetes Interesse mehr geführt, sondern nur noch für die allgemeinsten, abstraktesten Begriffe wie Würde, Gerechtigkeit, Verantwortung, Selbstachtung.

Zuletzt kam es nicht einmal mehr auf Erfolg oder Mißerfolg an, sondern nur noch darauf, ein Zeichen zu setzen und durch einen demonstrativen Akt der Verneinung Widerspruch einzulegen gegen Hitler und alles, was er und seine Herrschaft bedeuteten. Insoweit war der 20. Juli vor allem eine symbolische Tat. Die Einwände, die gegen die Aussichtslosigkeit des Unternehmens erhoben worden sind, gegen manche Unzulänglichkeiten der Planung und Ausführung sowie überhaupt die Urteile nach den Kategorien des Erfolgs, gehen an den Intentionen der Verschwörer im wesentlichen Punkt vorbei. Ohne Übertreibung kann man sagen, daß die Entscheidung auf nichts weniger als den Entschluß zu einem Opfergang hinauslief. Schulenburg hat diesem Gedanken am späten Abend des 20. Juli, als noch einmal Fluchtgedanken auftauchten, offen Ausdruck gegeben: »Wir müssen«, sagte er zu einem der jungen Offiziere in der Bendlerstraße, »diesen Kelch bis zur Neige leeren. Wir müssen uns opfern.«

Aus diesem Grunde wog der Vorwurf des Hochverrats, des Eidbruchs oder der Meuterei, wie sehr er allen auch zu schaffen machte, vergleichsweise leicht, und kein Zweifel am Gelingen des Umsturzversuchs vermochte die Verschwörer jetzt noch zurückzuhalten. Der Sinn des 20. Juli lag einzig in der Tat selber, sie trug ihre Rechtfertigung in sich. Das ist der Schlüssel, ohne den das Geschehen jenes Tages ganz und gar unverständlich bliebe. Ein Fehlschlag tat der Idee, die dahinterstand, keinen Abbruch, und mitunter scheint es sogar, als hätten die Frondeure im Gegenteil geglaubt, daß ein Scheitern ihre Tat nur in noch reinerem Licht hervortreten lasse. Wie sehr solche tatsächlich romantischen Motive ihr Verhalten mitbestimmten, lehrt neben allem anderen auch die Gefaßtheit, mit der sie sich, als in den folgenden Tagen die großangelegten Verhaftungsaktionen einsetzten, ihren Verfolgern stellten oder ihnen sogar entgegengingen.

Bezeichnenderweise hatten sie ihren großen Augenblick vor Gericht, als die Gewichte des Wirklichen sie nicht mehr beschwerten und der reine Gedanke, die Grundsätze und die Bekenntnisse zu Wort kamen. Sie nutzten die geringe Chance, die der entwürdigend gedachte Verfahrensgang und ein tobender Präsident des Volksgerichtshofs ihnen ließen. Als Unterlegene kehrten sie die Situation um und entwanden dem Regime die Möglichkeit, die Prozesse zu einem massenwirksamen Spektakel zu machen. Die rasch kleinlaut werdende und bald ganz und gar eingestellte Berichterstattung über die Gerichtsverfahren war der wohl schwerste Rückschlag, den die Machthaber auf dem Feld der Propaganda, auf dem sie sich aller Welt überlegen dünkten, überhaupt je erlitten haben.

Man hat mit Blick auf den Widerstand vom »Elend der Vergeblichkeit« gesprochen, und von außen und den praktischen Zwecken nach geurteilt, trifft das sicherlich zu. Auch historisch blieb er folgenlos. Daran ändern auch die europäischen Zukunftsideen nichts, wie sie vor allem im Kreisauer Kreis vorausgedacht wurden, weil niemand daran angeknüpft, niemand sich darauf berufen und, über die marginalen Gruppen der Fachleute hinaus, kaum einer überhaupt davon gewußt hat. Wenn es so etwas wie ein Vermächtnis des Widerstands gab, war es der antitotalitäre Konsens, der die politischen Lager der Bundesrepublik über alle Grundsatz-Kontroversen der Anfangsjahre hinweg verband. Er hat bis zu Beginn der siebziger Jahre als verbindendes Element gewirkt, ehe er von einer jüngeren Generation, die auf der Zurückweisung der Geschichte und ihrem Recht zur Unwissenheit bestand, in Frage gestellt wurde.

Die Literatur über den Widerstand hat gelegentlich die Frage erörtert, was ein erfolgreicher Verlauf des 20. Juli am Gang der Dinge geändert hätte. Die übereinstimmend gefundene ernüchternde Antwort lautet, so viel wie nichts. Denn es hätte keinen Wechsel der Kriegsziele auf alliierter Seite gegeben, keinen Verzicht auf die Forderung nach bedingungsloser Kapitulation und sicherlich nicht auf den späten in Jalta gefaßten Beschluß zur Besetzung und Aufteilung des Landes. Vermutlich auch, im Gegensatz zu vielen nie zum Schweigen gebrachten Befürchtungen, keine Dolchstoßlegende. Zu groß war die Spur der Verbrechen, die das Regime hinterlassen hat.

An der Vergeblichkeit seiner Anstrengungen und seinen unerfüllten Hoffnungen ist der Widerstand aber nicht zu messen. Alles, was ihn ausmacht, liegt außerhalb auch der politischen Kalküle. Er hat den Lauf der Dinge nicht beeinflußt und doch das Urteil über jene Jahre von Grund auf verändert. Denn die Akte der Selbstachtung und der moralischen Unbeirrbarkeit sind auch in der Geschichte. Äußerungen von Beck, v. d. Schulenburg, Goerdeler und anderen verweisen auf den Unterschied, den es für den Ruf des Landes und seine Rückkehr in die Welt mache, ob das Regime von außen zerschlagen oder von innen abzuschütteln versucht werde. Moralisch wiegt der Versuch auch weniger einzelner soviel wie der Erfolg. Womöglich hat niemand anders als Hitler selber diesen Charakter des Vorgangs erkannt. In einer Lagebesprechung von Ende Juli 1944 bemerkte er, die Tat »der verfluchten kleinen Clique« sei »nicht als Einzelakt aufzufassen«, sondern als »Symptom für eine innere Kreislaufstörung« in dem »Hunnenkampf«, den das Schicksal ihm aufgetragen habe.

Diese Störung der Welt bewußt zu machen und zu zeigen, daß der Ruin des Landes nicht widerspruchslos hingenommen wurde, war alles an Hoffnung, was den Verschwörern zuletzt verblieb. Vielleicht wirkte, worauf sie setzten, in seiner Moralität zu hochgesteckt und zu prinzipiengelenkt, um damals wie später eine größere Öffentlichkeit in ihrem Phlegma zu erreichen. Es gibt aber eine Überlegung, die selbst dem von den

Grundsätzen weniger erreichbaren oder doch wirklichkeitsnäheren Sinn einleuchten kann. Zu den beherrschenden Absichten der Akteure zählte stets, so viel an menschlicher und materieller Substanz wie möglich, und sei es in letzter Stunde, aus dem selbstzerstörerischen »Hunnenkampf« zu retten, von dem Hitler gesprochen hatte.

Eine erst seit einiger Zeit zugängliche Denkschrift nennt die Opfer innerhalb der deutschen Bevölkerung, die im Verlauf des Krieges ihr Leben verloren, Wehrmachtsangehörige und Zivilisten. Ihre Zahl betrug während der annähernd fünf Jahre zwischen dem 1. September 1939, dem Tag des Kriegsbeginns, und dem 20. Juli 1944 etwas über 2,8 Millionen. In den verbleibenden kaum zehn Monaten vom 21. Juli 1944 bis zum Ende des Krieges Anfang Mai 1945 hingegen 4,8 Millionen. Noch beklemmender ist der daraus errechnete Durchschnitt der täglichen Opfer vor und nach diesem Datum. In der Zeit bis zu dem Staatsstreich, der Hitler beseitigen und den ersichtlich verlorenen Krieg beenden sollte, kamen auf den Tag umgerechnet 1588 Menschen ums Leben, in den wenigen folgenden Monaten bis Kriegsende mehr als das Zehnfache, nämlich 16641 Menschen täglich, auch hier wiederum nur Personen deutscher Staatsangehörigkeit berücksichtigt.

Hinzu kommt die Zerstörung der Städte, Industrieanlagen, Denkmäler. Vernichtet wurden, meist nach voraufgegangenen und schon von erheblichen Zerstörungen begleiteten Angriffen Stuttgart, Darmstadt, Braunschweig, Würzburg, Kiel, Hildesheim, Ulm, Mainz, Dresden und Potsdam. Daneben lief der Luftkrieg gegen die übrigen, durch den inzwischen vollständigen Zusammenbruch der deutschen Luftabwehr schutzlos preisgegebenen Städte nahezu ungehindert weiter. Insgesamt übertrafen die Bombenkriegsschäden des letzten Dreivierteljahres die Zerstörungen der fast neunundfünfzig voraufgegangenen Monate ebenfalls beträchtlich, nicht zu sprechen von den ungezählten Opfern sowohl der bis zuletzt weitergeführten Vernichtungspolitik des Regimes als auch des Krieges in den übrigen Ländern.

Trotzdem bleiben Sinn und Bedeutung des Widerstands dem Blick der Öffentlichkeit noch immer auf seltsame Weise verborgen. Weniges hat das so sichtbar gemacht wie der unlängst ausgebrochene Streit über die Ausstellung in der Gedenkstätte im Bendlerblock. Es ist ein horrender Ausdruck des Mißverständnisses alles dessen, was den Widerstand gegen Hitler motiviert hat, wenn man Ulbricht und Pieck in eine Reihe mit Goerdeler, Stauffenberg oder Bonhoeffer stellt. Nur ein gänzlich sinnentleerter, formalistischer Widerstandsbegriff kann soweit gehen, das eine mit dem anderen auf so unterscheidungslose Weise zu vermengen.

Natürlich waren Ulbricht und Pieck Gegner Hitlers. Doch was wir »Widerstand« nennen, hatte bei aller Verschiedenheit einen verbindenden festen Grund: die Prinzipien einer universalistischen Moral, der es um Freiheit, Recht und Menschenwürde ging. Sie sind das einzige, aber auch ausreichende Kriterium. Und mit diesem Ethos haben diejenigen nichts zu schaffen, die nur die unterlegenen totalitären Rivalen Hitlers waren. Insofern zeugt dieser Streit von jenem verlorenen Standortbewußtsein, an dem die Gesellschaft der Bundesrepublik in so vieler Hinsicht krankt, ihrem Mangel an Wertvorstellungen. Es ist eine postmoderne Gesinnung, die dabei durchschlägt, in der das eine so viel wie das andere wiegt, Diktatur oder Rechtsstaat, Verantwortung oder ideologisch verbrämter Machthunger, schließlich auch Standhalten oder Versagen: Alles ist am Ende gleich und folglich gleich unwichtig.

Aufs Ganze gesehen haben die von Zeit zu Zeit aufflackernden Debatten über den Widerstand vor allem eine Argumentationslinie erkennbar gemacht, die aber die Sache im Kern verfehlt. Sie formte sich im politischen Streit über die Frage, wer ihm zuzurechnen sei, und lief im Grunde auf die Forderung hinaus, daß der »reaktionäre Konservatismus«, der in den Aktivitäten gegen das Regime eine vermeintlich so beherrschende Rolle spielt, ein Zugeständnis auf der entgegengesetzten Seite, beim sozialistischen Widerstand, erforderlich mache. Die Auseinandersetzung darüber war vor allem in der Kalamität begründet, daß der im engeren Sinne »linke« Widerstand kein symbolisches Ereignis und kein Datum vorweisen kann, in dem sich die Entschlossenheit und die Opferbereitschaft derer, die ihm angehörten, wie beim 20. Juli in einem Brennpunkt sammeln ließen. Doch sind die Anwälte des »konservativen« Bildes dabei so sehr im Unrecht wie ihre Gegner. Denn gerade über die Frontstellung »links« und »rechts« war der Widerstand lange hinaus, Namen wie Julius Leber, Stauffenberg, Goerdeler, Mierendorff, Moltke, Wirmer und zahlreiche weitere stehen als einzelne wie als Gruppe weit jenseits solcher lange verschlissenen Kategorien. Nichts zeigt deutlicher, wie sehr die Bundesrepublik, zumindest ideologisch, in den Gräben der vorhitlerschen Vergangenheit verharrt und deren Konflikte in Geisterkämpfen weiterführt.

Noch greifbarer wird dieser Anachronismus in den Fragestellungen einer sogenannten »alternativen« Geschichtsbetrachtung, deren oft kaum verhohlene Absicht dahin geht, den vorgeblich alten Führungsschichten das Widerstandsprivileg zu entziehen und sichtbar zu machen, wieviel Verstrickung noch aus deren Auflehnung sprach, während alle wirkliche Integrität beim »Mann von der Straße« war, dessen stilles Heldentum ohne Erinnerung und niemals in der Geschichte ist.

Richtig bleibt, daß das Bild jener Bundesrepublik, das den Verfassungsvätern von 1949 vorschwebte oder sich später, ergänzt um das Prinzip der sozialen Marktwirtschaft entwickelte, in den vielfältigen Verlautbarungen des Widerstands so gut wie nirgendwo auftaucht. Vielleicht war ein Staatswesen wie dieses im Horizont der dreißiger und frühen vierziger Jahre schlechterdings nicht vorstellbar: schon einige Jahre nach dem Untergang im Äußeren geschützt durch die derzeit noch erbittert anrennenden Kriegsgegner, begünstigt vom Wind einer jahrzehntelang anhaltenden Weltkonjunktur und dank zahlreicher weiterer glücklicher Umstände durch keine ernsthafte Krise je auf die Probe gestellt. Zudem stand der schwierige Übergang zu demokratischen Verhältnissen unter sozusagen gnädigen Vorzeichen. Denn die umstrittenen autoritär-staatlichen Konzepte, die in den Plänen zumal des konservativen Widerstands für die frühe Phase nach Hitler auftauchen und gern zum Beweis seiner politischen Unbelehrtheit ins Treffen geführt werden, sind dem Land infolge des Besatzungsregimes erspart geblieben. Der Weg in die neue Ordnung wurde zumindest der Bundesrepublik durch eine Art alliierter Entwicklungsdiktatur geebnet, und es gibt keinen vernünftigen Zweifel, daß die spätere Stabilität des Staatswesens zu einem erheblichen Teil eben darauf zurückgeht.

Gegen viele der grundsätzlichen Einwände ist auch zu bedenken, daß kein Widerstand je die gleichsam chemisch reine Abkehr von den Verhältnissen sein kann, gegen die er sich wendet. Zwangsläufig und geradezu dem Begriff nach ist er immer auch der Gefangene dessen, was er bekämpft. Doch hat die kritische Betrachtung dem Widerstand so viel Gerechtigkeit zumeist vorenthalten. Statt dessen bezeugte sie ihren tiefen Unwillen, die Gründe zu begreifen, die so viele nach Herkunft, Biographie und Lebenserfahrung unterschiedliche Personen zu Wahrnehmungen brachten, die dem derzeitigen Bewußtsein fremd anmuten. Nicht selten offenbart sich darin der charakteristische Hochmut von Nachgeborenen, der zusammengeht mit dem Unvermögen, historische Lagen nachzuempfinden und einem Denken die schuldige Anerkennung zu gewähren, das trotz aller Entfernung auch seinen Ernst, sein Recht und seine Würde hat.

Das alles soll nicht heißen, daß es zu den Vorgängen, Plänen und Hoffnungen der Beteiligten keine Meinungsverschiedenheiten geben darf: zu den Verstrickungen im Einzelfall, zu den Gesellschaftsbildern des Widerstands oder doch der verschiedenen Richtungen, auch zu seinen Illusionen, seiner Tatschwäche und dem doch noch gefundenen Entschluß zum Handeln. Die Fragen, die seinen Weg im Leben wie im Sterben begleitet haben, kamen früh zum Vorschein. Am Tag nach dem Attentat kehrte Emmi Bonhoeffer, die Frau Klaus Bonhoeffers, nach Berlin zurück und traf ihren Mann und ihren Bruder, Justus Delbrück, bei Aufräumarbeiten in der Ruine eines Nachbarhauses. Als sie sich zu einer Pause in den Trümmern zusammensetzten, fragte sie, ob denn nun irgendein Sinn in der Tat und dem Scheitern zu entdecken sei. Eine Zeitlang wußte keiner etwas zu erwidern. Dann gab ihr Bruder eine Antwort, die noch einmal das Pathos des Opfergangs hörbar machte: »Ich glaube, es war gut, daß es gemacht wurde«, sagte er. »Und vielleicht auch gut, daß es mißlang.« Es ist womöglich das treffendste Wort, das zu Attentat und Widerstand geäußert wurde. Denn es bringt die Ambivalenzen zum Vorschein, die nicht nur diesen Ereigniszusammenhang kennzeichnen, sondern zum Wesen aller verstandenen Geschichte gehören. Sie läuft fast niemals nur auf Verdammung oder Verklärung hinaus, sondern deckt stets das eine im anderen auf. Es ist schon viel, wenn die Dinge sich so einleuchtend entwirren lassen wie in diesem Fall. Selbst ein Mißlingen ist dann der Erinnerung wert.

# Schweigende Wortführer

*Überlegungen am Ende des Jahres 1989*

Mitunter ist das Stummsein sprechender als alles Reden. Zu den Auffälligkeiten des zurückliegenden Jahres gehört das Schweigen, mit dem das intellektuelle Milieu der Bundesrepublik auf die revolutionären Vorgänge in den östlichen Nachbarländern reagiert hat. Die Sache hat einen durchaus ironischen Aspekt. Denn die im Sommer begangene Zweihundertjahrfeier der Französischen Revolution, die einen Epochenbruch in toter, museal präparierter Form in Erinnerung rief, hat eine Flut von Publikationen und Veranstaltungen zur Folge gehabt. Die dabei bis zum Überdruß sich öffnenden Schleusen der Beredsamkeit machen das Schweigen über die derzeitige Revolution im Wirklichen nun um so lauter vernehmbar. Von respektgebietenden Ausnahmen abgesehen, haben die Intellektuellen gedanklich oder in der Empfindung daran so wenig teilgenommen, wie in den voraufliegenden Jahren an der gesamten Entzauberung des Sozialismus, die spätestens mit Solschenizyn einsetzte und in Leipzig oder Prag ihren vorläufigen Höhepunkt erreichte. Das kritische Bewußtsein ist in Sprachlosigkeit versunken und desavouiert noch im nachhinein das Pathos der moralisch-politischen Instanz, die es für sich reklamiert.

Das ist ein verblüffender Vorgang, der einige Überlegung verdient. Man kann ihn als Zeichen der Verlegenheit angesichts des Scheiterns einer Idee deuten, die mehr als irgendeine andere auf die Sympathie derer zählen konnte, die gesellschaftliche Beglückungsprojekte zu entwerfen lieben. Solange die Völker stillhielten, ließ sich das Schweigen überdies mit der Sorge um den friedenssichernden Status quo verbinden, so sehr dies am Ende auch auf die Rechtfertigung bestehender Unterdrükkungspraktiken hinauslief. Aber inzwischen ist dieser Begründungszusammenhang zerrissen und die Frage naheliegend, ob das Verstummen nicht tiefere Gründe hat.

Zu den Erstaunlichkeiten der revolutionären Prozesse des Jahres 1989 gehört nicht nur, sieht man von den tragödienhaften Geschehnissen in Rumänien ab, ihr insgesamt friedlicher Verlauf, der den klassischen, mit Insurrektion, Gewalt und bürgerkriegsähnlichen Zuständen verknüpften Revolutionsbegriff außer Kurs gesetzt hat. Dergleichen betrifft jedoch eher die Begleitumstände. Den wahrhaft verwirrenden, ins Zentrum zielenden Charakter erhielten die Ereignisse vielmehr angesichts der Tatsache, daß sie gerade nicht jenes Element sozialrevolutionärer Emphase enthalten, von dem so gut wie alle historischen Revolutionen der Neuzeit beherrscht waren. Die verschiedentlich anzutreffenden Versuche, die Vorgänge als eine Revolution des wahren Sozialismus gegen dessen Deformierung zu interpretieren, kehren die Dinge schlechterdings um.

Damit hat zu tun, daß es sich erstmals um eine Revolution ohne Vordenker, überhaupt ohne intellektuelle Beteiligung handelt, was vielleicht etwas von der Beklommenheit erklären hilft, die aus dem Schweigen spricht. Auch das macht einen tiefen Bruch sichtbar. Denn seit der Aufklärung, mit der die Unterminierung bloß überlieferter Herrschaftsverhältnisse einsetzt und die Macht sich auch vor der Vernunft zu rechtfertigen hat, haben alle Revolutionen ein gedankliches Vorläufertum gehabt, das einen radikal veränderten Geschichtsgang erdacht, begründet oder ersehnt und mitunter sogar dessen Verwirklichung organisiert hat. Selbst noch die nationalsozialistische Machtergreifung ist, als Revolution eigenen Zuschnitts, ohne eine Ahnenreihe mit bemerkenswerten Namen kaum zu denken, auch wenn ihr der Traktatenschund völkischer Pseudopropheten die weit grelleren Umrisse verschafft hat. Die derzeitigen Ereignisse aber fallen ganz aus dieser Tradition heraus. Die ungeheure Entfernung zwischen denen, die herkömmlicherweise das Wort führen, und den Akteuren auf den Straßen spiegeln einerseits die Ergebenheitsadresse des AStA der Freien Universität an Erich Honecker zum vierzigsten Jahrestag der DDR; und auf der anderen Seite der Fehlschlag jener Resolution »Für unser Land«, mit der Christa Wolf und andere die Eigenständigkeit der DDR zu behaupten versuchten und die im Echolosen untergegangen wäre, wenn ihr nicht Egon Krenz durch seinen Beistand einige unerbetene Resonanz verschafft hätte.

In Deutschland, Ost wie West, waren es demnach, im Unterschied zu Polen, der Tschechoslowakei und Rumänien, gerade nicht die Intellektuellen, die den 9. November, oder was ihm voraufging und folgte, vorbereitet und herbeigeführt haben. Eine Bewegung wie die Charta 77 hat es nie gegeben, nicht einmal vom sicheren Boden der Bundesrepublik aus, und vergebens sucht man so integre Fürsprecher der fundamentalen Bürgerrechte wie Václav Havel oder Mircea Dinescu unter ihnen. Vielmehr sind die meisten, selbst als das Beben schon spürbar war, der Opportunität gefolgt oder doch den Projekten der imaginären Paradiese, unerreicht von aller Misere der Menschen, die in den intellektuellen Verlautbarungen oft wie abgeschrieben wirkten. Am deutlichsten macht das die Haltung der Grünen sichtbar. Man kann der Idee eines deutschen Einheitsstaates mit manchen Vorbehalten begegnen; man kann die sogenannte deutsche Frage als Herausforderung zur Organisation einer größeren Friedensordnung begreifen, für die das zusammenwachsende Europa einen weiten, aber doch auch halbwegs festen Rahmen bereitstellt. Man muß, dies vorausgesetzt, gewiß auch darauf bestehen, daß das eine nicht vom anderen zu trennen ist. Etwas ganz anderes aber ist die Ungerührtheit, mit der, selbst in der Turbulenz der Novembertage, die meisten Sprecher der Partei dem Nachbarn verweigerten, was sie im Fernen gern einklagen. Es ist wohl falsch, wenn häufig gesagt wurde, darin offenbare sich ein Mangel an nationalem Empfinden. Damit kann man sich aus ernst zu nehmenden Gründen schwertun. Was weit stärker hervortrat, war der Mangel an elementarem, humanem Mitgefühl.

Vielleicht kommt im Blick auf die Grünen, die stärker als andere Gruppierungen die deutsche kulturpessimistische Tradition fortsetzen, etwas anderes hinzu, was zur Erklärung jenes Verstummens, das vom Gerede über die Zweistaatlichkeit nur unzureichend verdeckt wurde, beiträgt. Über ihre kümmernden Biotope gebeugt, auf Ozonlöcher und KKWs starrend, haben sie sich womöglich so unbeirrbar auf die Erwartung von Apokalypsen und pessimistischen Szenarien festgelegt, daß eine Wendung zum Besseren, irgendwo in der Welt, ihr Vorstellungsvermögen weit übersteigt. Mitunter meint man viele, die von dieser deutschesten aller deutschen Traditionen geprägt sind, noch wie gelähmt von der Erfahrung zu sehen, daß die Geschichte, einmal wenigstens, keine Katastrophe ausgebrütet hat.

Was überhaupt ins Auge fällt, ist der statische Charakter des Reagierens, das Festgelegtsein auf alte Rollen und Kategorien. Wer da heraustritt, sieht, wie früher Hans Magnus Enzensberger oder Martin Walser, erprobte Loyalitäten zerbrechen und Freunde zu Gegnern werden. Zwar hat der stürmische Verlauf der Ereignisse das Urteil im einzelnen oft erschwert, und immer wieder sah sich der Gedanke vom Geschehen überrollt. Die Indolenz jedoch, die das Schweigen und oft genug auch das Reden verrieten, ist etwas anderes und entsprach nur zu genau der Teilnahmslosigkeit, mit der schon in den Jahren zuvor, zur Zeit der Honecker-Herrschaft, die Menschen in jener Entrechtung alleingelassen blieben, von der man nicht erst weiß, seit es die Demonstranten für alle Welt unüberhörbar machten.

Die elementaren Menschenrechte haben jedenfalls, was die Bewohner der DDR angeht, in der Bundesrepublik auch auf seiten derer kaum Anwälte gehabt, die sich gern zu Sprechern dieser Rechte überall in der Welt machen, wie Joseph Rovan vor einiger Zeit nicht ohne befremdetes Erstaunen schrieb. Apathie und Anpassungswille wogen selbst dann noch schwerer, als das Regime schon aus den Fugen ging. Es macht etwas vom Rang Willy Brandts sichtbar, daß er frühzeitig die Bedeutung der Vorgänge erfaßt und, alle taktischen Erwägungen beiseite schiebend, die Worte gefunden hat, die nicht nur der Emotion des Augenblicks, sondern auch der politischen Vernunft gerecht wurden.

Das ist als Beispiel unabhängigen Verhaltens um so eindrucksvoller, als Willy Brandt dabei auch Positionen seiner Partei in Rechnung zu stellen und sogar aufzugeben hatte. Die Meinungsäußerungen derer dagegen, die sich von keinem politischen Kalkül beschwert wissen, scheinen merkwürdigerweise weit stärker in starren Denkfiguren befangen. Man kann in diesem Zusammenhang den korrupten Typus, den es auch gibt, außer acht lassen. Stefan Heym beispielsweise, der auf dem Anlauf zu einem besseren Sozialismus beharrt und gleichzeitig die Besucher aus der DDR verhöhnt, die staunend vor dem »glitzernden Tinnef« in jenen West-Berliner Läden stehen, aus denen er selber sich seit Jahr und Tag versorgt. Aber viele Einlassungen sind allzu offenkundig von ideologischen oder wie immer begründeten Präokkupationen bestimmt sowie von der Überlegung, wem das eine politisch nutzen oder das andere schaden könnte. Desgleichen tritt die Neigung hervor, im Gedanken gegen das Leben recht zu behalten und Theorien gegen die Wirklichkeit zu stellen.

Auf dieser Linie liegt etwa die Diskussion darüber, ob der

Zusammenbruch des SED-Regimes als »Triumph des Kapitalismus« zu verstehen sei. Sie macht nicht nur die Fixierung auf das Ideologische sichtbar, auf Sachen und Ziele eher als auf Menschen, sondern auch in welchen ausgefahrenen Spuren sich der intellektuelle Disput in der Bundesrepublik bewegt. Denn natürlich hat nicht »der« Kapitalismus triumphiert, und schon gar nicht der, dessen obsoletes Bild in diesem Zusammenhang gern beschworen wird. Überlegen gezeigt haben sich vielmehr Idee und (wiewohl unzulängliche) Praxis der offenen Gesellschaft, die mit dem Kapitalismus nur insoweit zu tun hat, als er die ihr zugehörige Wirtschaftsverfassung ist. Man verkennt den Charakter der revolutionären Vorgänge in Warschau, Budapest oder Ost-Berlin, wenn man sie nach solchen vorgegebenen Mustern beurteilt und das Bürgerrechtspathos überhört, das sie so vernehmbar antreibt. Zur offenen Gesellschaft gehören einklagbare Grundrechte, Wahl- und Meinungsfreiheit, rechtsstaatliche Sicherungen einschließlich der Gewaltenteilung, Verwaltungskontrolle und anderes mehr. Was zu Ende geht, ist die lange anachronistisch gewordene Klassengesellschaft unter sozialistischem Vorzeichen, der Neofeudalismus der Honecker, Husak und Ceauşescu.

Unvermeidlicherweise spukt in den Einwänden, denen man zunehmend begegnet, auch das verloren geglaubte Utopiewesen herum, die Träume von der schönen neuen Welt, denen sichtlich kein Debakel den Garaus machen kann. Mit einer Ungerührtheit, die etwas Atemverschlagendes hat, werden im Ruin ja nicht nur der einen DDR, sondern europaweit aller sozialistischen Systeme schon die Pläne für neue Ordnungsmodelle entworfen, in denen die Gesellschaften wiederum als Experimentierfelder und die Menschen nur als Material figurieren. Ohne Utopie könne kein denkendes Wesen leben, lautet eine Literatenweisheit, die unterdessen wieder billig ist. Denn solange die Konsequenzen anderswo ertragen werden müssen, ist es leicht, der DDR das Derivat davon, den Sozialismus, zu empfehlen, während man selber, im Unbehelligten, die idealen Welten weiterträumen kann. Aus einer Erfahrung redend, die den Ideologieverdacht ausschließt, hat die Schriftstellerin Monika Maron geschrieben: »Wo immer ich höre, daß einer weiß, was der anderen Menschen Glück ist; wo immer ich lese, daß jemand im Namen einer Idee über Millionen Menschen verfügt, und sei es nur in Gedanken; wo immer ich sehe, daß einer alten Ideologie frische Schminke aufgelegt wird, um ihren Tod zu maskieren, packt mich das Entsetzen.«

Die manchem schmerzhafte Lektion der Epoche heißt am Ende wohl, daß die Utopie, die Sehnsucht nach einer Welt der Eintracht, Ordnung und Gerechtigkeit, überhöht von spirituellem Glanz, nur ein Trugbild ist. Vielleicht wird man doch ohne Utopie leben müssen. Die Irritation jedenfalls, und nicht selten auch der offene Hohn, denen in den östlichen Nachbarländern die Versuche begegnen, die Idee des Sozialismus über und gegen sein Desaster zu retten, deuten an, daß die Menschen diesem Gedanken keine Chance mehr einräumen; daß sie dem Sozialismus, wie allen anderen Ismen auch, nicht einmal mehr den Rang einer erprobungsfähigen Alternative geben. Denn die Utopien haben durchweg in einem jener Unterjochungssysteme geendet, die gerade nicht eine Abirrung, sondern die unvermeidliche Logik aller verwirklichten Ismen sind.

Das kann, ihrem Wesen nach, auch nicht anders sein. Denn sie verstehen sich nicht als lediglich eine Idee neben mehreren konkurrierenden anderen, sondern als die eine richtige Idee gegen die Finsternis aller übrigen. So, wie es noch im Mai, in aller anmaßenden Unschuld, im *Neuen Deutschland* gestanden hatte: »Antikommunisten haben immer unrecht, wir, die Kommunisten, haben trotz mancher Fehler und Niederlagen immer recht.« Der Satz beschreibt, in denkbarer Kürze, warum solche Gedankensysteme, welcher Herkunft auch immer, mit dem

Prinzip der offenen Gesellschaft unvereinbar sind und jener demokratische Sozialismus, auf den sich nun neue Erwartungen richten, entweder ein Irrtum ist oder eben, beim Wort genommen, jene Ordnung, die in der Bundesrepublik und anderswo, bei allen Unterschieden und Schwächen, schon existiert.

Die da und dort hervortretende Absicht, die DDR als Versuchsfeld für einen neuen Anlauf zum Sozialismus zu behaupten, hat unterdessen manche Widerstände unter denen wachgerufen, die diese Revolution begonnen und zu einem Zwischenerfolg geführt haben. Denn mehr als ein Zwischenerfolg ist es bisher nicht. Aber kaum ein Wort stützt sie oder die Sache der Bürgerrechte gegen die mit nach wie vor überlegenen materiellen und organisatorischen Mitteln ausgestattete und neues Selbstbewußtsein zurückgewinnende SED. Größer ist die Bereitschaft, sich gegen die ferne Möglichkeit einer Wiedervereinigung zu engagieren als für die elementaren Rechte der einzelnen.

Wenn die Stimmen nicht trügen, wird inzwischen, in der einsetzenden Polarisierung innerhalb der DDR, auch ein Vorbehalt gegen das politische Wortführertum der Intellektuellen vernehmbar, die in der Theorie hochreden, was dann für andere mühselige Praxis ist. Es ist ein langer Weg der Entfremdung, der niemandem dient. Die Veranstaltung vom 4. November auf dem Berliner Alexanderplatz war nicht zuletzt ein schon verspäteter Versuch, eine Art Meinungsführerschaft zurückzugewinnen. Die Reden und Appelle konnten jedoch nicht vergessen machen, daß so gut wie keiner von denen, die da auftraten, sich beizeiten zu Wort gemeldet und das Selbstverständliche gefordert hatte; vielmehr hatten das die Leute von der Straße getan, die von keinem Idealbild, keinem leitenden Entwurf bewegt waren, sondern einfach von der Unerträglichkeit des Bestehenden. Vielleicht hat dieser Umstand erst den besonnenen Verlauf dieser Revolution ohne Vorbild ermöglicht, den Verzicht auf

Radikalismus, den viele als das eigentliche Wunder empfunden haben, und manches spricht dafür, daß darauf auch zurückzuführen ist, was J. P. Stern als »die Abwesenheit jenes schauderhaften germanischen Ernstes« beschrieb, »der in der Vergangenheit so oft in Aggressivität umschlug, in Fanatismus und Gewalt«. Denn die Wendung ins Inhumane entspringt immer dem Dogmatismus einer Theorie.

Vermutlich ist der Zeitpunkt noch nicht da, um die ganze Bedeutung der Vorgänge zu erfassen, die das Jahr beherrschten. Sicherlich schlägt aber, als verbindender Antrieb aller Erhebungen von Warschau bis Bukarest, das Verlangen der Menschen durch, von jenen politischen Erlösungssystemen verschont zu bleiben, die dem 19. Jahrhundert entstammen und das unsere millionenfache Opfer kosteten. Václav Havel hat sich unlängst zum Sprecher gegen den Terror der Ideologien gemacht und diese Bewegungen als Aufstand des Anspruchs auf das kleine Glück gegen die großen politischen Heilsentwürfe gedeutet. »Der Utopismus der Epoche hat sich für unser Land in grausamer Weise nicht ausgezahlt«, schrieb er, und: »Wer schlägt uns hier wieder irgendwelche ›strahlende Morgen‹ vor?«

Sollte es sich so verhalten, zeigte sich nicht nur, wie weit diejenigen, die schon wieder gesellschaftliche Entwürfe erdenken, die Träume von gestern träumen. Vielmehr würde es auch erklären helfen, warum sie in ihrer anhaltenden Fixierung auf die Systeme und in ihrer Entfremdung von den Menschen die Revolution des zurückliegenden Jahres verpaßt und bis heute so wenig dazu zu sagen haben. Denn das 19. Jahrhundert, dem noch immer die Frontstellungen und die Idealbilder, die Rollenverständnisse und auch die Gespenster unserer Tage entstammen, schließt nun ab. Das Spiel ist neu gemischt. Viele aber sitzen noch immer mit den alten Karten am Tisch und versuchen, so verzweifelt wie ergebnislos, die Zeichen darauf zu lesen.

# Zwischen Westen und nirgendwo

## *Über die Wanderungen des deutschen Sonderbewußtseins*

Zu den fruchtbaren Anstößen, die der politisch-historischen Debatte in der Bundesrepublik aus dem Lager einer im weiten Sinne kritischen Linken zuteil wurden, gehört die These vom deutschen Sonderweg. Danach hat das Land seit der Romantik und den Freiheitskriegen sein Heil in einer zunehmenden Absonderung vom Westen, von seiner universalistischen Moral sowie den Prinzipien von Vernunftstaat und Naturrecht gesucht. Technisch und ökonomisch habe es zwar, dank seiner beispiellosen Dynamik, bald einen vorderen Rang unter den Mächten erlangt. Aber seine vor- und antimodernen Eliten hätten im Politischen die erforderlichen Zugeständnisse an den veränderten Weltzustand verweigert und auf Denkmustern beharrt, in denen sich der Selbstbehauptungswille einer verspäteten Nation mit aggressivem Geschichtsstolz mischte.

Die These war, bei Lichte besehen, nichts anderes als die ins Negative gewendete Variante der bis in die NS-Zeit herrschenden Auffassung, wonach die Deutschen bis zum Grundsätzlichen anders seien als die übrigen Nationen: ursprünglicher, unpolitischer, seelisch reicher, auch »tiefer«, und aus diesen und anderen Merkmalen ergab sich, daß sie »ihre Weltstunde« noch vor sich hätten. Die vielstimmige Debatte, die bald nach 1945 einsetzte, ist freilich ohne Entscheidung ausgegangen. Das war nicht allein darauf zurückzuführen, daß dergleichen nur auf jenem schwankenden Boden erörtert werden kann, wo »Vorverständnisse« gelten und die Einsichten oft aus den Fragestellungen kommen. Vielmehr bleibt auch schwer zu bestimmen, ob von einem »Normalweg« überhaupt gesprochen werden kann, den die Sonderwegthese ja voraussetzt, wo dessen Grenze verläuft und ob nicht jede Nationalgeschichte streckenweise auch als Sonderweg verstanden werden kann. Bis weit ins 19. Jahrhundert beispielsweise galt nach weithin herrschender, in ganz Europa verbreiteter Auffassung die englische Entwicklung als Sonderfall, die nach derzeitiger Meinung gerade das Modell des »normalen« Weges darstellt. Die Frage ist überhaupt, ob die Sonderwegvorstellung etwas anderes ist als die Verabsolutierung einer aus historischen, geographischen und wirtschaftlichen Verhältnissen geformten nationalen Individualität.

Die Anhänger der kritischen These vom deutschen Sonderweg haben naheliegenderweise die strukturellen Besonderheiten in den Vordergrund gerückt, durch die sich das Reich von den rivalisierenden Mächten im Westen unterschied. Dazu zählten obrigkeitsstaatliche Strukturen, illiberale oder doch antipluralistische Einlagerungen im Gesellschaftsgefüge, ein Bürgertum ohne bürgerliches Selbstbewußtsein, die weiterwirkenden Traditionen sozialer Disziplin, auch ein Kulturbegriff, der das Politische nicht in sich aufgenommen hatte, und anderes mehr. Daneben wurde aber stets auch auf eine eigentümlich deutsche, aus Ängsten, Träumen und Realitätshaß gebildete, in große Spekulationen ausufernde Ideologie verwiesen. Einige Stichworte tauchten in diesem Zusammenhang so regelmäßig und so reich belegt auf, daß man zumindest für die Kaiserzeit und die Weimarer Jahre von einem deutschen Sonder*bewußtsein* gesprochen hat, das, verbreitet wie es war, einen zwar schwer bestimmbaren, aber nicht unerheblichen Einfluß auf die politische Wirklichkeit des Landes hatte und am Ende auf verschlungenen Wegen, wenn nicht zu Hitler führte, so doch die Kräfte gegen seinen Aufstieg lähmte.

Zu diesem Sonderbewußtsein zählte, als verbindendes

Grundgefühl, der tiefe und prinzipielle Soupçon gegen die moderne Welt. Er richtete sich nicht nur gegen die Technik und die verheerende Gewalt, mit der die Industrialisierung, die rasch einsetzende Binnenwanderung oder die Verstädterung das Land aus seinem Biedermeier stießen, sondern gegen den gesamten Veränderungsschub, dessen Ursachen und Folgen von einem Chor tiefpessimistischer Zeitbeobachter mit angstgeweitetem, die Gefahren ins Riesenhafte verzerrendem Blick beschrieben wurden.

Der Widerstand dagegen mußte um so entschiedener auf die Bewahrung angeblich nationaler Besonderheiten zurückgreifen, als das Land erst spät geeint und seiner Identität weit weniger sicher war als andere Nationen. Damals kamen die berühmten deutschen Dichotomien zu breiter Wirkung. Die Gegensatzpaare, denen nicht viel mehr als ein diffuses Sentiment zugrunde lag, das sich seine Begriffe zurechtkonstruierte, waren nicht nur Abwehrgesten gegen die Öffnung zur Welt, sondern gegen den Emanzipationsprozeß im ganzen. Gemeinschaft gegen Gesellschaft meinte strenggenommen nichts anderes als die Zurückweisung des politischen Mitspracherechts der Massen, Kultur gegen Zivilisation die Geringschätzung der Wirklichkeit samt ihrer ordinärsten Erscheinungsform, der Politik, und Helden gegen Händler die Behauptung eines tragischen Geschichtsdenkens gegen eine Welt der gern »platt« oder »seicht« genannten, im Westen beheimateten Vernunft und ihrer materialistischen Glücksmoral.

Solche und andere Entgegensetzungen, die damals kurrent wurden und in den »Ideen von 1914« einen selbstbewußten Ausdruck sowie in Thomas Manns »Betrachtungen eines Unpolitischen« von 1918 ihre verklärende Formulierung gefunden haben, waren zwar nicht die Ursache der Entfremdung des Landes vom Westen, doch haben sie dem Abstand einen die Dinge weiter zuspitzenden Ausdruck verschafft. Der mangelnde Sinn für zivile Freiheit, an deren Stelle gern die »innere Freiheit« als überlegenes Gegenstück gestellt wurde, die Verachtung materieller Motive mitsamt der Überzeugung von der besonderen Moralität frugaler Lebensumstände oder die Vorstellung, daß die Geschichte Verstrickungen kenne, die kein Entkommen zuließen: Diese und zahlreiche weitere Ideologiestücke haben das deutsche Sonderbewußtsein damals mit Begründungen versehen, die eine anhaltende Wirkung übten.

Die Frage ist, ob sie bis in die Gegenwart reichen. Der Zusammenbruch des Hitler-Regimes, das an die antiwestlichen Stimmungen angeknüpft und sie zu äußerster Unversöhnlichkeit verschärft hatte, bedeutete zunächst auch das Ende aller Absonderungsideologien. Und Adenauers nachdrücklich betriebene Wendung nach Westen, die ja von allem Anfang an weit mehr als eine bündnispolitische Entscheidung war und mit der Integration zugleich den Anschluß an die geistigen und kulturellen Traditionen des Westens herzustellen trachtete, hat dieses Ende noch durch eine neue Orientierung und sogar Verklammerung des Landes unterbaut.

Doch so umstandslos sterben Vermächtnisse mit langer Vergangenheit nicht. Zwar meldeten sie sich geraume Zeit nicht zu Wort. Aber in den Einwänden gegen Adenauers Westpolitik dauerten manche Vorbehalte auf verdeckte Weise fort. Nicht anders verhielt es sich mit der intellektuellen Kritik an der Bundesrepublik, sofern man ihre tiefersitzenden Antriebe ins Auge faßt. Denn zu den schon frühzeitig einsetzenden Vorwürfen, denen das Land ausgesetzt war, gehörte, daß es seltsam traumlos lebte, untragisch, sogar halbwegs glücklich in den Niederungen der Konsum- und Freizeitwelt, in denen es sich nach so viel überfordernden Appellen für blendende historische Ziele eingerichtet hatte. Die Ausdauer, mit der die Kritiker die Schatten der Vergangenheit beschworen, war nicht selten wohl auch in der Absicht begründet, das Land aus seinem satten Dämmer aufzuschrecken und ihm das schauerlich-anheimelnde Bild seiner tragischen Rolle in der Welt neu vor Augen zu rücken. Aber anders als die hartnäckige Legende behauptet, hat die Öffentlichkeit diese Vergangenheit keineswegs nur immer verdrängt. Viel eher schien es, als werde auch die Erinnerung an die Schrecken von gestern ins allesbeherrschende System des kleinen Glücks von heute eingefügt. Nicht ganz grundlos jedenfalls hat sich mitunter der Eindruck eingestellt, die Vergangenheitsbeschwörungen und der moralische Vorwurf, den sie enthielten, wurden gleichsam als die Prise Bitterstoff betrachtet, die den Genuß noch steigert, ganz als habe man auch gelernt, daß es das richtig gute Leben erst im falschen gibt.

Wie stark die totgeglaubten Empfindungen noch waren, zeigte sich auf breiterer Ebene erstmals in der studentischen Protestbewegung, die sich bis heute zugute schreibt, die Abrechnung mit der NS-Vergangenheit überhaupt erst begonnen zu haben, aber niemals erfaßte, wie unverhohlen sie auf das Repertoire der Stimmungen und Gedanken zurückgriff, die zur Vorgeschichte jener Vergangenheit gehören. In ihrer Programmatik kehrte die ganze zivilisationskritische, antiwestliche Tendenz der Großväterwelt in lärmender Unschuld wieder. Schon in den basisdemokratischen Bestrebungen lebte das alte Gemeinschaftspathos wieder auf sowie das einstige Vorurteil gegen den Parteienstaat und die Politik im ganzen. Zurück kam die antibürgerliche Gereiztheit, die stets einhergeht mit der Verachtung der zivilen Regeln demokratischer Ordnungen, die Verhöhnung institutionalisierter Freiheit als Repression in der Maske der Toleranz, zurück kam auch das Verdammungsurteil gegen den dämonisierten technisch-industriellen Komplex, überhaupt die ganze »antikapitalistische Sehnsucht«, die als Schlagwort nicht zufällig von einem führenden Nationalsozialisten ausgegeben worden war.

Es war im Kern das alte antiwestliche Ressentiment, das sich darin zurückmeldete. Schon die Anti-Atombewegung der frühen Nachkriegsjahre und die Ostermarschaktionen hatten im Widerstand gegen »den Westen« ihren verdeckten Generalnenner, und die gleiche Stoßrichtung war in der emphatischen Beachtung wirksam, die allen »Dritten Wegen« damals zuteil wurde, angefangen von Titos Jugoslawien über das Indien Nehrus und den Prager Frühling bis hin zu Allendes Chile. Einen neuen Schub erhielten diese und andere, lange im mehr oder minder Verborgenen tätigen Tendenzen durch die Umweltdebatte samt dem in den Sprachschatz der Welt aufgenommenen Begriff des »Waldsterbens«, mit dem sich so viele antimoderne Vorbehalte in ein anschauliches Symbol fassen und weiter schüren ließen.

Die studentische Protestbewegung hat die reichen Möglichkeiten, die diese in der Tat nicht unbegründeten Besorgnisse für die antiimperialistische Auseinandersetzung eröffneten, zunächst übersehen, auch wenn Herbert Marcuse schon 1973 von der »Entdeckung der Natur als einer Verbündeten im Kampf gegen die ausbeuterischen Gesellschaften« gesprochen hatte. Denn das Leiden an der Zerstörung der Umwelt durch die Industrialisierung, an sterbenden Flüssen und rauchgeschwärzten Himmeln, war seit je ein »rechtes« Thema und nie ein Empörungsgegenstand der Arbeiterbewegung gewesen. Anders als die Konservativen hatte sie den Kapitalismus nie aufhalten, sondern gerade durch die Beschleunigung des Fortschritts überwinden wollen.

Doch die ideologisch so diffuse und eher habituelle Linke der Protestgeneration machte sich mit der Unbefangenheit, die sie allen belasteten Vermächtnissen gegenüber zeigte, allmählich diese Impulse zu eigen und verband sozialistische und konservative Motive so lange im unreflektierten Durcheinander, bis sich Marx und Engels zu den Altären der antiindustriellen Bewegung erhoben sahen. Mit dem Einfallsreichtum, der diesen neuen Aufbruch auszeichnete, erfand er auch später, in

»grüner« Gestalt, unermüdlich Besorgnisse und Begriffe, um die Welt das Fürchten zu lehren, Epidemien, neue Eiszeiten oder tropische Katastrophen, klagte auch den »Warenfetischismus« an, den »Konsumterror« sowie die »Ausplünderungsstrategien«. Aber gemeint war mit jedem dieser Schlagworte die verhaßte westliche Zivilisation und zumal deren Vormacht Amerika.

Trotz des Aufruhrs, den die Bewegung entfesselte, blieb ihr Kampf über Jahre hin die Sache einer Minderheit. Aber das politische Klima des Landes hat sie doch verändert, wie die anfangs unmerklich, dann aber nicht zuletzt vom Vietnamkrieg angestoßenen und zusehends offener hervortretenden Antiamerikanismen erkennen ließen, die im Verlauf der siebziger und achtziger Jahre Anhang und durch einen Teil der Sozialdemokratie auch politischen Einfluß erlangten. Meist kamen sie zunächst im unverdächtigen Gewand daher wie beispielsweise in der Wiederbelebung der »Mitteleuropa«-Idee oder als Vorstellung einer »Äquidistanz« der Bundesrepublik zwischen den Blöcken; doch gemeint war damit nichts anderes als eine neu definierte Rolle des Landes, die einzig in der Distanz vom »Westen« zu suchen und zu finden sei. Zwar haben die Wortführer solcher Strategien wie Egon Bahr, Peter Bender oder Hermann Scheer behauptet, sie verfolgten keinen deutschen Sonderweg. Aber Oskar Lafontaine veröffentlichte damals ein Buch unter dem beredten Titel »Angst vor den Freunden«, und Erhard Eppler erklärte 1982 im Rahmen der Nachrüstungsdebatte, die sowjetischen Interessen stünden den deutschen weit näher als die amerikanischen.

In die gleiche Richtung zielten die jahrelangen Bestrebungen, alle prinzipiellen Unterschiede zwischen totalitären und freiheitlichen Ordnungen einzuebnen, so daß das Hitler-Regime und allenfalls der italienische Faschismus bald als die einzigen Totalitarismen der Epoche übrigblieben. Die Vorarbeit hatte seit den sechziger Jahren schon, zumal im progressiven akademischen Milieu, der beharrliche Widerspruch gegen die sogenannte Totalitarismustheorie geleistet, die auf die unübersehbare Ähnlichkeit zwischen den Machtpraktiken des Nationalsozialismus und der Sowjetunion hingewiesen hatte. Sie sah sich nun als »Instrument des Kalten Krieges« unter Kardinalverdacht gestellt, und am Ende schien zwischen den liberalen und den totalitären Systemen kaum ein Unterschied. Die einen bedienten sich lediglich einer Ideologie von Freiheit, Rechtsstaat und Toleranz, um ihr Ausbeutungswerk zu verrichten, während es die Gegenseite geradezu als Vorzug verbuchen konnte, daß sie ihren Herrschaftsanspruch ohne alle bourgeoise Heuchelei offenbarte. Zumindest die treuherzigen Begleitreden zur Neuen Ostpolitik lösten den fundamentalen Gegensatz weiter auf, und eine Parole wie die von der »deutsch-deutschen Verantwortungsgemeinschaft« war niemals nur die gesinnungsethische Maxime, als die sie sich ausgab, sondern auch eine Kampfansage an die, einem Wort Epplers zufolge, strukturell friedensunfähigen Vereinigten Staaten. Als Karl Kaiser von der Deutschen Gesellschaft für Auswärtige Politik seinen sozialdemokratischen Parteifreunden ihre Blindheit gegenüber der Verletzung von Menschenrechten im sowjetischen Machtbereich vorhielt, beschuldigte ihn Egon Bahr der Ideologisierung der Ost-Westbeziehungen.

Sukkurs erhielt diese Standortvergessenheit, für die Freiheit kein Wert und die Menschenrechte nur eine womöglich friedensgefährdende Vokabel waren, von vielen Seiten. Sogar die sektiererischen Zirkel, die wie immer in Krisenzeiten aus dem Boden schossen und in irgendeinem scheinbaren Abseits ein apokalyptisches Glück im Winkel auskosteten, leisteten dieser Zeitstimmung Zuträgerdienste. Dem historisch Bewanderten ist die Erscheinung aus den zwanziger Jahren vertraut, als die Lebensreformer, Edengärtner und Pendelastrologen nicht nur die Mißstimmung gegen das Bestehende, sondern auch die Erwartung einer Art Epiphanie verbreiteten, die zuletzt, bei allen Unterschieden, durchweg der Hitler-Bewegung zugute kam. Eine verwandte Rolle spielten jetzt die Ökopax-Bewegung, die sich ausbreitenden Grünen mitsamt den begleitenden Klageschriften von Geistern wie Rudolf Bahro, Jost Hermand oder dem Schilfgraspropheten Franz Alt, der auf das stärkste Echo stieß und die Begriffe noch weiter durcheinanderbrachte, indem er den Abschied vom »technologischen Totalitarismus« und den überfälligen »Gegenentwurf ... zum real existierenden westlichen System« forderte.

Wie beherrschend diese aus so mannigfachen Quellen gespeisten antiwestlichen Affekte unterdessen waren, trat in den Tagen der Vereinigung ins helle Licht. In der turbulenten Hochstimmung, die getragen war von spontan hervorbrechenden Gefühlen der Zusammengehörigkeit, der Befreiung und sicherlich auch von illusionären Erwartungen, schien ein auffallender Teil der intellektuellen Szene wie mit Stummheit geschlagen. Soeben noch hatte die kritische Linke mit beträchtlichem publizistischem Aufwand den 200. Jahrestag der Französischen Revolution begangen und dabei das Dauerthema von der Notwendigkeit gesellschaftlicher Veränderungen unendlich variiert. Doch als mit dem Zusammenbruch der kommunistischen Zwangsherrschaft eine Veränderung eintrat, auf die zudem die soeben noch so beherzt angestimmte Pathostonleiter von Freiheit, Emanzipation und Menschenrecht anwendbar war, reagierte sie mit unwilligem Schweigen.

Natürlich hatte die Betretenheit jener Tage viele Gründe wie den Schmerz über die verlorene Utopie oder die Ungehaltenheit über den allen vermeintlichen Gewißheiten widersprechenden Triumph der gemeinen Wirklichkeit über die Theorie. Aber unverkennbar spielte auch die Enttäuschung darüber mit, daß es »der Westen« gewesen war, der ohne jede Gewaltanwendung, einfach nur als das unwiderstehliche Gegenbild zur sozialistischen Misere, den Einsturz eines machtvoll scheinenden Imperiums herbeigeführt hatte. Das ganze Ausmaß der Ratlosigkeit trat anfangs in der steten Mahnung zutage, nur keine Triumphgefühle zu zeigen und womöglich nicht einmal ein Zeichen der Genugtuung, da dergleichen zwangsläufig kränkend wirken müsse. Aber wer anders als die gerade gestürzten Machthaber konnte sich dadurch verletzt fühlen, wenn nicht die Anwälte des antiwestlichen Ressentiments? In ihren Augen besaßen die Erhebungen in Mittel- und Osteuropa, über alle Theoriewidrigkeit hinaus, auch noch eine falsche geschichtliche Richtung. Denn sie beseitigten Regime, die zumindest der Idee nach der Welt von Kapitalismus, Entfremdung und Konsumgier hochüberlegen und gleichsam schon in der Zukunft angekommen waren, auch wenn die Praxis, wie zunächst eingeräumt wurde, damit noch nicht Schritt gehalten hatte.

Infolgedessen wurden die Umwälzungen von der getreuen Linken vielfach als übler Streich empfunden, den sich ihr Ziehkind Geschichte erlaubt hatte, als es einfach irgendwelchen in den Büchern nicht vorgesehenen Launen nachgab. Aber das war nur die eine Seite der Wahrheit, die jetzt zum Vorschein kam. Die andere lautete, daß der Widerspruch gegen den Lauf der Dinge nahezu das ganze Arsenal der Argumente repetierte, mit dem die nationale Rechte einst die Eigenart und Einzigartigkeit des Landes in der Welt begründet hatte. Die Positionen waren ganz und gar vertauscht. Was in der Debatte über den Sonderweg von der kritischen Linken als Ursprung des deutschen Verhängnisses bloßgestellt worden war, gewann für deren Nachfahren jetzt den Rang einer gesellschaftsmoralischen Gebotenheit.

Ganz im Sinne der konservativen Dichotomien vom Ende des 19. Jahrhunderts kehrte nun der Gegensatz von Kultur und Zivilisation aus den Gräbern zurück und erwachte zu neuem

Gespensterleben. In den früh einsetzenden Attacken gegen die Vereinigung war es natürlich die DDR, die jene »Kultur« repräsentierte, die jetzt von der bloß zivilisatorischen, im »Kotau vor der Ware« erstarrten Bundesrepublik überwältigt wurde. Schon in den achtziger Jahren, noch zu Honeckers Zeiten, hatten zahlreiche ostdeutsche Schriftsteller den altnationalen Kulturbegriff bemüht, der sein Selbstbewußtsein und seine Anmaßung aus der polemischen Abgrenzung gegen »den Westen« gewann, und die widerstandslose »Amerikanisierung« beklagt, der Westdeutschland verfallen sei. Im Unterschied dazu habe sich »im Osten«, wie Heiner Müller wissen ließ, »etwas Ursprüngliches« erhalten, eine »autochthone«, »organisch gewachsene Identität«, und Christa Wolf sekundierte ihm mit einer verschiedentlich abgewandelten Grundsatzkritik an den vermeintlichen »Segnungen der Zivilisation« und dem banalen Willen zum Glück. Gerade das Scheitern der verzweifelten Versuche der DDR, den technologischen und wirtschaftlichen Rückstand zum Westen aufzuholen, wurde von dieser Warte aus zum Hoffnungssignal der Welt, und das sozialistische Lager gewann fast noch im nachhinein die Zukunft für sich, weil es hinter der Gegenwart zurückgeblieben war. In verblüffender Verkehrung aller Verheißungen der marxistischen Kirchenväter sah sich hier die Unterentwicklung geradezu zum Ziel der Geschichte ausgerufen, und der Mangel wie die Notdurft erhoben den real existierenden Sozialismus in den Rang der fast schon verwirklichten Utopie.

Dergleichen mochte sich anhören, als sei es bis ins Widersinnige zugespitzt, und tatsächlich lag die Vermutung nahe, Heiner Müllers Absage an die Moderne wolle die Absurdität eines überholten Weltbildes aufdecken. Doch wo die Witzbolde ihr Wesen treiben, sind in der Regel auch die sentimentalen Quälgeister nicht weit. In den Tagen der untergehenden DDR hoben sie zu einer vielstimmigen Klage an, daß damit zugleich die

»Gemächlichkeit« sowie der »bedächtige Lebensgang« zu Ende gehe, der das östliche Deutschland ausgezeichnet habe. Lothar Baier beispielsweise hat in einer Betrachtung die Ereignisse mit keinem Wort als Befreiung vieler Millionen von einem Zwangsregime gedeutet, sondern als bedrückende Preisgabe der beschaulichen, frühindustriellen Daseinsform in der weitgehend autofreien und telefonlosen DDR an die Hektik des Westens. Auf ähnliche Weise sah Günter Grass das Land zwischen Rostock und Dresden jetzt heimgesucht von einer Springflut grauenhafter Verkehrsunfälle zum, wie er allen Ernstes behauptete, Nutzen des westdeutschen Gebrauchtwagenhandels. In alledem lebte auch die zivilisationspessimistische Maxime von der Verächtlichkeit des Materiellen und der Moralität der Bedürftigkeit wieder auf, ganz als gehöre die Verschonung von Armut nicht auch zu den Menschenrechten und als könne den Wohlstand niemand mit besseren Gründen verachten, als wer angenehm darin lebt.

Eng im Zusammenhang damit war ein weiteres Standardmotiv der Vereinigungsgegner zu sehen. Es sagte jene »Kolonialisierung« durch Amerika, der die eine Hälfte des alten Kontinents bereits zum Opfer gefallen war, nun auch für den europäischen Osten voraus. Der bittere Hohn über die Vormacht des Westens kam in der Zeile Volker Brauns zum Ausdruck: »Der Sozialismus geht und Johnny Walker kommt« – so als seien er und seinesgleichen mit dem Untergang der DDR zu einem Zwangsumtausch genötigt, in dem eine trotz allem erhabene Menschheitsidee für eine neue Art von Feuerwasser herzugeben war. Das Bild Amerikas, das seit Jahren hinter allen Anwürfen erkennbar war, entsprach den ältesten deutschvölkischen Klischees: der Erdteil der neuen Barbaren, reich, kulturlos und dumm, deren Verfeinerungsbedürfnisse durch McDonalds und Coca Cola gestillt wurden, dabei geleitet von einem primitiven Gewaltglauben, der sich in einer Kette imperialistischer Unterwerfungsmanöver ebenso zeigte wie im »täglichen Faschismus« verrückter Waffennarren. Zu seiner extremsten Formulierung ist dieses dämonisierte Feindbild in dem viel skandierten Schlachtruf der Achtundsechziger gelangt: »USA – SA – SS!« Doch weil dieses Ressentiment lange eingewurzelte Stereotypen aufgriff, fanden sich Spuren davon bis weit ins bürgerliche Lager. Wo immer Vorbehalte gegen die Vereinigten Staaten vorgebracht wurden, konnten sie bald auf bedenklich gerunzelte Stirnen treffen. Die Kritik, die von Fall zu Fall natürlich angezeigt sein mochte, richtete sich zusehends weniger gegen einzelne Entscheidungen von Weißem Haus oder Pentagon, sondern weit mehr gegen die Stärke und den Selbstbehauptungswillen der westlichen Führungsmacht überhaupt. Und aus dem Rauch generalisierender Verdammungen stieg allmählich, mit schärfer werdenden Konturen, das Bild eines neuen »Weltfeindes« auf.

Die mannigfachen Motive der Vereinigungsverächter haben sich auf exemplarische Weise in den gereizten Einwürfen von Günter Grass verbunden. Seine Beschwörung der »Kulturnation« enthielt nicht nur die Zurückweisung jedes politischen Staatsbegriffs, sondern zielte auch darauf, die deutsche Kultur vor dem Andringen der geistlosen Zivilisation zu retten. Das ganze Vokabular von »Anschluß«, »Plattmachen« oder »Kahlschlag« sollte nicht zuletzt den Notzüchtigungscharakter der Vereinigung ins Bewußtsein rufen. Und, als Folge der wiedergewonnenen Großmachtrolle, prophezeite er neue Haßkomplexe, neues Unrecht, neue Schuld: »Mit Entsetzen«, schrieb er, »zwinge ich mir diese Vorahnung ab.«

Erweitert war der Widerspruch, den Günter Grass dem zur Vereinigung drängenden deutschen »Monstrum … vor die Schwelle legte«, um einen Beweggrund, der sich aus der von ihm behaupteten Logik der Vergangenheitsbewältigung ergab. Danach hatte das Land infolge der untilgbaren Verbrechenslast des Nationalsozialismus das Recht auf staatliche Einheit ein für allemal verspielt, der Begriff »Auschwitz« bildete gleichsam die Barriere, die eine Rückkehr zu jeder Form nationalstaatlicher Existenz auf lange Sicht versperrte. Doch Martin Walser hatte schon bald die zahlreichen Ungereimtheiten dieses unermüdlich und mit steigender Heftigkeit vorgetragenen Exerzitiums aufgedeckt: daß die Teilung Deutschlands nicht eine Folge des historischen Unrechts der NS-Jahre, sondern des Kalten Krieges gewesen sei, der Riß durch das Land keine Grenze, sondern eine Front errichtet habe, und daß er es unerträglich finde, »die gewaltlose Selbstbefreiung von Millionen Menschen mit dem Etikett DM-Nationalismus [zu] bekleben«, wie es als erster Jürgen Habermas getan hatte, während Günter Grass die D-Mark zum neuen »Glaubensartikel« erhoben sah.

Aber das war nur die Außenansicht der Sache. Bei schärferem Zusehen zeigte sich, daß Günter Grass auch das tragische Geschichtsbild des deutsch-konservativen Pessimismus wieder aufgriff. Hatte es um die Jahrhundertwende dazu gedient, die Verspätungen der Deutschen, ihren Mangel an politischer Zeitgenossenschaft zur Sonderrolle einer einsamen, heroisch ringenden Nation inmitten einer Welt von Feinden zu stilisieren, so war ihnen jetzt, in den metapolitischen Pastoralien des Dichters, der Part des ewig schuldbeladenen Volkes zugedacht, das aber der Welt vorlebte, wie eine historische Bürde anzunehmen sei. Stets blieb dabei unbegründet, warum die Abbüßung der Untaten nur dem einen Teil der doch gemeinsam schuldig gewordenen Nation auferlegt bleiben sollte. Es bedurfte folglich auch keiner Gedankenmühe, um den tief amoralischen Zug herauszufinden, der, wie unbeabsichtigt auch immer, in dem vorgeblich hochmoralischen Argument steckte. Denn es schmückte sich mit einer Opfergesinnung, deren Kosten und Kränkungen vorab von anderen zu tragen waren. Doch stärker als solche und viele weitere Einwände schlug die Sehnsucht durch, nach Art der Vorfahren mit einer tragischen Stigmatisierung durch die Welt zu gehen und den alten Stolz auf die Ecce-homo-Attitüde in zeitgemäßer Zubereitung auszukosten.

Natürlich blieb dergleichen ungesagt. Vielmehr plädierten Günter Grass und andere, zumal ostdeutsche Schriftsteller, für eine Konföderation, in der sich eine eigenständige DDR allmählich auf den Weg zu freiheitlich-demokratischen, mehr oder minder sozialistischen Zuständen begab. »Noch haben wir die Chance«, hieß es in dem Aufruf führender Intellektueller aus der DDR »Für unser Land« vom November 1989, »in gleichberechtigter Nachbarschaft zu allen Staaten Europas eine sozialistische Alternative zur Bundesrepublik zu entwickeln.«

Aber dann hätte das Fragen einsetzen müssen: wie dieser Prozeß vonstatten gehen sollte, wie die Ungeduld der Menschen inmitten lautlos einstürzender Gesellschaftsstrukturen im Zaum zu halten oder die bis in den Herbst 1990 anschwellenden Übersiedlerzahlen einzudämmen waren? Ob zur Abwehr der Massenflucht die Grenze diesmal von Westen her geschlossen werden sollte? Auf welche Weise die DDR im Übergang zum Verfassungsstaat mit der nach wie vor bedrohlichen Macht der einstigen Apparate zurechtkommen könnte? Wie und von wem der nahe wirtschaftliche Exitus zu verhindern wäre? Etwa von der Bundesrepublik, deren Steuerzahler auf Jahrzehnte einen Staat am Leben halten sollten, der unter Berufung auf seine Selbständigkeit jede Kontrolle der Mittel zurückwies, so daß die Zuwendungen in der hergebrachten Mißwirtschaft versickerten? – das alles kam in diesen Verwahrungen nicht vor. Es war nur Politik. Auch fand sich in dem hochfliegenden Gerede kein Wort darüber, welche Folgen die Verweigerung des Selbstbestimmungsrechts für die Beziehungen der Deutschen zu Nachbarn und Bündnispartnern haben mußte oder was die sichtlich brüchiger werdende Macht Gorbatschows für die Souveränität des ostdeutschen Staates bedeuten mochte. Fragen über Fragen und nicht einmal die Andeutung einer Antwort. Alles Denken kam aus der großen Freiheit der Phantasie, die sich die Verhältnisse malt, gutwillig, wirklichkeitsfern und bodenlos selbstbegeistert. Kein Konflikt jedenfalls trübte das Bild interesseloser Moralität, dem jede Wortmeldung noch einen hochgemuten Tupfer hinzufügte, und an seinem Horizont, halb in Nebeln und doch deutlich sichtbar, geisterte der alte deutsche Traum vom Ende aller Politik.

Es war, aufs Ganze gesehen, mehr wirre Imagination, mehr prinzipieller Unmut über die »verkehrte Welt« und mehr Geschichtstheologie als Ordnungswille, was in den Exklamationen der kritischen Intellektuellen zur Vereinigung, kaum daß sie die Sprache wiedergefunden hatten, hervordrängte. Bezeichnenderweise kamen auch Begriff und Praxis erfahrbarer Freiheit in nahezu keiner Äußerung vor. Ganz im Gegenteil sah sich die Freiheit, wo überhaupt, als »Freiheit der Banken« oder »Freiheit der Supermärkte« denunziert. Gewiß enthielt der Einigungsvertrag eine Anzahl von Mängeln. Aber was war die Ursache für den Hohn und Spott der Kommentatorenriegen des Fernsehens und selbst angesehener Zeitungen über das Wort Helmut Kohls, daß es keinem Menschen in den neu hinzutretenden Ländern infolge der Vereinigung schlechter gehen werde? Ganz als suchten sie den Vorwurf des platten Materialismus, dem die Westdeutschen lange erlegen seien, geradezu ins Recht zu setzen, tauchten in ihren Stellungnahmen die Grundrechte nicht einmal als Erinnerungsposten auf. Der unsägliche Günter Gaus, der so tief in die Zynismusfalle der Neuen Ostpolitik geraten war, daß er ringsum nur noch Realitäten sah, die nach Anerkennung riefen, einschließlich der Realität totalitärer Unterdrückung, versicherte sogar, die Bewohner der einstigen DDR tauschten mit der Vereinigung lediglich eine Form der Unfreiheit gegen eine andere.

Nur mit Mühe kann man sich in die heillose Konfusion der

Maßstäbe und Begriffe hineinversetzen, die aus solchen Verlautbarungen herausspringt. Denn es war ja keineswegs so, daß die politische und moralische Widerwärtigkeit des SED-Regimes einem halbwegs aufmerksamen Sinn verborgen bleiben konnte. Was Sarah Kirsch nach ihrer Übersiedlung in den Westen über den Psychoterror der Stasi berichtete, die Auskünfte von Rainer Kunze, Erich Loest und anderen über die Methoden der Entrechtung und Drangsalierung, stießen, dem Bericht von Jürgen Fuchs zufolge, unter »linksgerichteten Intellektuellen, denen ich freundlich entgegentrat, weil ich meinte, links käme von einer kritischen Haltung gegenüber Apparaten, Einheitsparteien und Funktionärsheuchelei«, auf »lange Gesichter und beträchtliche Abwehr«. Und Günter Kunerts knappes Diktum anläßlich seiner Ausbürgerung aus der DDR, »dieses Land ist unbewohnbar geworden«, sah sich als »Dissidentenhysterie« mißdeutet und unglaubhaft gemacht.

Es gab denn auch, bis in die letzte Zeit vor dem Zusammenbruch der DDR, viele Reisende ins andere Deutschland, die zwischen Elbe und Oder ein zweites Wirtschaftswunder ausmachten, ein soziales System, dessen Vorzüge das westdeutsche in den Schatten stellten, Geborgenheitsgefühle und, wohin man blickte, fröhliche Menschen, die den Stolz auf das Erreichte zu einem selbstgewissen Identitätsbewußtsein fortentwickelt hatten. So gut wie ungehindert gaben sie sich in den großzügig bemessenen Reservaten ihren vielen kleinen Freiheiten hin, so daß die wirkliche, institutionell gesicherte Freiheit geradezu entbehrlich schien.

Wie weit diese Beschönigungsrhetorik reichte und wie sehr sie selbst diejenigen in die Irre führte, die es besser wissen mußten, geht aus einer Bemerkung Egon Bahrs vom Herbst 1989 hervor: Die Menschen der DDR, hielt er allen Skeptikern im Ton des Kundigen entgegen, würden es nicht zulassen, daß man ihnen ihren Staat wegnehme. Der panikartige Massenauszug aus diesem Staat, der kurze Zeit später gleichwohl einsetzte, stieß denn auch bei all den machiavellistischen Träumern jener Tage auf eine kaum verhohlene Verachtung, deren Symbol jene Banane war, die Otto Schily am 18. März 1990, dem Abend der ersten freien Volkskammerwahlen, in die Fernsehkameras hielt. Von der anderen und doch verräterisch gemeinsamen Seite rief Stefan Heym dem unbelehrbar bleibenden Volk ein wegwerfendes »Spießer!« hinterher.

Nicht Blindheit war es, faßt man die Dinge zusammen, was die Front der Vereinigungskritiker zusammenbrachte. Die vielfachen Unterschiede und sogar Gegensätze zergingen im einenden Widerwillen gegen das westliche Ordnungsmodell. Tatsächlich ist die Bundesrepublik, zeit ihres Bestehens, ohne den Beistand der tonangebenden Intellektuellen geblieben. Für deren große Mehrzahl war und blieb sie der Staat einer zeit- und geschichtswidrigen Restauration, in der die alten, unheilvollen Strukturen gewissermaßen in den vorherigen Stand eingesetzt und die Chancen zur Errichtung einer wahrhaft besseren Ordnung ausgeschlagen worden waren.

Auf der anderen Seite hatte das Debakel des Sozialismus zwar das utopische Wunschbild erschüttert. Aber da dessen innerster Impuls aus der Zurückweisung der Wirklichkeit kam, ließ keiner, der davon erfaßt war, sich durch irgendeine Erfahrung entmutigen. Im Gegenteil traten jetzt die Rettungsmannschaften auf den Plan. Jürgen Habermas beispielsweise, der erst unlängst die Vernunft der »Westbindung« entdeckt und sich selber oder seiner Generation sogar ein Verdienst daran gutgeschrieben hatte, fiel unversehens in die schönen Blendwerke von einst zurück und hielt dem vergehenden Sozialismus ein »Potential der Selbstkritik« zugute, ganz als habe es nicht bis zuletzt die unübersehbaren Versteinerungen des Systems sowie die Verfolgungen des »Abweichlertums« gegeben und als sei das Volk irgendwelcher Verbesserungen wegen auf die Straßen gegangen und nicht, weil es nach Jahren leiernder Vertröstung allen Glauben an die kritische Reformfähigkeit des Regimes ein für allemal verloren hatte.

Andere Stimmen redeten sich in letzter Stunde sogar ein, daß der heranrückende Untergang der »alten« DDR endlich die einzigartige Möglichkeit eröffne, auf die Idee des wahren Sozialismus zurückzukommen: das unverhoffte Geschenk einer neuen Stunde Null. Dem intellektuellen Widerstand gegen den Einheitsstaat lag infolgedessen immer auch die Hoffnung zugrunde, das Gebiet der DDR als Experimentierfeld nutzen zu können, um die im ersten Anlauf zuschanden gegangene Idealgesellschaft doch noch zuwege zu bringen. Das war bereits die leitende Absicht der Massenveranstaltung vom 4. November 1989 auf dem Berliner Alexanderplatz gewesen, und es ist das Motiv der zahlreichen grollenden Interventionen, die das Geschehen bis heute begleitet haben. Denn die Vereinigung bedeutete nichts anderes, als die falschen Verhältnisse der Bundesrepublik auf den im Gedanken richtigen sozialistischen Ordnungsentwurf der DDR auszudehnen. Damals schrieb Volker Braun, enttäuscht und verloren in seinem sozialistischen Traum, ein Gedicht mit der Anfangszeile: »Da bin ich noch: mein Volk geht in den Westen …«

Im ganzen stand dahinter wiederum das alte linke Trugbild vom verordneten Glück. Unübersehbar war dabei, daß für die Mehrzahl der Intellektuellen die Trauer über den Verlust ihres autistischen Weltbildes schwerer wog als die einfache, menschliche Genugtuung über die Befreiung von sechzehn Millionen. Selbst die von Zensur und mancherlei Maßregelungen behinderten Schriftsteller der ehemaligen DDR klagten bald über ihre zerbrochenen Hoffnungen, und Christoph Hein verurteilte die Mauer nicht etwa als Symbol von Gefangenschaft und Unfreiheit mit Hunderten von Toten. Sein Vorwurf ging vielmehr dahin, daß sie von den DDR-Gewaltigen nicht als Chance zum

Aufbau eines Sozialismus begriffen worden war, »der wirklich den Namen verdient«. Das unterschied ihn und viele andere auffällig von den Intellektuellen in Polen, Ungarn oder der Tschechoslowakei sowie selbst von den italienischen Kommunisten, die in diesem Herbst des Jahres 1989 längst begonnen hatten, das Bauwerk als »muro di vergogna«, als »Mauer der Schande« zu bezeichnen. Einiges spricht denn auch dafür, daß in der Geringschätzung der Freiheit, wie sie aus solchen Äußerungen sprach, jene Traditionen weiterwirkten, deren verfänglicher Einfluß in der Debatte über den deutschen Sonderweg beschrieben worden ist. Konnte man begründet widersprechen, wenn von Frankreich her der neomarxistische Philosoph André Gorz damals, im Blick auf diese Wortmeldungen, nicht ohne einen Anflug von Resignation bemerkte: »Die Freiheit hat in Deutschland keine Heimstatt!«?

Das grundlegende Motiv in allen Einwendungen gegen die Vereinigung, in den Verdikten über viele, oft zu Recht umstrittene Regelungen, für die Heiner Müller die bitter-triumphale Formel »Deutsche kaufen Deutsche!« ausgegeben hat, ist das Gefühl einer tiefen, identitätszerstörenden Bedrohung durch den »Westen«. Es stützt auch das Sentiment für die dahingegangene DDR, die so antimodern und ärmlich, so streng in ihrer »magren Zierde« sowie gemütvoll folkloristisch gewesen war und in alledem so »deutsch«, daß das Leiden daran doch wenigstens als ein Leiden an sich selber empfunden werden konnte, frei immerhin von Entfremdungsgefühlen. Solche Stimmungen reichen unterdessen weit über die PDS hinaus und hegen, im harten Kern zumindest, nach wie vor die Hoffnung, daß das Zusammenwachsen des Landes doch noch scheitern möge.

Auf überraschende, eine dem flüchtigen Blick widersprüchlich erscheinende Weise treffen sich diese Ressentiments unterdessen mit den Bestrebungen der Neuen Rechten. Nicht anders als die Linke reklamiert sie den Gegensatz von Kultur und Zivilisation, beklagt den kolonialen »Ausverkauf« des Landes, die Herrschaft der »Ware«, die universalistischen Prinzipien sowie den Verlust an nationaler Identität. Ohne alle historische Befangenheit verbindet sie einzelne Fundstücke aus dem Repertoire der »Konservativen Revolution« mit romantischen Volkstumsideologien, antikapitalistischen Affekten und einem ökologischen Radikalismus, der nicht selten den der Grünen noch übertrifft. In den anhebenden Auseinandersetzungen haben deren Anwälte zwar den Anspruch der Neuen Rechten auf das Erstgeburtsrecht an der Idee des Umweltschutzes bestritten. Doch mit besseren Gründen hat die Gegenseite erwidert, daß die Verdammung von Technik, Industrie, Großstadt und Zivilisation viel älter ist als die Bewegung der Grünen und auf den konversativen Kulturpessimismus des 19. Jahrhunderts zurückgeht.

Das Auftreten der Neuen Rechten deutet die Bewegung an, in die das überlieferte Schema der politischen Gruppierungen seit 1989 geraten ist. Rechts, links oder grün sind bisweilen kaum unterscheidbar, und wer das Stimmengewirr verfolgt, wird oftmals schwerlich feststellen können, ob eine Textstelle von Heiner Müller, aus der »Jungen Freiheit« oder beispielsweise von dem einst linken Liedermacher und späteren SPD-Politiker Diether Dehm stammt, der schon 1984 schrieb, »der deutsche Wald, die Heimat, können sich nur noch auf die Linke verlassen«.

Noch stehen die Lager neben- und zuweilen auch gegeneinander. Aber wie problemlos selbst schroff konträre, wenn auch in ihrem Radikalismus geeinte Positionen zusammenfinden können, haben schon die Erfahrungen der Weimarer Jahre und der beginnenden Hitlerzeit offenbart, als kommunistische Kampfeinheiten geschlossen zur SA übertraten. Was sie trotz allen feindseligen Geschreis, aller Erbitterungen, Straßenschlachten und bürgerkriegsähnlichen Konflikte geeint hatte, war, einer Beobachtung von Gesine Schwan zufolge, die traditionelle deutsche Vorliebe für Gemeinschaftsideologien, die bereits dem »Fronterlebnis« des Ersten Weltkriegs den höheren, alle sozialen und politischen Gegensätze erlöserisch überwölbenden Sinn verliehen hatte, ehe sie dann den Kommunisten wie den Nationalsozialisten zu ihren Erfolgen verhalf.

Hinzu kommt aber, daß die Kritik am liberalen System, zu der sich beide Seiten bekannten, der gleichen Wurzel entstammte und sich erst im Lauf der Zeit in eine rechte und eine linke Richtung aufgespalten hat. Die einen starrten auf die Traditionsbrüche, die Entpersönlichungstendenzen und Nivellierungsschübe des neuen Zeitalters sowie auf die Verwandlung des Erdballs in ein riesiges, »mit Landwirtschaft durchsetztes Chicago«, wie Ludwig Klages schrieb; die anderen entsetzten sich über die sozialen Verlustrechnungen, das Elend von Kinderarbeit, Vierzehnstundentag und Hinterhofexistenz. Aber nichts spricht dagegen, daß beide Seiten den gemeinsamen Ausgangspunkt wiederentdecken und erkennen, daß sie in aller zeitweilig tödlichen Verfeindung immer komplementäre, nur durch die Zufallslaunen der Geschichte getrennte, aber jederzeit vereinigungsfähige Erscheinungen geblieben sind. Dann wäre der oft gehörte Einwand vom lange obsolet gewordenen Gegensatz zwischen links und rechts in einem entscheidenden Punkt tatsächlich ins Recht gesetzt. Womöglich ist der Tag nicht fern, an dem eine neue Frontlinie die alten klassischen Scheidungen ablöst. An ihre Stelle träte dann eine politische Gegnerschaft, die Anhänger und Feinde dessen trennt, wofür »der Westen« nur ein Wort ist.

Täuscht der Eindruck, daß nirgendwo so betreiberisch wie in Deutschland die Stellungen für diese Zukunft bezogen werden? Vielleicht war die so stabil anmutende Verwestlichung der alten Bundesrepublik nur ein Reflex auf die sowjetrussische Bedrohung. Mit dem Untergang des östlichen Imperiums jedoch hat sich die Besorgnis vor dieser Gefahr weitgehend verflüchtigt, und Deutschland ist erstmals wieder auf sich gestellt. Niemand vermag zu sagen, wo es steht, wenn es bei sich steht, trotz aller Einbindung in Europa und die Atlantische Gemeinschaft. Mitunter scheint es, als sei es dabei, in seine grüblerische Ortlosigkeit zwischen Ost und West zurückzufallen mit dem Traumbild eines eigenen deutschen Weges im bislang unbetretenen Gelände zwischen Kapitalismus und einem menschlichen, auf seine humanen Vermächtnisse zurückgeführten Sozialismus.

Noch ist dergleichen nur Rhetorik, die weder zur Organisation gesicherter Freiheit noch zur praktischen Regelung des gesellschaftlichen Interessenstreits, also zum eigentlich Politischen, etwas zu sagen wüßte, was mehr wäre als bloß Weltanschauung, Gesinnungsglück oder deutsch-fundamentalistische Großtheorie. Unübersehbar bleibt aber bei den einen wie den anderen die antiwestliche Stoßrichtung, und durch fast alle diese Wachträume irrlichtert, wie schwer greifbar auch immer, die Empfindung einer anderen Zugehörigkeit, weiter im Osten jedenfalls, von wo einem lange verdunkelten, jedoch nie ganz verlorengegangenen Mythos zufolge eben doch das Licht herkommt, und keine stalinsche Verfinsterung hat es gänzlich zum Verlöschen gebracht.

Phantasmagorien, Luftbilder, Imaginationen, sicherlich. Gerade das macht aber die Verlockung zumal für die Intellektuellen des Landes aus, deren Gedankenheimat, wie schon bei den kritischen Tagesschriftstellern des 19. Jahrhunderts, vorzugsweise im Irrealen liegt. Im Sommer 1990 schrieb ein englischer Beobachter nach einer Deutschlandreise im »Observer«, er habe bei zahlreichen Begegnungen im Osten wie im Westen des Landes keine einfachen Wahrheiten gehört. Dafür vieles, was mit komplizierten Träumen zu tun gehabt habe, mit Dritten Wegen, der Suche nach einer neuen Moral, mit Schuld oder Angst. Und stets schienen sich die Menschen, auf die er traf, viel darauf zugute zu halten, daß sie nicht waren wie alle Welt. Die »German Otherness«, schrieb er in der damals verbreiteten Sorge vor dem wiedererwachenden Land, das sich gerade den Schlaf aus den Augen rieb und auf alte Eigenarten zurückzukommen schien, sei derzeit der gefährlichste Mythos in Europa.

Von Sonderweg und Sonderbewußtsein war dabei keine Rede. Womöglich wußte jener Reisende nicht einmal, was es damit auf sich hat. Was er wahrnahm, war die angestrengte Unruhe, auf die er überall stieß, die Lust am hochtrabend Schwierigen, an schönen Trugbildern vor irgendeinem Horizont, weitab von der Wirklichkeit. Und was er sagen wollte, war, daß alle solche Ideen oder Skrupel, selbst die gutwilligen, nichts helfen, wenn der Sinn für das Vernünftige fehlt und die »einfachen Wahrheiten« nicht erkannt werden, deren Verlust die freiheitlichen Ordnungen mehr bedroht als alle ihre Feinde.

# Das nie endende Menetekel der Geschichte

*Betrachtung über Bernhard Heisig*

Mitunter scheint es, als seien Bedeutung und Folgen der historischen Wende von 1989/90 auch fünf Jahre nach den Ereignissen noch nicht annähernd erfaßt. Zwar hat, was damals geschah, die selbstgefällige, von Trägheit und provinziellem Hochmut geprägte Atmosphäre der Bundesrepublik einen Augenblick lang aufgestört. Doch zu den Begleitumständen jener Wochen und Monate gehörte auch, daß die Öffentlichkeit im Westen, kaum daß der Euphorienzauber der Vereinigung abgeklungen war, in den vertrauten Zustand zurückdrängte. Dem Veränderungsdruck jedenfalls, den der Zusammenbruch der Nachkriegsordnung ihr aufnötigte, ist sie mit zunehmender Gleichgültigkeit und bald auch abwehrend begegnet. Weniges hat das Phlegma des juste milieu, das die eigentliche, hinter aller Rhetorik vom dauernden Wandel durchscheinende Stimmung des Landes war, sichtbarer gemacht.

Der Vorwurf der Schwerfälligkeit und des einfallslosen Beharrens im Hergebrachten richtet sich bis heute vornehmlich gegen die Politik. Aber dem genaueren Blick konnte nie entgehen, daß deren Bewegungsmühe nur der Ausdruck dessen war, was alle wollten, die kulturellen Wortführer des Landes eingeschlossen. Auf literarischem Feld haben Günter Grass und Patrick Süßkind, auf publizistischem beispielsweise Erich Böhme (»Ich will nicht wiedervereinigt werden!«) diesem Immobilismus mit unterschiedlichen Begründungen Ausdruck gegeben.

Wer heute zurückblickt, kommt um das Eingeständnis nicht herum, daß, im ganzen jedenfalls, der politische Apparat beweglicher und offener reagiert hat als die übrigen Gruppen der Gesellschaft, die mit einer vielfach fast verzweifelten Gereiztheit auf der Wahrung dessen bestanden, worin man sichs seit langem gut sein ließ. Es zählt dies nach wie vor zu den auffallenden, wohlweislich verschwiegenen oder nur vom Rande her vorgebrachten Einwürfen über den Prozeß, in den das Land geraten ist.

Man kann es die womöglich verblüffendste Erfahrung der zurückliegenden Jahre nennen, daß gerade die Kunstszene eine beispiellose Zähigkeit entfaltet hat, den Status quo ihrer geistigen, künstlerischen und materiellen Besitzstände zu verteidigen. Denn sie hatte sich in aller vergangenen Zeit mit besonderer Vorliebe als die große Unruhe aufgespielt und selbstergriffen die eigenen Vorstöße ins Unbekannte nicht nur gefeiert, sondern der Gesellschaft modellhaft empfohlen. Die veränderte Lage brachte in ihren Reihen einen Quietismus zum Vorschein, der sich zwar noch immer in den Floskeln des Provokanten gefiel, aber längst jede Beunruhigung scheute. Nicht selten drängte sich sogar der Eindruck auf, sie hätte viele Jahre lang nur Nebelkerzen abgebrannt, hinter deren Blitzen und Rauchvorhängen sich verbergen ließ, daß sie nur die Gesten von ehedem repetierte, mit denen sich aber die Meinungen, der Markt und der Betrieb im ganzen beherrschen ließen. Insofern war die Kunst der siebziger und achtziger Jahre tatsächlich der authentische Ausdruck der Gesellschaft, der sie entstammte. Denn es war geradezu das Kennzeichen der bundesrepublikanischen Idylle, daß sie die eigenen Erstarrungen durch ein Vokabular des permanenten Aufbruchs verdeckte.

Dennoch erstaunte die Unbekümmertheit, mit der die Kunstszene angesichts der veränderten Lage den Offenbarungseid leistete. Statt sich der Herausforderung, die mit der

Vereinigung gekommen war, zu stellen, wurde nun der schon verschiedentlich aufgeflammte Streit zwischen West- und Ostkunst in größerem Rahmen und mit rasch sich radikalisierenden Generalverdammungen eröffnet. Durchweg alle in der ehemaligen DDR entstandenen Werke seien nichts anderes als mehr oder weniger ideologisch verformte Ausgeburten einer unerheblichen, mit dem Untergang des Regimes auf die Abfallhalden der Geschichte beförderten Staatskunst, hieß es, und selbst die seltsame, sich unverhohlen zur Unkenntnis der europäischen Kunstgeschichte bekennende Behauptung fehlte nicht, daß kein bedeutendes Kunstwerk je unter unfreien Verhältnissen entstanden sei. Von der Erbitterung, mit der die Auseinandersetzung von seiten der Westkünstler geführt wurde, zeugte die Bemerkung von Georg Baselitz über die »Arschlöcher«, die sich der gängelnden Kunstbürokratie der DDR widerstandslos unterworfen und in vierzig Jahren nicht ein einziges Werk hervorgebracht hätten, das irgendeine Beachtung lohnte.

Gewiß läßt sich das aus persönlichen Erfahrungen und Gefühlen der verlorenen Lebenszeit herstammende Ressentiment derer, die wie Georg Baselitz, Richter oder A.R. Penck ihre frühen Jahre in aussichtslosen Querelen mit den Kulturfunktionären der SED zugebracht hatten, ohne viel Mühe begreifen. Aber der Streit rührte weit tiefer reichende, zum Teil in Vergessenheit geratene Konflikte aus den Anfangsjahren der Moderne wieder auf. Die Auseinandersetzung über das, was Zeitgenossenschaft verlange, über Ikonographie, das Verhältnis zur Geschichte und über die gesellschaftliche Bedeutung der Kunst war und ist insoweit auch eine Art Gespensterkampf über katalaunischen Feldern. Es hat die Heftigkeit, mit der er von seiten gerade der Anwälte der sogenannten Westkunst ausgetragen wurde, noch erheblich verschärft, daß sie sich oder doch die Sache der Moderne nach so vielen, zuletzt immer unangefochtener errungenen Triumphen seit geraumer Zeit in der Defensive sahen.

Auf der anderen Seite sah sich auch die »Ostkunst« einem Einwand ausgesetzt, der nicht einfach zu leugnen oder mühelos abzuschütteln war. Die zweifellos größte Last, die sie zu tragen hatte, kam aus der Verbindung mit dem politischen System, in dem sie entstanden war. Dabei spielte nicht einmal dessen Unrechtscharakter die ausschlaggebende Rolle. Viel eher war es der enge, bei den billigen Farbdrucken der Jahrhundertwende steckengebliebene Kunstbegriff der Machthaber, der sich mit den jeweils für notwendig erachteten agitatorischen Zwecken zu einer starren Theorie dessen verband, was Kunst sei und zu bewirken habe. Schon 1948 hatte der Kulturkommissar der Sowjetisch Besetzten Zone, Alexander Dymschitz, die sogenannte Formalismus-Debatte mit einem Satz eröffnet, der nicht zufällig, wie die gerade abgetretenen NS-Kulturwächter auch, das vermeintliche Volksempfinden ins Treffen führte: »Im Grunde hat das Volk«, erklärte Dymschitz, »gesunde Ansichten über die Kunst, die Kunst der Formalisten aber ist krank und unlebendig.« Und drei Jahre später versicherte Walter Ulbricht bei der Verkündung des ersten Fünfjahresplans, der, wie alle späteren Pläne auch, zugleich kulturelle Zielsetzungen verfolgte: »Wir wollen in unseren Kunstschulen keine abstrakten Bilder mehr sehen.«

Das war die unnachsichtige, mit Schikanen, Verfolgung und Vertreibung durchgesetzte Praxis der frühen Phase, und nicht ohne Grund ist an diese und ähnlich lautende Äußerungen im Verlauf des gegenwärtigen Streits wiederholt erinnert worden. Rund sechshundert Künstler haben in den vierzig Jahren des Bestehens der DDR das Land verlassen. Aber bei alledem droht mitunter in Vergessenheit zu geraten, daß der Anfang und die Mitte nicht das Ende waren und welche Freiräume sich eine Vielzahl von Künstlern im Lauf der Zeit erkämpft hat; vor allem aber, welches Maß an Selbstbehauptungswillen, doppelsinniger Phantasie und schließlich auch Vitalität sich einige von ihnen gerade im anhaltenden Kleinkrieg mit den Kunstfunktionären erobert haben.

Das Mißtrauen, das der Kunst von jenseits der Elbe entgegenschlägt, reicht aber tiefer. Was der Reglementierungswut engherziger Kunstaufseher am Ende widerstanden hatte, war gleichwohl mit einer Hypothek belastet, die auf allen in der DDR überhaupt entstandenen Arbeiten liegt, sofern deren Urheber Beachtung oder öffentliche Resonanz suchten und nicht, wie etwa Gerhard Altenbourg, in den stummen Haß des unversöhnlichen Eigenbrötlers auswichen. Da die Dogmatiker des sozialistischen Realismus, trotz aller allmählichen Lockerungen, bis zuletzt den tiefen Bruch ignorierten, der die Kunst des Jahrhunderts gespalten hat, brachten sie zugleich in Mißkredit, was in wie abgeleiteter Form auch immer an den Vermächtnissen der Vergangenheit festhielt: an der Figur, an historischen Stoffen, dem »Bild« überhaupt. Während die Moderne alles Gewesene verabschiedet hatte und auf der leergeräumten Fläche ihre selbstvergessenen, weder von der Geschichte, der Welt ringsum oder irgendwelchen appellativen Wünschbarkeiten behelligten Spiele trieb, hielt die in der DDR enstehende Kunst an gewissen Vorgaben fest; sie stand niemals nur für sich selbst und eine autonome Experimentierlust.

Das hat ihr unvermeidlicherweise den Verdacht der politischen Gebrauchs- und Auftragskunst eingetragen. Der Einwand ist im Verlauf des Streits über die Ostkunst wieder und wieder aufgetaucht, und gerade die verallgemeinernden Verdikte stützen sich mit der Wucht eines pejorativen Imperativs darauf. Wie falsch er war, lehrt der Blick auf die Kunstpolitik des italienischen Faschismus ebenso wie der auf die frühe Sowjetunion. Denn im einen wie im anderen Falle haben die abstrakten Figurationen, die Zeichen und Symbole in ihrer Vieldeutigkeit, je nach dem Gutdünken der Machthaber, dazu hergehalten, die Erinnerung ans vorgeblich Ewigmenschliche, an das Gesetz der Geschichte oder den Aufbruch zu neuen Ufern wachzurufen und in alledem der Legitimierung des totalitären Herrschaftsanspruchs zu dienen.

Tatsächlich verliert sich, wer die Kunst an solchen vordergründigen Kriterien mißt, rasch im Ausweglosen. Die Gleichsetzung von Abstraktion und Freiheit, Abstraktion und Zeitgenossenschaft oder Abstraktion und künstlerischem Rang ist schlechterdings unbegründbar; jeder, der einmal an den Kojen moderner Kunstmessen vorbeigegangen ist, kennt die Empfindungen des Wüstenwanderers, und kein Gefühl von Gegenwärtigkeit oder Ausdrucksvielfalt spendet ihm Trost. Auf der anderen Seite führen auch die Anknüpfung an die Traditionen der Bildersprache oder der bekennerische Humanismus eines Werkes noch lange nicht zur Kunst. Die Untiefen lauern hier wie da. Was Kunst ausmacht, hat weder mit irgendeiner Autonomie noch, einem bekannten Wort zufolge, mit dem Gutgemeinten zu tun. Dem Urteil liegen andere Maßstäbe zugrunde.

Nicht einmal das fatale Dilemma des Künstlers unter der Diktatur findet in solchen durchweg moralisch aufgeladenen Bewertungen eine Antwort. Der Vorwurf des Opportunismus, der Nachgiebigkeit und sogar der unterwürfigen Liebedienerei wird stets das charakterliche Urteil prägen. Doch das künstlerische ist davon unabhängig. Nach einer Bemerkung von Oscar Wilde, dessen Zynismus nur der literarische Ausdruck einer verschämten Wahrheitsliebe war, sagt die Tatsache, daß ein Schriftsteller ein Giftmischer ist, nichts über seine Prosa. Ersichtlich ist die Geschichte aller Künste bevölkert mit Figuren, die das moralische Urteil Mal um Mal in Verlegenheit setzen. In der Musik kann man an Richard Wagner denken, in der Literatur an Bertolt Brecht und in der bildenden Kunst an Dali oder auch an Jacques-Louis David, der als eine Art Repräsentationskünstler drei aufeinanderfolgenden Regimen diente und bei jedem der blutigen Umbrüche, die dazwischen lagen, ohne Zögern die Herren oder die Freunde von gestern fallenließ und die heiligsten Schwüre vergaß. Doch dem Urteil über sein Werk hat dergleichen nichts anhaben können.

Kunst und Gesinnung oder, auf der persönlichen Ebene, das Verhältnis von Künstler und Charakter: Die Trennlinie zwischen der moralischen und der ästhetischen Bewertung, die es zu allen Zeiten gab, ist durch die Romantik noch schärfer ausgezogen worden. Denn seither stellten sich die Künstler bewußt außerhalb nicht nur der bürgerlichen, sondern jedweder Norm überhaupt und reklamierten für sich das Vorrecht, über allem für recht Gehaltenen zu stehen. Der Ausgangssatz, der die Akte der menschlichen Untreue und der Überläuferei rechtfertigte, lautete, daß das Werk seine eigene Moral habe und über allen Regeln stehe. Schon die ältere, bezeichnenderweise in der romantischen Epoche wiederauflebende Legende vom Teufelspakt hat dieser Sonderstellung des Künstlers die metamoralische Begründung verschafft. Erst wo die Verräterei nicht nur den Menschen, sondern das Werk selber in Mitleidenschaft zog, fiel die Rechtfertigung in sich zusammen. Es gibt eine Bemerkung Willi Sittes von 1971, die diesen Grenzpunkt überschreitet: »In meiner künstlerischen Auseinandersetzung«, heißt es da, »ging es mir in erster Linie nicht darum, die Ehre der Kunst zu retten, indem sie Partei ergreift, sondern um die Parteinahme selbst.« Das ist tatsächlich das Bekenntnis zur Propaganda- und Plakatkunst, die Unterwerfung unter gedungene Zwecke, die nicht nur die persönliche Moral, sondern gleichzeitig die Moral des Werks ruinieren.

Die Äußerung zeigt auch, daß die Unterscheidung in jedem Einzelfall zu treffen ist. Die verallgemeinernde Neigung, die sich in den öffentlichen Auseinandersetzungen gerade über die Kunst breitmacht und nach dem Ende des ideologischen Zeitalters dessen Streitigkeiten jenseits ästhetischer Maßstäbe weiterführt, lenkt in die Irre. Womöglich ist das sogar die hinter allen groben Generalverurteilungen stehende Absicht. Denn wie fast immer verbirgt auch in diesem Fall das moralische Argument die unterschiedlichsten und jedenfalls kunstfernen Interessen.

*

Es hat in der Geschichte verschiedentlich den unerwarteten Aufstieg einer Provinzstadt zu einem Mittelpunkt künstlerischer Bemühungen von großer Ausstrahlungskraft gegeben, ohne daß die späteren Betrachter über die bloße Verlaufsschilderung hinaus zu sagen wüßten, welche Ursachen und Anstöße da zusammenkamen. In Leipzig hat sich während der fünfziger Jahre im Umkreis der damals eher unbedeutenden Hochschule für Grafik und Buchkunst eine Anzahl junger Künstler zusammengefunden, die zwar keine Gruppe bildeten und nicht einmal durch ein weitgesteckt formuliertes Programm verbunden waren. Vielmehr wirkten sie fast beziehungslos nebeneinander und entwickelten doch, jeder für sich, eine unverwechselbare Sichtweise und Bildsprache. Sie haben Leipzig zu einem Kunstzentrum und die eigenen Arbeiten, wie man gesagt hat, zumindest in Westdeutschland, zu einem »Synonym« für die Malerei der DDR gemacht: Heisig, Mattheuer, Tübke.

Ihre Anfänge standen ganz im Zeichen der vormundschaftlichen Reglementierungswut der Partei, all den zähe verfolgten Versuchen, eine Art emphatischer, vom Glauben an das sozialistische Aufbauwerk bewegter Volkskunst zu schaffen, die über Bitterfeld hinaus auf einfältigen Wegen in immer neue Sackgassen führte. Der Entwicklung eines eigenen Ausdrucks standen zu jener Zeit gerade für junge Künstler unendliche Beschwerlichkeiten entgegen, und es bleibt bis heute erstaunlich, wie sie sich, ungeachtet aller Widerstände, gegen die flächige und dimensionslose Programmatik der verordneten Kunst der DDR durchsetzten. Bernhard Heisig hat 1984, in einer Betrachtung über Max Beckmann, berichtet, mit welchen Behinderungen sie zu tun hatten und zu welchen Ausflüchten sie im Dauerstreit mit dem Regime griffen. Noch heute spricht er von den »schrecklichen, unbeschreiblichen Jahren des Studiums«. Ein Kulturfunktionär, der sich über eine seiner frühen Arbeiten erregte, konnte erst beruhigt werden, als ihm entgegengehalten wurde, Heisigs Bild »sei doch nur für eine Bar bestimmt«. Thekenkunst stand sozusagen außerhalb der kanonisierten Norm. »Na ja«, war die Antwort, »für 'ne Bar, meinetwegen!«

Die Konfliktgründe des schwierigen, von Mißhelligkeiten und Rückschlägen begleiteten Weges hatten im ganzen weniger mit ideologischen Meinungsverschiedenheiten zu tun als mit verwehrter Eigenständigkeit. Im Gegenteil bejahten diese Künstler nicht nur die Idee des Sozialismus, sondern dem Grundsatz nach wohl auch die Spannung, in die sie angesichts der gesellschaftlichen Umstände unvermeidlicherweise gerieten. Wo kein Gegenüber existiere und keine Reibung, so hatten sie sich, im Unterschied zu den Künstlern im Westen, zu eigen gemacht, gewinne die Kunst zwar grenzenlose Freiheit, gerate aber zugleich auch in Gefahr, ziellos im Leeren zu taumeln. Bernhard Heisig hat bei Gelegenheit bekannt, daß die Stellung, die er und seinesgleichen in der sozialistischen Gesellschaft einnahmen, »gar nicht so weit weg (war) von der klassischen Vorstellung des Künstlerseins, wie sie die Renaissance noch hatte. Etwa die Tatsache, daß sich Michelangelo ganz selbstverständlich als Auftragnehmer des Papstes fühlte und den Papst als Verkörperung eines Willens akzeptierte, weil ja ein geschlossenes Weltbild existierte.«

Man kann gleichwohl den bemühten Ton nicht überhören, der in der Äußerung mitklingt, und auch den Hinweis nicht, daß ein geschlossenes Weltbild bestimmte Abhängigkeiten unumgänglich mache, in denen man sich zu behaupten habe. Das war, über alle formalen Rückbindungen hinaus, die andere Tradition, in die Heisig sich eingebunden wußte, und er war, wie die beiden anderen Künstler des Leipziger Dreigestirns, Wolfgang Mattheuer und Werner Tübke sichtlich auch, nicht blind für die Doppelrolle, in die er mit voranschreitender Zeit unweigerlich geriet. Denn jedes Stück erkämpfter Subjektivität führte zwangsläufig dazu, die starren Linien aufzubrechen, die das Regime vorzeichnete, sogar dessen stetiger Widerspruch zu werden und zugleich als vielfach privilegierter Repräsentant seines kulturellen und damit zugleich politischen Anspruchs zu figurieren.

Es war ein schmaler Grat zwischen Selbstbehauptung und äußerlicher oder jedenfalls werkunabhängiger Anpassung, auf dem sie sich bewegten, und Heisig hat das Dilemma gesprächsweise auf die Formel gebracht, er habe alle diese Jahre die Gefahr verspürt, entweder »Programmkunst« zu verfertigen oder »im rein Artistischen zu verrecken«. Vieles sprach dafür, daß der Weg nicht ohne Abstürze zurückzulegen war. Die Biographien aller drei Künstler verzeichnen das. Von Tübke ist zu hören, daß er Erfahrungen mit Verhören und sogar Folterungen machte, Mattheuer zog sich in eine Art ignorierter Unnahbarkeit zurück und galt als »der große Gerechte«, während Heisig, der 1961 zum Rektor der Hochschule ernannt worden war, drei Jahre später aus seinem Amt abberufen wurde. In einem spektakulären und alsbald scharf attackierten Auftritt hatte er die bornierte Verdammung der Moderne kritisiert und eine Kunst verlangt, »die den Betrachter geistig fordert, die ärgert, provoziert, angreift«. Die Reformen, die er an der Hochschule eingeführt hatte, der Verzicht beispielsweise auf die Vermittlung einer vorgegebenen Stilauffassung zugunsten der Förderung des künstlerischen Talents, auch die Ausstellungen von Werken verpönter Künstler wie Picasso oder Klee sowie die Reisemöglichkeiten, die er für die Studenten verlangte, weil jeder sehen können müsse, was er für sein Weiterkommen brauche: All das hatte schon bald nach Beginn seines Rektorats verbreiteten Unwillen erzeugt und ihm in der einflußreichen Bezirkszeitung die Bezeichnung »verkommenes Subjekt« eingetragen. Jetzt wurde ihm die Versetzung in einen Betrieb angedroht und seine Amtsenthebung mit der »Nichterfüllung der erzieherischen Aufgaben« begründet.

Auf Dauer freilich ließ sich, wie die Kunstoberen erkennen mußten, die strenge Rechtgläubigkeit nicht halten. Bedrängt von der immer neuen Unruhe innerhalb der Kunstszene, gaben sie seit der zweiten Hälfte der sechziger Jahre und vor allem mit dem Amtsantritt Erich Honeckers 1971 ein Stück weit nach. Erstmals tauchten nun Begriffe wie »Vielfalt« oder »schöpferisches Suchen« im kunstpolitischen Vokabular auf, und allmählich schuf sich auch die Einsicht Raum, daß die Prinzipien des »Sozialistischen Realismus« nicht als konkrete Einzelanweisung, sondern lediglich als »perspektivische Norm« aufzufassen seien.

Die legendär gewordene Leipziger Bezirksausstellung von 1965, die später zum Gründungsmythos einer eigenen DDR-Malerei avancierte, hat gerade den in der Stadt ansässigen Malern zu einer Art Durchbruch verholfen. Jedenfalls zeigten ihre Arbeiten schon Motive, Techniken und Raumbildungen, die sie im weiteren Verlauf zu immer größerer Eigenart ausbildeten. Tübke war mit den »Lebenserinnerungen des Dr. iur. Schulze« vertreten, das einen NS-Richter darstellte, thronend inmitten der von Allmacht, Glück und Schrecken zeugenden Versatzstücke seines Lebens, und der Würdenträger selbst wie das Sammelsurium ringsum enthielten schon die ganzen, später virtuos weiterentwickelten Doppeldeutigkeiten der Tübkeschen Marionettenwelt, Mattheuer zeigte die »Kain«-Allegorie, während Heisig eine der zahlreichen, seit Mitte der fünfziger Jahre in immer neuen, annähernd fünfzehn Anläufen hergestellten

Fassungen der »Pariser Kommune« ausstellte, die, im Übergang der Zeit, den Streit über den Sozialistischen Realismus noch einmal heftig aufrührte.

Die Verteidiger des Hergebrachten beklagten gerade am Bild Heisigs, das unter schrillen Lichtern ein Gewirr von Leibern im Sturz vor den Bajonetten der Miliz zeigte, den Mangel an historischer Lesbarkeit, an Parteilichkeit und verklärender Einsicht in den Gang der Geschichte. Denn die Machtverhältnisse hätten den Besiegten von einst den Triumph nur vorenthalten, die Unwiderstehlichkeit ihrer Sache aber keineswegs beeinträchtigt: Immerhin sei die Kommune »der erste proletarische Staat der Welt« gewesen, wie es in der *Leipziger Volkszeitung* hieß. Heisig dagegen beharrte, er habe die Tragik nicht »hinausschwindeln« wollen. Schon zwei Jahre zuvor hatte Walter Ulbricht vor einer früheren Fassung des Kommune-Motivs bemängelt, daß Heisigs Darstellung nichts vom sieghaften Ungestüm vorrückender Arbeiter spüren lasse, nichts von den »Himmelsstürmern«, die das berühmte Wort von Karl Marx gefeiert habe, und statt dessen auf die »unterliegenden letzten Kämpfer« verweise. Das aber verfälsche den Sinn der Geschichte ebenso wie den Auftrag der Kunst. Denn, meinte er, »das Wesen des Historienbildes besteht darin, die fortschrittlichen Menschen als Helden und Gestalter der Geschichte zu zeigen«.

Die Äußerung, mit dem Gestus väterlicher Belehrung und Alleswisserei vorgetragen, machte zugleich sichtbar, daß der Auffassungsgegensatz weit über alle ideologischen Einwände hinaus und bis ins Zentrum der Frage ging, was Kunst sei und zu leisten habe. Vermißt wurden, als die Debatte jetzt erneut auflebte, die einfachen Ausdrucksformen, die bilderbogenhafte Zukunftsgewißheit sowie die stärkende Erzählweise sozialistischer Genremalerei. Statt der schlichten, immer gültigen Erfahrung von Kampf und Sieg wandte sich die Generation der neuen Maler schon mit ihren Bildthemen an den reflektierenden Betrachter, verlangte Geschichtskenntnis, Erinnerung sowie Urteilsvermögen und eröffnete seiner Entschlüsselungsneigung weite Felder, bis hin womöglich in irgendwelche Gegenwelten, wo jene Willkür der Gedanken herrschte, aus der, wie das Regime es sah, alles Übel kam.

Ähnlich verwirrend wirkten jetzt und zunehmend in den folgenden Jahren die verwendeten Stilmittel, die oft facettenreiche und auf den ersten Blick keineswegs eindeutige Bildersprache, alles voll von Anspielungen, Zitaten sowie Raum- und Zeitvermischungen. Tatsächlich mußte der schon in den Titeln zum Vorschein kommende Doppelsinn von Arbeiten wie »Kain«, »Dr. iur. Schulze« oder (Untergang der) »Pariser Kommune« den Argwohn ewig ängstlicher, von Machtsicherungskomplexen behexter Funktionäre wachrufen. Doch gleichzeitig spricht viel dafür, daß keiner der genannten Künstler eine offene Herausforderung der Staatsmacht im Sinn gehabt hat.

Die Absicht ging viel eher dahin, das eigene Werk über alle öden Eindeutigkeiten hinaus auf ein Terrain zu führen, wo die Dinge im Wortsinne fragwürdig wurden und der Zweifel die vermeintlichen Gewißheiten zumindest dialektisch durchsetzte. Bernhard Heisig, der die 1965 ausgestellte Fassung des Kommune-Bildes bald darauf im Zorn zerstörte, so daß sie nur in einem Foto überliefert ist, hat auf Befragen erklärt, er habe keine Ahnung gehabt, worauf er sich mit dem Sujet politisch einließ; vielmehr sei er auf das Thema bei der Suche nach einem Stoff gestoßen, der seinem Bedürfnis nach Dramatik und Konflikt gerecht wurde.

Auch, wie man wohl hinzufügen muß, seinem tiefen Pessimismus, der aus der eigenen Biographie herrührte und mit dem verordneten Vertrauen in das historische Gesetz vom Sieg der überlegenen Sache nicht zurechtkam. Was immer ihm in den Jahren von Krieg, Niederlage und Neubeginn widerfahren war, hatte ihn zu der Einsicht gebracht, daß dort, wo die großen Strategien der Kommandeure des Geschichtsverlaufs von den Menschen in der Wirklichkeit ausgefochten werden mußten, Gut und Böse nicht zu unterscheiden waren und nur noch tragödienhafte Verstrickungen übrigblieben, Grauen und Widersinn auf der einen wie auf der anderen Seite. Der wiederkehrende Vorwurf des »Amorphen« und »Destruktiven«, dem sein Werk von seiten der offiziösen Kunstkritik ausgesetzt war, bezog sich nicht nur auf die formale, von häufig wilder Bewegung erfüllte Behandlung eines Themas, sondern auch und vor allem darauf, daß er die ideologisch vorgegebenen Dichotomien von Freund und Feind, Recht und Unrecht nicht mehr kenntlich machte. Es war eine Kunst, die ständig neue Fragen aufwarf, ohne den Automatismus der einzig richtigen Antwort zu betätigen und folglich nichts weniger bewirkte als den festen Grund zu unterhöhlen, auf dem alles gründete.

Insoweit rührte der Streit dieser sechziger Jahre an Grundsätzliches und mußte fast zwangsläufig, mehr oder minder unabhängig vom Willen der Beteiligten, an einen kritischen Punkt geraten. Jedenfalls wurde Heisig 1968 aufgefordert, sich für die Dauer von zwei Jahren einer politischen Schulung zu unterziehen. Als Antwort stellte er daraufhin seine Lehrtätigkeit an der Leipziger Hochschule überhaupt ein und schlug sich acht Jahre lang als freischaffender Künstler durch. Seine erklärte, beharrlich vertretene Absicht, »den Stoff durch die Form (zu) vertilgen«, riß einen unüberbrückbaren Abgrund zu aller illustrativen Erbauungskunst auf.

Zugleich aber machte Heisig jenen harten Kern künstlerischer Autonomie sichtbar, den er keinem Weltbild zu opfern bereit war, wie sehr er mit dessen Prämissen auch übereinstimmen mochte. Hier verlief eine äußerste Grenze, und das Regime war, trotz aller Ungehaltenheit, einsichtig genug, sie schließlich durch eine Art Waffenstillstand anzuerkennen. Als mit Beginn der siebziger Jahre Heisigs Bilder im größeren Rahmen wieder ausgestellt werden durften, erging, wie es heißt, für sie wie für die metaphorisch übersetzten, allegorisch und sinnbildhaft verdichteten Arbeiten der Leipziger Neuerer überhaupt, bezeichnenderweise ein Erläuterungsverbot. Denn die Interpretation an sich war schon ein Akt der Abweichung, weil das Wesen aller wahrhaft sozialistischen Kunst darin bestand, sich ohne Deutungsmühe selbst zu erklären.

*

»Ein Volk ist ohne seine Geschichte kunstunfähig«, lautet ein Schlüsselsatz Heisigs, und die apodiktische Form der Äußerung verrät, wieviel darin eingegangen ist: philosophische Einsicht, die Überzeugung von den vielfältigen Unentrinnbarkeiten des Daseins, die der Mensch nur in seinen infantilen oder blasphemischen Zuständen leugnen konnte, Wirklichkeitssinn, sogar so etwas wie Demut oder doch Erkenntnis der Begrenztheit der großen Projekte, dies alles vermittelt und zusammengehalten durch die Stationen der eigenen Biographie. Der Satz des Polybios, daß ein Mensch ohne Geschichte wie ein Wesen ohne Augen sei, würde Heisig sicherlich in mehr als einem Sinne als Maxime seines eigenen Welt- und Kunstverständnisses auffassen, und vielleicht bezeichnet die hochmütig proklamierte Geschichtslosigkeit der westlichen Moderne den äußersten Punkt der Entfernung zu ihr und ihren Hervorbringungen. »Welch ein Angebot«, hat er über die Bedeutung des historischen Bewußtseins insbesondere für den Künstler bemerkt, »sich künstlerisch einzuordnen, und welch ein Trost!«

Aber nicht nur der Halt, den er suchte, auch Heisigs Skepsis und sogar sein Pessimismus gehen zuletzt auf die Geschichte zurück und die Gewichte, deren Last nicht abzuschütteln war. Über die erwähnten Gründe hinaus, hat er in der Absage der Moderne an die Vergangenheit wohl immer auch ein Verdrängungsbedürfnis am Werk gesehen, das sich zusammen mit den künstlerischen Traditionen auch die moralischen Auflagen der Epoche vom Halse schaffen wollte. Der Gegeneinwand, daß Heisig lediglich den Antifa-Komplex der kommunistischen Machthaber in Bilder übersetzt habe, verfängt schon wegen der authentischen Besessenheit nicht, mit der er sich diesem Gegenstand zuwandte. Sie ist auch der eigentliche Grund dafür, daß die umfangreiche Werkfolge, die daraus entstand, sich aller instrumentellen Verwendbarkeit widersetzt.

Geboren 1925 in Breslau, hatte Heisig sich 1942 freiwillig gemeldet, in der SS-Panzerdivision »Hitler-Jugend« den Krieg mitgemacht und war in der Schlußphase zur Verteidigung seiner Heimatstadt kommandiert worden. Die Erlebnisse dieser Zeit, zumal das Grauen in der wochenlang belagerten Stadt, hat sich ihm so unvergeßlich eingeprägt, daß er fast fünfundzwanzig Jahre benötigte, ehe er sich an das Thema wagte. Zuvor hat er gelegentlich erklärt, er versuche zwar immer wieder, jene Erfahrungen in Bilder umzusetzen, werde aber damit nicht fertig: »Ich bin immer zu nah dran!« Erst in den späten sechziger Jahren gelang es ihm, die blockierende Scheu zu überwinden, und seither zählt der Themenkatalog von Krieg und Geschichtsschrecken, den er häufig bis in die weitere Vergangenheit ausgedehnt hat, zum ständig wiederkehrenden, nahezu leitmotivischen Bestand des Gesamtwerks. Vereint bilden die Arbeiten ein einzigartiges Entsetzenspanorama, die wüste, moderne Form eines Totentanzes, der die Hölle schon ins Diesseits holt.

Zahlreiche Titel deuten auf den Gegenstand, der seither die Mitte seines Werkes bildet: »Festung Breslau« (erstmals 1969), »Heroenwechsel« (1973/74), »Die erste Bürgerpflicht« (1977), »Preußisches Museum« (1977/78), »Preußischer Soldatentanz« (1978/79), »Denkmal am Morgen« (1978/79) oder »Ardennenschlacht« (1978/81). Jedes dieser Sujets hat er, wie die weiteren

Arbeiten zu diesem Thema auch, in vielen, mitunter ungezählten Varianten gemalt, nicht selten gibt es vier oder mehr Fassungen. Hinzu kommen die häufigen Übermalungen, so daß, wie er selber sagt, rund ein Drittel seines Werkes verlorenging. Eine Fülle von Anekdoten berichtet, wie er zur Verzweiflung der Galeristen seine Bilder vor dem Transport zu einer Ausstellung für eine letzte Überarbeitung zurückhielt, sie noch einmal ausbat oder sich bei Nacht unter einem Vorwand in die Galerieräume schlich, um eine unversehens ganz unumgänglich gewordene Korrektur vorzunehmen, so daß einmal ein Fotograf, der am Abend zuvor die ausgestellten Arbeiten aufgenommen hatte, seinen Filmen nicht mehr trauen wollte: Es gab kein Ende, er wisse selber nicht, wann und warum ein Bild fertig sei, hat Heisig bekannt, und »alle Ausstellungen kommen ein halbes Jahr zu früh«.

Darüber hinaus taucht die Vergangenheit aber auch, meist als katastrophische Reminiszenz, in zahlreichen weiteren Bildern auf, deren Titel den historischen Zusammenhang nicht ausdrücklich kenntlich machen. Dazu zählen beispielsweise »Atelier« (1979), das teilweise auf nachgelassenen Leinwänden Max Beckmanns gemalte Polyptychon »Der Maler und sein Thema« (1977/79), die sieben erhaltenen Versionen des »Zauberlehrling« (1978/81), das Tryptychon »Begegnung mit Bildern« (1986), ferner »Christus verweigert den Gehorsam« (1986) sowie, wiederum als Tryptychon komponiert, die »Schlagerparade mit Rücksichten« (1993).

Die Okkupation durch die Vergangenheit ist in der Tat das stärkste Bewegungszentrum seines Schaffens, und als nur ein Beispiel unter vielen kann man eine Arbeit aus dem Jahre 1977 heranziehen. Sie trägt den charakteristischen, eine Bildbezeichnung Dalis abwandelnden Titel »Die Beharrlichkeit des Vergessens« und zeigt als Mittelpunktfigur die schon auf früheren Bildern verwendete Gestalt eines schreienden Kriegskrüppels, der seine Auszeichnung halb betrachtend und halb herzeigend in die Höhe hält. Um ihn herum entfaltet sich ein Pandämonium mit toten oder versinkenden Uniformierten, zwei Liebespaaren, einer Mordszene. Im unteren Vordergrund bläst ein Narr mit Schellenkappe das Helikon, und ein Mensch hinter einem unruhig durch das Bild verspannten Spruchband mit der Aufschrift »Wir sind doch alle Brüder und Schwestern!« schlägt die Hände vors Gesicht. Am Bildrand auf der einen Seite starren Gefangene durch Gitterstäbe, auf der anderen erscheint ein Turm aus Fernsehgeräten mit aufgerissenen Mündern, die auf das leere Geplärr der Medien verweisen, am eingedunkelten Himmel ist schemenhaft ein fliehender Engel zu erkennen, und die Uhr zeigt fünf nach zwölf.

Das Bild enthält keine rasch entzifferbare Botschaft, und wenn die ursprüngliche Absicht des Malers auf einen moralischen Appell gerichtet war, führte ihn die Arbeit vor der Staffelei offenbar weg von den simplen Schuldzuweisungen einerseits wie von jenen parolenhaften Ermutigungen andererseits, wie sie aller pädagogisierenden Kunst eigen sind. Zur Anklage fühle er sich nicht berechtigt, hat Heisig später dazu bemerkt, er habe sich vielmehr »über die Bewußtseinslage klarwerden (wollen), in der ich mich damals mit vielen meiner Generation befand«. Aus diesem Grund auch taucht auf einigen dieser Bilder ein Selbstbildnis auf, Erfinder und Erleidender sind eins, ganz nach der Art mancher alter Werke, die der Künstler mit der Formel versehen hat: »Ich habs gesehn.«

Tatsächlich sind Arbeiten wie diese weniger Aufrufe als komplexe Zustandsbeschreibungen. Zugleich zeigen die einander bedrängenden Motive, die teppichhaft durchwirkten, bis zum Rande mit Anspielungen, Zeitsprüngen und Widersprüchen angefüllten Gestikulationen ein Kompositionsverfahren, das Heisig seit spätestens dieser Zeit zusehends souveräner handhabte. Mitunter glaubt der Betrachter geradezu wahrnehmen zu können, wie der malerische Furor die Ausgangskonzeption und damit alle »agitatorischen« Vorgefaßtheiten überspielt und der Bildgedanke im Entstehungsprozeß seine Formulierung findet: Als gewinne er, ausgehend von noch ungeklärten Vorstellungen, malend erst, was einer »denkenden« Malerei zukommt. Es ist vielleicht das besondere Ingenium Heisigs, daß er die sich unablässig anreichernden, ins Vieldeutige und nicht selten auch Verworrene entgleitenden Einfälle immer wieder ordnen und zum überzeugend verdichteten, einheitlichen Bild zusammenschließen kann.

In diesem Vorrang des Malerischen vor allem programmatisch Belehrenden liegt vermutlich auch der tiefere Grund für die Zweifel, die Heisigs Werk, wenn auch mit abnehmender Tendenz, selbst nach seiner Rückkehr an die Hochschule im Jahre 1976 begleiteten. Denn in soviel Bereitschaft, die illustrative Treue der Verve des Zugriffs zu opfern, sich als Maler über die dargestellte Sache zu erheben und die Geschichte als Vehikel dessen zu verwenden, was ihn persönlich bewegte, sahen die mißtrauischen Partei-Ästhetiker immer auch einen Zug von »subjektivistischem« Hochmut. Das ist der Vorwurf, der dem Beobachter noch im nachhinein aus vielen kritischen Urteilen entgegenschlägt.

Jene von der Romantik verkündete Botschaft von der außer- oder antigesellschaftlichen Berufung des Künstlers war nicht mehr zurückzunehmen. Ursprünglich zwar gegen die bürgerliche Welt gerichtet, kehrte sie sich jetzt auch gegen die sozialistische Gesellschaft mit all ihrem klassenübergreifenden Versöhnungspathos. Man kann es womöglich den überzeugendsten Beweis für das Künstlertum Heisigs und vieler anderer nennen, daß sie in diesen Konflikt gerieten, obwohl sie lange Zeit bemüht blieben, ihrer erwarteten gesellschaftlichen Rolle gerecht zu werden. Der Anspruch der Kunst und die von außen aufgegebenen Zwecke kamen nicht zusammen. Die Gegensätze waren zu groß und ihre Überbrückung bald keine Sache des guten Willens mehr.

Wie Tübke und Mattheuer auch, hat Heisig am Primat des Künstlers auf dem Feld der Kunst festgehalten. Das machte sie zu Ausnahmefällen: Nach langen und zeitweise scharfen Kontroversen mit Auszeichnungen und Verbandsehren überhäuft, waren sie zu Repräsentanten in einem sozialistischen System aufgerückt, dessen Geschichtsvertrauen sie jedoch nicht teilten. Alle Zugeständnisse, die das weichende Regime ihnen nach und nach einräumte, änderten nichts an ihrer anthropologischen Skepsis und daß sie gleichsam die Fanfaren nicht blasen konnten, wie es gefordert war. Vielmehr mußten sie als Künstler immer wieder auf ihren Platz zurück, von dem aus sie das deprimierende Welttheater betrachteten, auf dessen Bühne entgegen der Ankündigung kein Heldenstück, sondern immer nur Tragödie gespielt wurde.

Bilder wie »Die Beharrlichkeit des Vergessens« haben diese Unvereinbarkeit geradezu aufdringlich sichtbar gemacht. In ihrer bis zum Bersten überladenen Einfallsfülle und Unübersichtlichkeit mußten sie darüber hinaus auch dem ideologischen Ordnungssinn pedantischer Kunstwächter zuwiderlaufen. Ein Kritiker sprach bezeichnenderweise davon, daß Heisig sich auf ein »Tummelfeld« begeben habe, wo das »Prinzip der sozialistischen Parteilichkeit in der Kunst« verneint werde. Hinzu kam, daß die teilweise rätselhaften Chiffren, die auf den Bildern auftauchten, die Querverweise oder Zitate, die im Falle der »Beharrlichkeit des Vergessens« auf eines der Kriegsbilder von Otto Dix deuteten, auch kenntlich machten, wieviel Wissen und entwickelten Kunstverstand das Verständnis von Kunst voraussetzt. Gesprächsweise meinte einer der Kader Ende der siebziger Jahre, Heisig und andere legten es mit ihren Bildern auf den hochmütigen Nachweis an, daß die Kunst, wie der Künstler auch, auf Etagen residierten, die dem Personal, selbst dem der Macht, immer unzugänglich blieben. Das Mißtrauen schwand bis zuletzt nicht. Noch in den späten achtziger Jahren waren die längst über die Grenzen der DDR hinaus berühmten Künstler in das Bespitzelungssystem der Staatssicherheit einbezogen. Und den nach wie vor unbeugsamen Gerhard Altenbourg, dessen wachsende Bekanntheit schließlich doch das Ausstellungsrecht erzwang, traktierte das Regime noch in den Tagen seines Untergangs mit entwürdigenden Nachstellungen.

Mit ihrem Argwohn hatten die Gegner dieser Kunst im Grundsatz recht. Heisig beispielsweise war und blieb ein Apokalyptiker, der die Verheißungen nicht teilte, die den Kern der sozialistischen Botschaft ausmachten, und statt dessen in aller geschichtlichen Bewegung nur das Geschiebe zu immer neuen Abgründen wahrnahm. Er habe »nicht sehr viel Hoffnung, was die Geschichte betrifft«, hat er bemerkt, und die Idee des Fortschritts als »blanken Unsinn« bezeichnet. Sein Blick auf die Welt war weniger von Hegel und dessen Nachfahren bis hin zu Karl Marx bestimmt, sondern von deren mehr und mehr ins Bewußtsein rückenden Antipoden Jacob Burckhardt, der ebenfalls nicht an eine leitende Idee der Geschichte zu glauben vermochte und nirgendwo ein Vorankommen sah. Nüchterner als alle Welt ringsum entdeckte er überall nur Aufbäumen und Zurückfallen, ein blindes Umwälzen in ewiger Bewegung, gründend und zerstörend, eine Flucht chaotischer Bilder auf meist düsterem Grund: das schöne, schreckliche und ewig ziellose Schauspiel immer neu entfesselter Naturgewalten.

Trotz allen geschichtsphilosophischen Unglaubens bleibt Heisig jedoch ein Maler starker Gewißheiten, auch wenn schwer zu sagen ist, woher er sie nimmt. Nicht selten jedenfalls machen der rhetorische Überdruck und das grandiose Inszenierungsspektakel, das er auf den Bildern anrichtet, seine Skepsis nahezu unhörbar. Vielleicht ist, was ihn hält, die Überzeugung von der Wirkungsmacht der Kunst, die sich gerade im Dauerstreit während der DDR-Jahre entwickelt hat: daß ein gelungenes Bild eben doch das Bewußtsein der Betrachter forme und die Nachdenklichkeit, die kritische Besinnung sowie den Zweifel fördere. Ganz in diesem Sinne hat er die Bezeichnung »Historienbilder« für seine Arbeiten abgelehnt und im Gegensatz dazu einmal, 1978, von Bildern gesprochen, »die sich mit Hilfe der Historie zur Zeit äußern«. Die Kunst, heißt es ein andermal, könne gewiß keine Kriege verhindern, doch der Künstler beispielsweise eine Hand so zeichnen, daß die Menschen in ihrer Destruktionslust zwar nicht innehielten, aber womöglich doch zu zögern begännen: »Die sollte man nicht zerstören!«

Dieser innere Widerspruch läßt sich wohl nur lösen, wenn man Heisig und seinem Werk gegenüber auf alle vereinfachenden Zuschreibungen verzichtet. Gewiß hätten sein malerisches Temperament, Beckmanns von ihm gern zitierte »Wut der Sinne«, aber auch seine Ungeduld und seine Verzweiflung über den Lauf der Dinge ihn dazu verleiten können, die Rolle des großen Anklägers zu übernehmen und, wie es in den frühen Jahren bisweilen schien, seine künstlerische Überredungskraft politischen Zwecken dienstbar zu machen. Es wäre der leichtere Weg gewesen. Doch die Schärfe des Blicks, das Denken in Zusammenhängen, auch die Lust am Sich-Abmühen, haben ihn vor jenen Einäugigkeiten bewahrt, die alle Anprangerungs- und Verklärungskunst verlangt. Und nichts anderes hat ihm die stereoskopische Wahrnehmung eingetragen, die über der Vorderseite nie die Rückansicht vergaß und über dem Satz nicht den Gegen-Satz. Als er für das Bild »Der Brigadier« (1968/70/79), dessen erste Fassung er verworfen hatte, überschwengliches Lob erntete, hat er verwirrt geäußert: »So schlecht ist es auch wieder nicht!«

Will man Heisigs Position bestimmen, müßte man ihn in die Reihe der bedeutenden Moralisten stellen, sofern man den Begriff nicht, wie meist, unzutreffend verwendet. Denn anders als das verbreitete Mißverständnis es will, sind darunter nicht die Moralverkündiger und zornigen Gewissensprediger zu verstehen, weil die Bezeichnung nicht auf die Moral zurückgeht, sondern auf die »mores«, die Sitten, Verhaltensweisen, auch Blindheiten und Vorurteile der Menschen. Die französischen Moralisten des 17. und 18. Jahrhunderts, von denen der Begriff herkommt, haben durchweg Zustände beschrieben und gesellschaftliche Merkwürdigkeiten, auch Bloßstellungen vorgenommen, nicht dagegen Mahnungen erteilt. Sie lieferten Spiegel, nicht Zuchtruten, und verbreiteten Befunde, nicht Pamphlete. In der bildenden Kunst zählen Otto Dix, Käthe Kollwitz oder Georg Grosz zu den Anklägern, William Hogarth dagegen, Daumier, Toulouse-Lautrec oder auch Max Beckmann zu den Moralisten.

Der Hinweis beantwortet auch die verschiedentlich gestellte Frage, ob nicht die Schönheit und malerische Prächtigkeit der Bilder Heisigs deren »moralische« Botschaft schwächen und es dem Betrachter erlauben, in die Unverbindlichkeit der rein ästhetischen Wahrnehmung auszuweichen. Heisig selber hat dazu angemerkt, die Kunst »schöne« stets, sie könne gar nicht anders, als »Vollkommenes, Meisterliches anzustreben«, und müsse folglich selbst den brüskesten Einfall durch die Ordnung der Dinge im Bild, »diesen versöhnenden künstlerischen Filter, der auch bei den grellsten Verzerrungen nie (fehle)«, brechen oder doch glätten; wenn es ein gutes Bild sein wolle, müsse es immer so etwas »wie eine Blume« sein.

In der Tat definiert sich die Kunst stets auch durch den Abstand zur Wirklichkeit, der Kunstschrecken eines Gemäldes wie Picassos »Guernica« ist ein anderer als der Schrecken vor der Realität. Jeder Dokumentarfilm über den Krieg, hat Heisig dazu bemerkt, könne mühelos tiefere Erschütterungen auslösen als ein Werk der Kunst, und dieses Werk wird künstlerisch um so bedeutender sein, je weiter es sich vom konkret erfahrbaren Grauen entfernt. Mit dem Glück und den Hochstimmungen verhält es sich ebenso. Es gibt eine Episode aus der Präsidentenzeit Charles de Gaulles, die diesen Unterschied geistvoll hervorkehrt. Einen langwierigen Streit im französischen Kabinett über die Frage, ob Goyas »Nackte Maya« auf einer Briefmarke abgebildet werden solle oder nicht, beendete der Präsident nach langem, schweigendem Zuhören mit der Frage, ob es sich bei dem Bild um ein Werk der Kunst handle. Als jeder aus der Ministerrunde eilig zustimmte, meinte er trocken, dann verstehe er die ganze Erregung nicht. Die Sache sei höchst einfach. »Wenn das Bild ein Kunstwerk ist, ist es keine nackte Frau.«

*

Das alles könnte den Eindruck erwecken, als sei Heisig in seinem Werk nahezu ausschließlich auf die historischen Tragödien fixiert. In Wirklichkeit jedoch hat er daneben eine Vielzahl anderer Motive aufgegriffen, das ganze Arsenal hergebrachter und halbwegs verlorengegangener Bildthemen, Akte, Porträts, Interieurs, Landschaften und Blumen. Aber auch diese Arbeiten sind von einer Art stummem Aufruhr erfüllt, kein Pan in der Sommerhitze über dem Havelland, sondern die Ahnung vulkanischen Rumorens im Untergrund.

Er könne »keine stillen Bilder malen«, hat Heisig selbst gesagt und die Äußerung eines Betrachters überliefert, wo er Blumen male, schlügen sogar die noch aufeinander ein. Auch bei solchen Gegenständen hat er versucht, vom reinen Abbild loszukommen und ins Freiere zu gelangen, wo, wie er wußte, nichts beruhigt war, nichts spannungslos und nur glückliche Dauer. Die Schrecken der Menschenwelt ließen sich auf jeder Wiese, der Riß, der durch die Schöpfung ging, hinter jedem Gartenzaun aufspüren, alles war ein Gleichnis für alles, die Pariser Kommune genauso wie die »Dorfstraße im Regen«. Erst allmählich habe er begriffen, hat Heisig dazu versichert, daß auch

Blumen als Bildstoff nicht nur schön, sondern voller Kampf und Aggression sein könnten »mörderischer ... als eine dargestellte Mordszene«. Vergleichsweise spät sei ihm diese Einsicht, hat er hinzugefügt, von den Blumenbildern des »alten Corinth« bestätigt worden.

Wie sein Blick auf Mensch und Gesellschaft ihn in die Reihe der Moralisten stellt, so setzt er künstlerisch auf seine Weise den Expressionismus fort, dessen Motorik, dessen Ballungen und Exaltationen bis hin zu den gelegentlichen Überanstrengungen, in denen der Betrachter den schwergehenden Atem des Malers zu hören vermeint. Als seine Lehrmeister haben er und die Kunsthistoriker, zumindest was den Beginn angeht, auf Menzel, auch auf Courbet und Leibl verwiesen, deren Einfluß auf manchen Bildern der späten fünfziger und sechziger Jahre durchscheint. Die stärkste Wirkung ging sichtlich von Max Beckmann aus, auch Dix, Meidner und andere gehören anregungsweise zu dieser Vorgängerschaft sowie schließlich der Kokoschka der Stadtlandschaften, von dem sich Heisig in seinen eigenen Stadtpanoramen freilich nie so freigemacht hat wie von anderen Vorbildern. Zu den Aneignungen gehörte vor allem die gedrängte Wucht der Figuren und Motive, die Instrumentierung der Bildinhalte sowie die seltsam verkanteten, mitunter dem Chaotischen entgegentreibenden Formen, die jedoch mit Hilfe strenger und sorgfältig kalkulierter Kompositionstechniken ins Gleichgewicht gebracht werden. Gerade die prekäre, stets wie vom Absturz bedrohte Balance, die zwischen den einzelnen Bildelementen herrscht, verschafft seinen Bildern die ungeheure Innenspannung.

Heisig hat sich seiner Vorbilder immer gern erinnert, insonderheit Max Beckmanns. Demgegenüber hat man bisweilen auf die Unterschiede hingewiesen, vor allem auf die harte, scharf konturierende Malweise Beckmanns sowie die gänzlich andere Art des Umgangs mit Farbe und Auftrag, und tatsächlich lassen sich solche und weitere, bis zum Gegensatz reichenden Verschiedenheiten nicht übersehen. Aber die Gemeinsamkeiten ebensowenig, und zum hundertsten Geburtstag Beckmanns hat Heisig sich in einer Rede zu ihm als seiner engsten Wahlverwandtschaft bekannt: »Er hat uns damals Mut gemacht, bei der menschlichen Figur zu bleiben, das Drama zu suchen, zu studieren, wie die kalten Lichter im Fleisch gemalt werden. Sowas hat er bis in seine letzten Arbeiten nie vergessen. Handwerk.«

Das wiederholte, selbstbewußt vorgetragene Bekenntnis zu Tradition, Dankesschuld, Handwerk hat Heisig die Geringschätzung der Neuerer eingetragen und den Vorwurf, mit einem Provinzdialekt gegen die »Weltsprache« der abstrakten Moderne anzugehen. Aber schon seine Fortschrittsskepsis ließ ihn an einer Kunst zweifeln, die sich als radikal neue und zugleich höhere Stufe, die gleichsam verwirklichte Utopie der Malerei, verstand. Den Begriff der »Avantgarde«, den ihre Anhänger und Anwälte für sich reklamieren, hat er folgerichtig »ein verbrauchtes Klischee« genannt, das nur für eine bestimmte Entwicklungsphase Geltung beanspruchen könne. Auch geisterte ihm in der Zurückweisung von Tradition und Vorbild zuviel verschrobene, deutsch überspannte Auffassung vom »Originalgenie« herum, die in der Zeit von »Sturm und Drang« entstand. Ihr Kerngedanke war, daß sich nur das Halbtalent, mit wieviel Aufbegehren auch immer, ans schon Vorhandene anschließe, während das Genie weder Vorläufer noch Lehrer oder Regeln anerkenne und alles aus dem brodelnden Innern schaffe.

Seither ist das Genie massenhaft geworden und die Kunst ihm ausgeliefert. »Es ist ein Fimmel der jüngeren Szene«, hat Heisig dazu bemerkt, »daß man nur aus sich selbst heraus schöpfen könne, daß man ganz Ich zu sein hat, originell bis zur Bewußtlosigkeit.« Denn in irgendeiner Abhängigkeit stehe jeder, selbst das Andersseinwollen und sogar die Verneinung seien nur verdeckte Formen der Unterwerfung. Tatsächlich schafft sich allmählich die Einsicht Raum, daß die Freiheit dem nicht zufällt, der sich von allen Bindungen, sei es zur Vergangenheit oder Gegenwart lossagt. Die zunehmende Ratlosigkeit der Moderne spiegelt auch die sich ausbreitende Einsicht, ein wie fragwürdiges Glück jene Freiheit ist, auf die sie sich so viel zugute hielt, und in wie viele Sackgassen sich diejenigen verlaufen, die sich aller Widerstände ledig glauben. Heisig hat in diesem Zusammenhang einmal Picassos Klage aus dem Jahr 1964 zitiert, wonach die Kunst ihren Kanon eingebüßt habe: »Sobald die Kunst die Verbindung zur Tradition verloren hatte und … eine Periode begann, die jedem Maler gestattete zu tun, was er wollte, war es mit der Malerei vorbei.«

Doch war die Tradition nicht nur ein Halt, sondern wie stets auch eine Last. Vor allem setzte sie den Künstler nahezu erdrückenden Maßstäben aus, dem ständigen Vergleich mit der Vergangenheit. Von Richard Lindner stammt der von Heisig mitunter angeführte Satz, daß die Malerei in Europa mühsam geworden sei, da der Künstler kaum je das Gefühl loswerde, von Rembrandt über die Schulter beobachtet zu werden. Es war so etwas wie der Medusenblick im Rücken. Doch wer ihn aushielt, konnte eine Sicherheit gewinnen, die den auf sich gestellten Egozentrikern zwangsläufig versagt blieb. Dies ist einer der Gründe dafür, daß in den Werken Heisigs, bei allem Festhalten an den ehrwürdigen Regeln von Figur, Raum und Bild, die groß schaltende Freiheit überhaupt erst sichtbar wird.

Seine Zeitgenossenschaft hat Heisig, neben dem Trauma von Geschichte, Gewalt und Zerstörung, in einem zweiten, wiederum über Jahre hin behandelten Themenkomplex kenntlich gemacht. Schon zu Beginn der siebziger Jahre hatte er erstmals, an Brueghel anknüpfend, das »Ikarus«-Motiv aufgegriffen und ebenso Breughels Turmbau von Babel als wiederkehrende Metapher auf seinen Bildern untergebracht. Das Gemälde »Sterbender Ikarus« (1978/79) verbindet die eine sogar mit der anderen und zeigt Ikarus im Sturz vor dem sonnenüberfluteten Turm. Beide dienten von nun an als Dauersymbol für den Fortschrittswahn, für Hybris und Verständigungsverlust der Menschen. Nur kurze Zeit später treten noch jene hochgetürmten Fernsehgeräte hinzu, die im kalten Licht der Mattscheibe aufgesperrte Münder zeigen, zum Schrei geöffnet und doch merkwürdig wortleer wirkend, als deuteten sie auf die Gespensterwelt, für die sie stehen. Selten ist die Normierung des Menschen, seine Klonung durch die Medien, in ein ähnlich schlagendes Bild übersetzt worden, und die eigentümliche Starre und puppenhafte Steifheit vieler Figuren verstärkt diese Wirkung noch. Wenn es denn ein Schrei sein sollte, den die leeren Mundhöhlen signalisieren, scheint es doch, als wüßten diejenigen, die da schrieen, nicht, wogegen sie aufbegehrten und wonach sie riefen.

Das gleiche Motiv kehrt im »Filmfestival II« (1979) wieder, in »Der kleine Katastrophenfilm« (1977/78/85), der »Verspottung der Unvernünftigen« (1981/84) oder dem »Ende des Abendprogramms« (1982), das wiederum den Babelturm zitiert, aber auch eine Opernszene zeigt sowie ein umschlungenes Liebespaar, und daneben mit einem tauchenden U-Boot, einem Panzerfahrzeug und einem Skelett im Zweispitz zugleich ältere Bildstoffe in die Erinnerung zurückruft. Es ist überhaupt ein gewaltiger Fundus großer Metaphern, den diese Malerei beschwört oder wieder ins Bewußtsein holt: die brennende Stadt, Gewehrläufe, Huren, Stehgeiger, Verstümmelte, Narren, Filmstreifen, die Figur des Gekreuzigten, Stahlhelme und anderes mehr.

Wenn die isolierte, vom universellen Idiom unbeeinflußte Malerei der ehemaligen DDR tatsächlich, wie Günter Grass beobachtet hat, in hohem Maße »deutsch« geblieben ist, hat dies sicherlich nicht nur mit dem formalen Anschluß zu tun, den sie zur Überlieferung hielt. Vielmehr hat sie zugleich thematisch daran angeknüpft, und die kulturkritische Grundstimmung gehört auch hier wiederum zweifellos dazu. Es ist mehr als nur eine ironische Pointe und womöglich ein Beleg für die kaum überwindbare Macht eingewurzelter Stereotypen, daß Bernhard Heisig seinen tiefen Zivilisationspessimismus innerhalb eines Systems entfaltete, das einen ungebrochenen, nicht einmal dialektisch angefochtenen Fortschrittsoptimismus aus dem frühen 19. Jahrhundert bis in die Gegenwart hinübergerettet hat. Auf die Frage, mit welchen Erwartungen er die Zukunft betrachte, hat er erwidert, er habe nicht genug Mut, um Optimist zu sein. Unter diesem Aspekt gewinnt das Prinzip der montierten Motive, das sein Werk auch jenseits aller kulturkritischen Themen beherrscht, eine zusätzliche Bedeutung. Immer sind es Scherben und Erinnerungspartikel einer in Stücke gegangenen Welt.

*

Eduard Beaucamp hat die Arbeiten Bernhard Heisigs »eine dem Leben zugewandte Malerei« genannt, die den Erfahrungen, die auf sie einwirkten, nie ausgewichen ist. Aus diesem Grund mußten auch die revolutionären Ereignisse der Jahre 1989/90, die Demonstrationen auf den Straßen, der Sturz des Regimes sowie die Vereinigung des Landes Spuren in seinem Werk hinterlassen. Denn es war nicht zuletzt der Zusammenbruch einer Welt, die in allem Widerspruch auch den Rahmen abgegeben hatte, in dem er wurde, was er ist.

Schon vor der sogenannten Wende, als die ersten Erschütterungen das nahende Beben ankündigten, hatte Heisig eines seiner Komplexbilder begonnen, dem er den vorausgreifenden Titel »Das Ende der großen Belehrung« gab. Es resümierte die Indoktrination und bürokratische Gängelung der zurückliegenden Jahre in assoziativ verbundenen Bildelementen und stellte das wankende Regime als Gliederpuppe dar, die sich inmitten erhobener Zeigefinger, an Zwirnsfäden hängend, aufrecht zu halten versucht, während ihr schon Stück für Stück die

Gelenke abfallen. Doch sah er sich im Verlauf der Arbeit von den Ereignissen eingeholt. Als noch während der Suche nach der endgültigen Formulierung dieses Bildgedankens die Vereinigung zustande kam, erweiterte er das Thema und gab ihm einen Doppelsinn, der auch die sich ankündigende neue Unterweisungspraxis von Westen her einschloß. Auf einer weiteren Arbeit, »Menschen am Fenster« (1993), erfaßt der Blick eine gedrängte, auf der tieferliegenden Straße vorüberziehende Massendemonstration.

Heisig hat gelegentlich geäußert, die Kunst kenne überhaupt nur wenige, allenfalls fünf große Themen: Liebe, Konflikt, Gott, Geschichte und Tod. Mit wechselndem Gewicht hat jedes einzelne davon sein Werk beherrscht, doch war es offenkundig die Geschichte, die bald schon Grund und Hauptstück seines Oeuvres bildete. In einer Rede aus dem Jahre 1978 hat er diese Vorliebe erläutert und hinzugefügt, die Kunst verdanke ihr »große Stoffe und Themen und Sternstunden«. Für ihn selber war sie darüber hinaus halb Lehrstück, halb Memento, und für jeden, der zu lesen verstand, eine nie verblassende Schrift an der Wand, das große Menetekel der Gegenwart. Es ist am Ende doch eine pathetische Botschaft, die sein Werk unter vielen Ungewißheiten, Pessimismen und turbulenten Zweifeln in immer neuen Abwandlungen vorträgt. Da die Geschichte stets in Bildern zur Erinnerung gerinnt, ging sein Bestreben dahin, neue und im Bewußtsein haftende Bilder dafür zu erfinden.

Die Moderne hat solche und andere Verbindlichkeiten der Kunst nie anerkannt. Zeit ihres Bestehens ging ihr Bemühen dahin, Ballast abzuwerfen und auf dem Weg nach vorn die Hindernisse einzuebnen, die sich ihr seit je entgegengestellt hatten, inhaltlich wie formal. Das mochte geraume Zeit wie der Gewinn einer unbegrenzten Freiheit erscheinen. Da jedoch auch die Inspiration Beschränkungen unterliegt, hat der Gang der Dinge bald zur paradoxen Erscheinung eines konfektionierten

Individualismus geführt, der nur noch seine Beliebigkeit auskostet.

Wenn nicht alles täuscht, ist das Pathos der Selbstermächtigung, das hinter alledem steht und die Moderne hoch hinaustrug, in der Kunst wie überall sonst erschöpft. Vielleicht kommen die Schärfen in jenem Kulturkampf, den die Anwälte dieser Moderne gegen die unversehens angerückte »Ostkunst« entfacht haben, auch aus der Sorge vor der Durchsetzungskraft einer Kunst, die alles, was sie wurde, gegen ungezählte Widerstände erreichte. Darüber droht verloren zu gehen, was die Konfrontation an Gewinn erbringen könnte: eine erweiterte Bildsprache für die einen, einen Zuwachs an Vitalität, Bindung und einleuchtender Metaphorik für die anderen.

Einstweilen herrscht noch das Ressentiment vor. Mehr als Politik und Wirtschaft, die sich diesem Vorwurf seit der Vereinigung ausgesetzt sehen, übt sich die Kunstszene in einem begründungslosen Triumphalismus mit der Praxis des Aufrollens und der Überwältigung dessen, was aus anderen Bedingungen entstand. Die offene Austragung des Konflikts, in dem zwei Welten unversehens aufeinanderstoßen, ist lange an der Zeit. Anders als die Voreiligen glauben, ist die Sache auch keineswegs entschieden. Die Auseinandersetzung hat noch nicht einmal begonnen.

# Um einen Wagner von außen bittend

*Zur ausstehenden Wirkungsgeschichte eines Großideologen*

Das 19. Jahrhundert, das lange Zeit im Verruf einer epigonalen, schwerpunktlosen, aus innerer Unsicherheit in unzählige Richtungen entgleisenden Epoche stand, ist in alledem doch auch eine Art Laboratorium des 20. Jahrhunderts gewesen. Dahinter war die Überzeugung am Werk, daß nicht nur die Lebensformen, die Stile, kanonisierten Traditionen und Gedanken, sondern die bestehende Welt überhaupt am Ende sei oder ihm doch entgegengehe. Das hat ihm den pessimistischen Zug verschafft. Zugleich gilt es mit gutem Grund als das utopische Zeitalter schlechthin, der Träume von einer in allen ihren Verhältnissen umgedachten neuen Ordnung, und deshalb schlägt paradoxerweise vielfach ein ebenso authentischer optimistischer Ton durch, den wir unterdessen nicht ohne Verwunderung vernehmen, nachdem so vieles wirklich geworden ist, was damals emphatische Verheißung war.

In der Reihe derer, die für das eine oder andere stehen, Pessimismus oder Optimismus, tauchen in verwirrendem Wechsel Namen wie Schopenhauer und die Frühsozialisten, Marx, Burckhardt, Tocqueville, Nietzsche und andere auf, bis hin zu dem Gewimmel der Zeitgeistverkünder des zweiten Glieds und ihrer Popularisatoren. Selten jedoch und nur am Rande oder jedenfalls durchweg werkbezogen fällt der Name Richard Wagners. Dabei gibt es ein Werk neben dem Werk oder doch eine Wirkung, die damit unklar verwoben ist. Und hinzu kommt, daß er wie keiner der Genannten, die doch sämtlich ihre definierbare Position im einen oder anderen Lager hatten, beiden zugehörig war. Er hatte alles in sich, was das Jahrhundert ausmachte: die Untergangsahnungen und die Anbruchserwartungen, den Zerstörungsfuror und die große Imagination einer neuen und besseren Welt.

José Ortega y Gasset hat 1932, zum 100. Todestag Goethes, einen damals viel beachteten Vortrag unter dem Titel gehalten: »Um einen Goethe von innen bittend.« Darin legte er dar, daß der Weimarer Dichter bislang fast ausschließlich durch die Blende seines Werkes gesehen worden sei, hinter dem die Person nahezu verschwinde. Im Falle Wagners liegt sichtlich etwas ähnliches und doch charakteristisch anderes vor. Auch seine Rezeption ist gekennzeichnet durch eine auffallende Imbalance. Längst scheint es an der Zeit, die Betrachtungsweise zu verschieben und gleichsam um einen Wagner von außen zu bitten.

Denn wenn man von den historischen Zusammenhängen her auf Richard Wagner sowie auf sein musikalisches und literarisches Werk blickt, tritt rasch zutage, daß er im Großen wie im Fatalen zu den wirkungsmächtigsten Figuren der Epoche zählt, vergleichbar nur Marx und Nietzsche. Doch wer sich in der wahrhaft unübersehbaren Wagner-Literatur umtut und etwas über diese in die gesellschaftliche Realität wirkenden Einflüsse sucht, wird wenig finden außer einem geradezu grotesk anmutenden Mißverhältnis zwischen Werkdeutung und politischer Wirkungsgeschichte. Zwar gibt es ein paar Ansätze und das eine oder andere, oft in anklägerischer Stimmung hingeworfene Stück über Wagners Antisemitismus, aber selbst dies ganz überwiegend in seiner immanenten, auf Psychologie und Werk des Komponisten beschränkten Bedeutung mit dem beschwörenden Ausblick auf Hitler und Auschwitz.[1] Alles weitere ist so gut wie unbetretenes Gelände.

Zum Beispiel, welchen empirisch feststellbaren politischen

Widerhall Werk und Ideologie in den verschiedenen Stadien hatten und welchen die *Bayreuther Blätter*? Ob es Einflüsse auf die deutsch-völkische Literatur gab bis hin zu Theodor Fritsch, dem Herausgeber des »Handbuchs der Judenfrage«, zu Bernhard Förster und Adolf Bartels oder selbst zu Lanz von Liebenfels sowie überhaupt zur Traktatliteratur der Jahrhundertwende? Zu Wilhelm Marr, Ernst v. Wildenbruch, Felix Dahn, Gabriele d'Annunzio oder zum Hofprediger Stöcker? Was das Mächtigwerden der Mythen bedeutete und was es mit dem Tod Gottes, der Säkularisierung der Welt und dem Utopismus der Epoche zu tun hatte?

Und welche Rolle in diesem Prozeß die deutsch-nationale Lehrerschaft, welche die Schulen als Vermittlungsinstanzen spielten? Welche Verbindungen es zum »Wandervogel« gab, zur Nacktkörperkultur mitsamt dem Maler Fidus, der eine Porträtgalerie der bedeutendsten Wagner-Helden zeichnete? Ob es Einflüsse auf den 1881 gegründeten völkischen »Verein der Studenten« gab oder auf die *Alldeutschen Blätter*? Welches Echo sich in der Presse über das Rezensionswesen hinaus findet? Wie sich das Werk und dessen Rezeption mit dem Jahre 1871 änderten, so daß Karl Marx über den »neu-deutsch preußischen Reichsmusikanten« höhnen konnte? Und ob oder wieweit Wagner die Denkweisen, den politisch-apolitischen Bilderfundus der Nation mit ihrer immer irgendwelchen Ausweglosigkeiten entgegendrängenden Weltverzweiflung geprägt hat? Welche Querverbindungen im einst so farbigen Vereinsleben des Landes im Zeichen Wagners zustande kamen und welchen nachweisbaren Einfluß Hans v. Wolzogen hatte, Glasenapp, der Gobineau-Übersetzer Ludwig Schemann und Houston Stewart Chamberlain, die sich zwar sämtlich als Hüter und Auspreiser des musikalischen Werks verstanden, aber doch zusehends auch und schließlich vor allem als Agenten einer Ideologie auftraten?

So ließe sich noch lange weiter fragen. Es belegt die herrschende Vernachlässigung der politischen Wirkungen Wagners nur, daß seine schriftstellerischen Arbeiten, von wenigen Einzelausgaben abgesehen, auf dem deutschen Büchermarkt ebensowenig verfügbar sind wie der umfassende, in alle Weltgegenden ausgreifende Briefwechsel, den er geführt hat.[2] Man kann schwerlich darüber hinwegsehen, daß fast alles, was Wagner zum Haus-Komponisten des Dritten Reichs gemacht hat, zumindest rudimentär bei ihm angelegt war. Aber dieser Zusammenhang ist, über eine allgemeine Betroffenheitsprosa hinaus, nicht ohne die Kenntnis des Gesamtwerks zu erfassen, zu dem die Schriften und Briefe gehören; und auch nicht, ohne einen Begriff davon zu haben, welche Zuspitzungen, Verpuppungen, Ausweitungen und Härtungen der ideologische Grund, den er zubereitete, durch seine Nachlaßverwalter erfahren hat und welchen Bedürfnissen sie antworteten.

Ich denke, die Wagner-Philologie, die unentwegt, mit einer kaum glaublichen Fruchtbarkeit, neue, häufig geistreiche, noch immer überraschende Deutungen seines Werkes hervorbringt, hat es sich mit den historischen und gesellschaftspolitischen Wirkungen des Komponisten bisher allzu leicht gemacht. Der Satz »Hier gilt's der Kunst!«, mit dem Wieland und Wolfgang Wagner bei der Wiedereröffnung der Festspiele 1951 darum baten, »von Gesprächen und Debatten politischer Art auf dem Festspielhügel freundlichst absehen zu wollen«, hat gerade bei den kritischen Köpfen manchen Widerspruch ausgelöst, und in der Tat heißt es Wagner unterschätzen, wenn man seinen überwältigenden politischen Einfluß ignoriert. Aber statt sich der Mühe zu unterziehen, das schwer durchschaubare Geflecht der sozialpsychologischen Auswucherungen zu untersuchen, haben die kritischen Köpfe es dann doch vorgezogen, noch eine »Parsifal«-Interpretation zu verfassen, das Entsagungspathos des Hans Sachs ein weiteres Mal zu begründen oder eine Ehrenrettung des Frühwerks zu unternehmen, mit einem Wort: die Kunst und nur die Kunst hier einmal mehr gelten zu lassen und von allem weiteren freundlichst abzusehen.

Ich kann nichts anderes tun, als ein paar Andeutungen vorzutragen und einige Areale abzustecken, die ich vordringlich der genaueren Erforschung für bedürftig halte. Die Schwierigkeiten, die sich dabei ergeben, haben damit zu tun, daß Richard Wagner alle Scheidelinien des Zeitalters überschneidet, Fortschritt und Reaktion, Wille zur Zukunft und das Grauen vor ihr. Zusätzlich kompliziert wird die Sache infolge seiner Neigung, die ideologischen Positionen musikalisch zu dementieren, wie das wohl berühmteste und auch umstrittenste Beispiel dafür, die Figur des Beckmesser, ausweist, oder jedenfalls eine Spannung zwischen poetischem Text und musikalischer Faktur herzustellen. Fast jede Behauptung enthält immer auch den Stoff ihres Widerspruchs.

Man hat Richard Wagner verschiedentlich, um dieser berechneten Erratik seines Werks gerecht zu werden, unter Zuhilfenahme einer späteren Wortprägung, einen konservativen Revolutionär genannt. Aber solche Formeln treffen nicht. Revolution und Konservatismus stehen bei ihm nahezu unverbunden und in fast gesucht anmutender Widersprüchlichkeit nebeneinander und gegeneinander, Bruchstücke, die oft nicht zusammenpassen wollen und nur vereint werden durch die Kraft der Persönlichkeit. Mitunter bringt er jedoch nicht einmal dies zustande, wie sein Schwanken über den Schluß der »Götterdämmerung« sichtbar macht. Zeitweilig will er das Werk im Erhofften und Verklärenden, dann wieder im großartig Verdüsterten enden lassen, beides bleibt möglich und auch nicht, bis er sich schließlich entscheidungslos ins Ungereimte rettet.

In der Nachkriegszeit hat es eine vielstimmige, vor allem in den siebziger Jahren anschwellende Debatte über den sogenannten deutschen Sonderweg gegeben. Ihre Wortführer haben insbesondere die strukturellen Eigentümlichkeiten herausgekehrt, die dem Land zum Unglück wurden: die illiberalen Einlagerungen im Gesellschaftsgefüge, Traditionen sozialer Disziplin, die einhergingen mit einem apolitischen Kulturgedanken und einem Freiheitsbegriff, der auf die institutionelle Sicherung der Bürgerrechte wenig gab und sich viel lieber auf die »innere« Freiheit berief, nicht zu vergessen die als genuin deutsch ausgegebene Behauptung eines tragischen Geschichtsverständnisses gegen den flachen Glückstraum des »Westens« und dessen Tendenz zur Kommerzialisierung von allem und jedem, die heiligsten Güter eingeschlossen. In den gleichen Zusammenhang gehören der Haß gegen die Modernität, insbesondere gegen die Industrialisierung, die Technik und die Verstädterung, die über das Land hereinbrachen und seine Idylle, die liebenswerte Kachelofenwelt Ludwig Richters, zerstörten.

Offen oder strittig ist aber immer geblieben, warum diese Zivilisationsverzweiflung gerade in Deutschland eine so besinnungslose Radikalität entfaltete. Man kann, wie ich glaube, diesen Prozeß ohne die Erscheinung Richard Wagners nicht zureichend verstehen, wiewohl er in den Darstellungen der Epoche meist nur am Rande auftaucht. Denn die Sozialhistoriker wissen zu wenig von ihm, und die Musikwissenschaftler zu wenig von den geschichtlichen Prozessen. Tatsächlich ist er jedoch einer der Urahnen dieser eigentlich deutschen Ideologie am Ende des 19. Jahrhunderts, jedenfalls ihr großer Verbreiter. In seinem übermächtigen Einfluß wird er von keinem anderen der plötzlich massenhaft hervortretenden panischen Zeitbeobachter auch nur annähernd erreicht.

Es macht keine sonderliche Mühe, für jedes der genannten Motive die Belege sei es im poetisch-musikalischen Werk, sei es in den Schriften oder in den Tagebüchern Cosimas aufzufinden, ergänzt noch um einige weitere Anschlußthemen: den Gedanken von der Geschichte als einem fortwährenden Verfallsprozeß, der im 18. Jahrhundert mit Montesquieu und Gibbon einsetzt und im 19. Jahrhundert zu nie erreichter Modewirkung kam, ferner dem Zerstörungsfuror gegen das Bestehende, auch dem Lobpreis der Amoralität, des Menschen als eines ewig instinktgebundenen, rein biologisch gedeuteten und jedenfalls vorkulturellen Wesens, wie man es aus der Figur des Siegfried, dieses »Sohns der Frühe«, herausgelesen hat und in der Wagner mit seiner stupenden Hellsicht fast schon vorweggenommen hat, was vom »Renaissancismus« der Jahrhundertwende in barbarisch-entrückten Bildern gefeiert worden ist. Und schließlich sein feierlichster Gedanke, die große Utopie der Vereinigung von Politik und Ästhetik, die Ersetzung der Religion durch die Kunst mit vorerst ihm selber als Künstler-Prophet, Hohepriester der versöhnten Welt und Geburtshelfer des Neuen Menschen.

Das alles sind Eingebungen, wie sie durch viele Köpfe der Zeit geisterten, wenn auch selten in so kühnen, aus Angelesenem und Eigenem originell gemischten Mixturen. Was sie jedoch erst auflud und ihnen Wucht und Aggressivität verlieh, war der nationale Gedanke, der sie imprägnierte. Denn Wagners Verfertigung seiner »Weltanschauung« von den anarchistischen Anfängen über die erste Summe in den »Zürcher Kunstschriften« bis hin zum »Parsifal« fällt zusammen mit dem Prozeß der Selbstbewußtwerdung der Deutschen als Nation, und die Verspätungen dieses Prozesses haben ihn nur um so dynamischer gemacht.

Schon in den sechziger und dann vor allem seit den siebziger Jahren verlor der nationale Gedanke seine enge Verbindung mit der bürgerlich-demokratischen Richtung und wendete sich von der Besinnung aufs Eigene zur Frontstellung gegen die Welt. Beides hat zumindest die Rezeption des Werks nicht unbeeinflußt gelassen. Bereits der »Tannhäuser« wurde zunehmend als Verklärungsoper der eigenen Vergangenheit verstanden: »Ein Deutscher vom Kopf bis zur Zehe« wie Wagner selber in einem Brief vom Sommer 1845 schrieb.[3] Der »Lohengrin« und vor allem die »Meistersinger« setzten diese Linie fort, alles Volksbuch-Märchen, erdachte Frühe einer Nation, die sich auf ihre unentstellten Anfänge besinnt. Carl Dahlhaus, Joachim Kaiser und andere haben diese Werke gegen ihre nationale Ausdeutung in Schutz nehmen wollen und insbesondere am Beispiel der »Meistersinger« überzeugend dargelegt, wie wenig »deutsch« die Manier des Meistersinger-Themas ist und wie sehr der »altdeutsche Stil« französische Vorbilder zitiert, auch wie das Vorspiel sich an Bachs »Wohltemperiertes Klavier« anlehnt und überhaupt, was an Ironie und Gebrochenheit dem genauer Hinhörenden auffällig wird.

Dergleichen sagt aber nichts anderes, als daß der Künstler Wagner, wo immer es nötig war, den Ideologen überspielte, und das Vermögen dazu ist geradezu ein Unterscheidungsmerkmal zwischen großer und beliebiger Kunst. Etwas ganz anderes ist dagegen die breite Rezeption eines Werks, und die hat die Entlehnungen und Parodien weder wahrgenommen noch wahrnehmen wollen. Vielmehr hat sie in Wagners Opern die Erfindung einer treuherzigen oder tragischen Vergangenheit gesehen und sich mit einer Mischung aus Stolz, Glück und Schauder darin wiedererkannt. Was hineingelesen wurde, war vor allem anderen das lange ersehnte Gefühl der Gleichrangigkeit zu den übrigen Nationen, aus dem im Wechsel der Zeit ein Überlegenheits- und Sendungsbewußtsein für oder genauer: gegen die Welt erwuchs.

Hier wie in weiteren Fällen hat sich der Zeitgeist des Werks auch gegen dessen vermutliche Intention bemächtigt, und die ungemeine Ausdeutungsfähigkeit des in Text wie Musik vielfach verschlüsselten Oeuvres hat ihm dabei noch zugearbeitet. Das ist bekanntlich vor allem dem »Ring« widerfahren, der großen Parabel vom Untergang jener alten Welt, deren Ende Wagner schon in den Jugendopern ausgerufen hat. Dem Werk sind in willkürlich anmutendem Wechsel utopische, auf innerweltliche Erlösung zielende und kapitalismuskritische Auslegungen zuteil geworden, mythologische, die Sinnlosigkeit des Geschichtsprozesses beschwörende Deutungen bis schließlich hin zu solchen der nationalistischen und sogar das Herrenmenschentum apotheotisierenden Spielart: Alles ist möglich, jeder interpretatorische Zugriff findet legitimierende Ansatzpunkte, und fast ist man versucht, vom ersten postmodernen Kunstwerk zu sprechen. »Die Deutschen haben sich einen Wagner zurechtgemacht«, schrieb Nietzsche im »Fall Wagner«, »den sie verehren können«, und die Verehrungslust ging zu jener Zeit mehr und mehr auf die eigene Nation, Germanentum und Rasse, dies alles entgegengesetzt der inferioren Welt des »Westens«: »Deutsche Kunst!, Deutsche Meister!, Deutsches Bier!«, wie wiederum Nietzsche spottete, »keine Mißgeburt fehlt darunter, nicht einmal der Antisemit.«[4]

In dem breiten Strom des Verzweiflungskampfes gegen die Modernität bildete Wagner bald den mächtigsten Zufluß. Jener in Deutschland schärfer als anderswo ausgebildete kulturelle Typus des entfremdeten Intellektuellen, der an den aus allen Richtungen sturzflutartig anbrandenden Veränderungsschüben litt, erkannte rasch in ihm den großen Nothelfer, wieviel oder wenig der einzelne auch mit seinem Werk anzufangen wußte. Weit stärker als die Musik jedenfalls führte eine hochideologisierte Zeitfeindschaft zu den Zusammenschlüssen in seinem Namen.

Überaus bezeichnend dafür ist das Beispiel Paul de Lagardes, des Verfassers der »Deutschen Schriften«, der, von Wagner öffentlich zu »ideeller Kameradschaft« aufgefordert, im Februar 1881 erstmals nach Bayreuth gekommen war und eine Aufführung des »Siegfried« besucht hatte: »Es war zum Sterben langweilig«, schrieb er darüber, er sei »völlig geheilt« und setze sich »einer derartigen Qual nicht ein anderes Mal aus«.[5] Aber trotz dieser Hauptsünde blieb die Verbindung über Richard Wagners Tod hinweg aufrechterhalten, Cosima schrieb ihm überschwengliche Briefe und entwarf sogar Pläne für eine aktive Zusammenarbeit. Als Lagarde 1891 starb, sah er sich in den *Bayreuther Blättern* ausgiebig gefeiert und gleichsam zur Ehre der germanischen Opferstätten erhoben. Ludwig Schemann verfaßte die erste große Lagarde-Biographie, in der er den »unersetzlichen Mann« zum Propheten ausrief und besonders seinen Kampf gegen die Juden pries, die »unsere Heiligtümer schänden, unser Volkstum vergiften, unsere Besitztümer an sich reißen« und so fort. Am Ende heißt es, den Juden habe, seit dem nun gleichfalls als Radikalantisemiten vereinnahmten Schopenhauer und vor allem seit Richard Wagner, »kein deutscher Denker annähernd so gewaltig gegenübergestanden«.

Wie weit sich die Dinge um diese Zeit schon gewandelt hatten, zeigt die Tatsache, daß Bayreuth sowohl gegenüber Lagarde als auch bei seinem einflußreichsten Fortsetzer, Julius Langbehn, eine Art ideologischer Wächter- und Auslegerrolle übernahm. Lagarde hatte den rassischen Antisemitismus ausdrücklich abgelehnt und sich gegen die Juden vielmehr mit einer Mischung aus Neid und Bewunderung gewandt, weil sie selbst in der Zerstreuung jenen, wie er meinte, »nationalen Zusammenhalt« bewahrt hatten, an dem es den Deutschen fehlte. Und für Langbehn, dessen Erfolgsbuch »Der Rembrandtdeutsche« in den ersten beiden Jahren seit dem Erscheinen neununddreißig Auflagen erlebte und worin die Ausfälle gegen die Juden nur wenige Seiten ausmachten, waren sie eher die Repräsentanten der Modernität und aller Erscheinungen, die damit einhergingen: des »Mammonismus«, des Fortschritts, des liberalen Denkens, der Demokratie und der Wissenschaft.

Ungeachtet dessen wurden der eine wie der andere jetzt in die gemeinsame Sache inkorporiert, auch wenn Houston Stewart

Chamberlain Langbehn für dessen unzureichenden Rassismus tadelte, so daß er einer späteren Auflage noch ein Antisemitismus-Kapitel hinzufügte. Wichtiger war, daß die beiden völkischen Propheten dem sich verdichtenden ideologischen System hinreichend ausbaufähige Affektansätze boten. Zudem besaßen sie den Vorzug, den Hütern der Lehre jene Trivialisierungen zu ersparen, die das Werk Richard Wagners immerhin nötig hatte. Denn fraglich kann nicht sein, daß die Erbwalter eine beispiellose Verflachung damit vornahmen, die um der politischen Absicht willen alles auslöschte, was an geistvoller Widersprüchlichkeit darin steckte. Wagners Antisemitismus hat, wie wir wissen, seine Bereitschaft nicht beseitigen können, im einen oder anderen Fall von sich und seinem Vorurteil abzurücken.

Etwas anderes kam hinzu. Während Lagarde die Rettung der Nation in einem erneuerten, von den semitischen Überlagerungen befreiten Christentum gesehen hatte, bot Langbehn eine Heilsauskunft, die ihn dem zeitgenössischen Bayreuth weit näherrückte und geradezu zu einer Art Apostelfigur des Meisters machte. Nicht nur verlangte er, ganz im Sinn der lebenslang fortbestehenden anarchistischen Neigung Wagners, die Zerstörung der bestehenden Ordnung und ihrer Institutionen zugunsten einer neuen, ursprünglichen Form des Zusammenlebens, ein Ende von Handel, Erwerbsdenken, Realpolitik und Wissenschaft, so daß sich »Der Rembrandtdeutsche« streckenweise wie eine Sammlung von Motiven Richard Wagners liest. Wichtiger war, daß für Langbehn die Erlösung einzig durch die Kunst erfolgen und die große Reinigung nur das Werk eines Künstler-Helden und seiner durchaus auch politisch definierten Macht sein könne: Alles, insbesondere die verhaßte Vernunft, habe »den Beruf«, heißt es einmal, »in der Kunst unterzugehen; aber ein solcher Untergang ist nur ihre Verherrlichung«.[6] Das hätte vom Meister selber stammen können.

Nicht anders als Lagarde stand auch Langbehn dem Werk

Richard Wagners kritisch gegenüber, der Komponist biete, schrieb er einmal, weder »Einfalt noch stille Größe«. Vielmehr habe er im Grunde selber ein Ausdruck »nervöser« Modernität, lediglich »Meyerbeer übermeyerbeert« und sei überhaupt als Romantiker nur ein Künstler »zweiten Ranges«.[7] Doch in der Auffassung von einer völkischen Kunst als der neuen Religion, die Wahrheit, Schönheit, Gerechtigkeit sowie am Ende die Einigung des zerrissenen Volkes heraufführen werde, seine Wiedergeburt in einem Neuen Menschen, kamen die Lager schließlich doch zusammen. Die Ideologie war zu dieser Zeit schon das stärkere Bindemittel als die Musik und überwand sogar die Vorbehalte gegen das Werk. Aber wann und durch welche Anstöße, welche Zeitumstände und Bedürfnisse, wurde die Ideologie stärker? Auch das ist eine Frage, die zu untersuchen wäre.

An diese vor einem verdüsterten Himmel entwickelte Mischung aus Kunstreligion, germanischem Christentum, Sendungsbewußtsein und völkischem Imperialismus haben Houston Stewart Chamberlain, der Modephilosoph der wilhelminischen Epoche, Hans v. Wolzogen, die *Bayreuther Blätter* und die Wagner-Vereine, aber eben auch der Flotten- und der Kolonialverein bis hin zu den Krieger- und Turnvereinen in wie immer vulgarisierter Form angeknüpft: durchweg brachliegende Forschungsfelder. Und ebenso unbearbeitet ist, in welchen Abwandlungen und Zurichtungen dies alles in die sogenannten »Ideen von 1914« einging.

Im Vorfeld des Krieges tauchten die popularisierten Ideologeme nicht nur als Redewendungen auf, sondern haben auch Politik gemacht: in der hundertfach vom Kanzler Bülow bis zu Wilhelm II. beschworenen, das Reich an die dem Untergang entgegentaumelnde Doppelmonarchie bindende Formel von der »Nibelungentreue« ebenso wie in den pessimistischen Bedrückungen des Reichskanzlers v. Bethmann Hollweg.[8] Es rundet dieses Bild nur ab, daß zahlreiche deutsche Frontabschnitte

Bezeichnungen aus der Stoffwelt des Nibelungen-Mythos trugen wie die »Wotan«-, »Hunding«- oder »Brunhild«-Stellung und zumal die »Siegfried«-Linie, die ihre anhaltende Bekanntheit einem britischen Hohnlied verdankt. Ergänzend dazu stand Wolzogens Erwartung, daß der Krieg einen gehärteten, edlen, im Feuer geläuterten Zustand herbeiführen und endlich »wagnerreife Seelen« hervorbringen werde,[9] während die Niederlage in der »tückischen Tat« all der Hagens im Äußeren und mehr noch im Innern ihr Vorbild und eine allzu einleuchtende Deutung fand.

Man hat die frühen Jahre der glücklosen Republik von Weimar verschiedentlich unter dem Gegensatz Berlin–München analysiert: auf der einen Seite die sich zur Welt und zum »Westen« auch und gerade in der verpönten Bedeutung des Wortes öffnende, der lange unterdrückten Modernität wie in einem produktiven Fieber anheimfallende Hauptstadt, und auf der anderen die in ihrer hergebrachten, deutsch-gemütlichen Provinzialität verharrende bayerische Metropole, von der aus man nicht ohne Abscheu auf das anstößige Babylon im Norden blickte. Es gab zumal in München verbreitete Stimmungen, die Bayern als »Ordnungszelle des Reiches« und jenen »gesunden Kern« ansahen, von dem einzig noch Genesung kommen könne.[10] Auch hier war ein Sendungsbewußtsein am Werk, wenn auch innerdeutscher Art. Im Hitler-Putsch vom November 1923 haben diese Motive, wie die Dokumentationen darüber aufweisen, eine mobilisierende, wieder und wieder ausgerufene Rolle gespielt.

Aber der weit prinzipiellere, unversöhnlichere Gegensatz während der Weimarer Jahre war der zwischen Berlin und jenem Bayreuth, das in einer Zeit der »Kolonialisierung« und der Überfremdung alles Deutschen den heiligen Gral zu hüten hatte. Nirgends sonst hat das Sonderbewußtsein die Zeit so unangefochten überdauert. Es ist denn auch kein Zufall, daß Hitler rund einen Monat vor dem Erhebungsversuch, der dann an der Feldherrnhalle im Feuer zusammenbrach, nach Bayreuth fuhr, um sich gleichsam die höheren Weihen und jenen Zuspruch zu holen, der ihm mit dem berühmten Brief Houston Stewart Chamberlains vom 7. Oktober 1923 auch zuteil wurde. Bezeichnenderweise tauchte am Ende seiner Rede vor dem Münchener Gericht wie in einer huldigenden Abschlußgeste noch einmal der Name Richard Wagners auf.

Die Beziehung Hitlers zu Richard Wagner ist fast durchweg im Zeichen des Antisemitismus gesehen und damit unzulässig verengt worden. Tatsächlich war Wagner auf weit umfassendere Weise das Lebensvorbild des Linzer Zollbeamtensohns, und noch in späteren Jahren, auf dem Höhepunkt seiner Macht, hat Hitler versichert, er habe mit der einen Ausnahme Richard Wagner »keine Vorläufer« gehabt. Er hat dabei auf die Persönlichkeit im ganzen verwiesen, »die größte Prophetengestalt, die das deutsche Volk besessen« habe, ein Mann mit dem Glauben an sich selbst, erfüllt von Unnachgiebigkeit und Durchsetzungswillen, der politisch wirkte, wie Hitler meinte, »ohne eigentlich politisch sein zu wollen«. Von der Erkenntnis der inneren Verwandtschaft mit dem Bayreuther Meister habe er sich in eine »geradezu hysterische Erregung« versetzt gefühlt.[11]

Ein Jugendfreund hat die Reaktion Hitlers überliefert, nachdem sie in Linz, das angesichts der kulturellen, seelischen und nicht zuletzt rassischen Überfremdungsängste der deutschen Minderheit innerhalb des k.u.k. Vielvölkerstaats eine der Hochburgen völkischer Errettungsideologien war, gemeinsam einer Aufführung des »Rienzi« beigewohnt hatten. Überwältigt vom musikalischen Prunk des Werkes, aber auch ergriffen vom Schicksal des spätmittelalterlichen Empörers und Volkstribunen, der fremd und tragisch am Unverständnis der Umwelt zerbricht, habe Hitler, so geht der Bericht, den Freund auf den nahen Freinberg geführt. Und dort, das nächtlich dunkle Linz zu Füßen, seien »wie eine angestaute Flut ... die Worte aus ihm hervorgebrochen«. Als die Freunde sich über dreißig Jahre später in Bayreuth wiederbegegneten, sagte Hitler: »In jener Stunde begann es!«[12]

Man weiß von den Lebensumständen und der Psychopathologie des jungen Hitler unterdessen genug, um auszumachen, welche Rechtfertigungsbedürfnisse den Nichtstuer, Männerheimbewohner und abgewiesenen Akademiebewerber erfüllten. Einiges dafür fand er in der spätbürgerlichen Vorstellung von Genie und Künstlerfürstentum, der Richard Wagner auf eine so pompöse Weise entsprach. Anderes las er aus dessen dramatischen Helden heraus, die immer wieder den klassischen Konflikt des dem eigenen Gesetz unterworfenen Außenseiters mit einer starren Ordnung durchleben, ob sie nun scheitern oder triumphieren: In ihnen allen, Rienzi oder Lohengrin, Tannhäuser oder Stolzing, erkannte er überhöhte Formen seiner eigenen Auseinandersetzung mit der Welt.

Die Übereinstimmungen sind von den unterschiedlichsten Ansatzpunkten her zu fassen. Thomas Mann hat in dem vielfach als skandalös empfundenen Essay »Bruder Hitler« von 1938 unter Anspielung auf Richard Wagner wie auf sich selber in dem Diktator eine »Erscheinungsform des Künstlertums« erkannt, wo alles da ist: »Die ›Schwierigkeit‹, Faulheit und klägliche Undefinierbarkeit der Frühe ... das schlechte Gewissen, das Schuldgefühl, die Wut auf die Welt, der revolutionäre Instinkt, die unterbewußte Ansammlung explosiver Kompensationswünsche, das zäh arbeitende Bewußtsein, sich zu rechtfertigen, zu beweisen.«[13] Und regelmäßig ist in aller jugendlichen Unentschiedenheit ein unbändiger Wille am Werk, der genährt und bestärkt wird von der insgeheimen Gewißheit, daß eines fernen Tages etwas Unerhörtes geschehen, eine Art Epiphanie stattfinden und alle erlittene Demütigung, aller Jammer dieser Jahre sich an der Welt furchtbar rächen werde.

Hinzu kam aber im Falle Hitlers auch die theatralische Beziehung zur Welt, der künstlerisch so zweideutige Geschmack am Massenhaften, an den berauschenden Formaten, der gewiß nicht Wagners ganzes Kunstgeheimnis ist, aber doch ein untrennbarer Bestandteil davon und womöglich das einzige, was Hitler, ganz den Präferenzen der Zeit folgend, den Werken entnahm. Auch die Tendenz zu den radikalen Alles-oder-Nichts-Gebärden kann man nennen, die Idee der Ästhetisierung der Politik, der Rettung der Menschheit durch Erneuerung sowie schließlich die Faszination durch große Untergänge, durch das Tragödienhafte und durch einen Tod, der immer Verklärung ist. Über viele Zwischenstufen lassen sich die Prägungen weiterverfolgen bis hin zu jener Neigung zum »Dilettantisieren«, die Nietzsche in der »Vierten Unzeitgemäßen Betrachtung« an dem damals noch bewunderten Freund beobachtet hat, das Bedürfnis zum Mitreden, zum rechthaberischen Einspruch auf allen Gebieten, das Nebeneinander von Vorurteilsgebundenheit mit einer ins Weite wuchernden Phantasie und vieles andere mehr. Die geradezu bigotte Abhängigkeit reicht bis zum Vegetarismus, für den Hitler sich ausdrücklich auf Richard Wagner berufen hat.[14]

Man soll nichts vorschnell gleichsetzen, zweifellos bleiben die Abstände unermeßlich und am Ende unüberbrückbar. Sicherlich ließe sich eine solche zum Doppelporträt drängende Darstellung auch von den Gegensätzen her verfassen, beispielsweise von den demokratischen oder revolutionären Wurzeln im Denken Wagners, die von den Wortführern der Rezeption gern verschwiegen wurden, und zumindest von den Mißverständnissen oder Verzerrungen aus. Aber nicht alles war Mißverständnis, vieles auch Konsequenz, so daß Richard Wagner nicht ohne einige Folgerichtigkeit, wie vereinfacht und verfälscht auch diesmal wieder, zum bestimmenden Lehrmeister Hitlers und vieler seinesgleichen werden konnte. Jedenfalls hat der Jüngere schon früh die inzwischen zunehmend ideologisierten Affekte übernommen und zur Grundlage seines eigenen Weltbildes gemacht. Die um die Jahrhundertwende weitverbreiteten politischen Schriften Wagners gehörten, wenn wir den Berichten der Umgebung glauben können, zu seiner Vorzugslektüre, wieviel davon auch über Groschenhefte und vergröbernde Popularisierungen auf ihn gekommen sein mag. Zusammen mit dem musikdramatischen Werk, das ihn, den Worten eines Männerheimkumpans zufolge, »in helle Flammen brachte«, vermittelten sie ihm jene »granitenen Fundamente«, auf die er sich von da an wieder und wieder mit der Starrheit dessen berufen hat, dem die Wahrheit offenbart worden ist.

Der Ausgangsgedanke war die in den *Zürcher Kunstschriften* formulierte Überzeugung von der Geschichte als einem anhaltenden Verfallsprozeß, der mit dem Höhepunkt der griechischen Polis begann, als Mensch und Natur noch jene organische Einheit bildeten, die durch die Kunst versinnbildlicht und überhöht wurde. Diese Entwicklung sei jetzt in ihr Endstadium eingetreten, die Welt gleichsam am Abgrund angelangt. Der an sich unentrinnbare Untergang könne nur aufgehalten werden, wenn er der Menschheit zum Bewußtsein gebracht und alle Kräfte zur Abwehr des Verhängnisses aufgeboten würden. Die bisherige Politik sei dazu nicht imstande, ein radikaler Bruch notwendig, wenn Rettung noch kommen solle. Eben diesen Bruch zu vollziehen sei die Aufgabe des Künstler-Politikers, und zahlreiche Zeugnisse belegen, daß Hitler sich, ganz in der Nachfolge Wagners, in dieser Rolle sah. Auf einer Fotografie seines Arbeitszimmers in der Neuen Reichskanzlei ist auf dem Schreibtisch ein dickleibiges Werk mit dem Titel »Die Rettung der Welt« zu erkennen.

Um nichts weniger ging es. Und hier erst kam der Antisemitismus ins Spiel. Hitler knüpfte dabei am wenigsten bei Wagner an, der, ganz im Sinne seiner radikalen gesellschaftskritischen

Anfänge und in der Nachfolge der französischen Frühsozialisten, zunächst einer antikapitalistisch motivierten Judengegnerschaft anhing. Von diesem Ausgangspunkt her hat er im Jüdischen überwiegend eine Sache der Mentalität gesehen, nicht so sehr ein biologisches Faktum, sondern ein Krankheitssymptom der materiellen Zivilisation; erst wenn es überwunden und die Menschheit »erlöst« sei, verliere das Judentum seine dämonische, zum Untergang treibende Kraft. Ganz anders Hitler. Er betrachtete alles Jüdische als ein unverlierbar an Herkunft und Blut gebundenes Stigma, von dem es kein Loskommen gab. Zwar ist die Auffassung vertreten worden, auch der Komponist habe in den späten Jahren, zumal unter dem Eindruck der Lektüre Gobineaus, einen rassisch begründeten Antisemitismus vertreten.

Für diese Auffassung spricht, neben anderen Zeugnissen, Wagners berühmter Brief vom November 1881 an Ludwig II., wonach er »die jüdische Race für den geschworenen Feind der Menschheit und alles Edlen in ihr« halte, sowie seine Neigung, jeden Gedanken ins Extrem zu treiben. Doch aufs Ganze gesehen war sein Judenhaß mehr eine in Ereiferungen wiederkehrende Stimmung und ein biographisch begründetes Ressentiment, wie inzwischen auch die Tagebücher Cosimas mit den spontan überwältigten, alles bösartige Verdammungsgerede dementierenden Einwürfen über »die Juden« belegen, so wenn es einmal heißt, am Ende seien sie »doch die allervornehmsten«. Hinzu kam der enge persönliche Umgang, den Wagner über die Jahre hin mit Juden unterhielt, mit dem Pianisten Carl Tausig, dem Schriftsteller Heinrich Porges, Angelo Neumann, Hermann Levi oder Josef Rubinstein. Eine derart wählerische Feindschaft überzeugte um die Jahrhundertwende einen radikalen Antisemiten nicht mehr, sondern bestätigte seinen Affekt allenfalls und war zumindest nicht, wie Hitler es inzwischen sah, die wissenschaftlich gehärtete Erkenntnis vom Rassenkampf als dem Gesetz der Welt. Schon als Dreiundzwanzigjähriger hatte er unter einen von ihm gezeichneten Entwurf eines Siegfried-Kostüms geschrieben: »Jung Siegfried, gut bekannt aus den Tagen der Linzer Oper. Wagners Stück zeigte mir erstmal, was Blutmythos ist.«[15]

Das Zitat weist noch einmal auf den Unterschied zwischen dem Werk und jener Rezeption hin, die unterdessen offensichtlich ganz auf die rassische, vom Blutgedanken beherrschte Linie eingeschwenkt war. Denn die Oper selber oder auch die Figur Siegfrieds gaben für eine Deutung wie diese nichts her. Aber zur Fragwürdigkeit Wagners zählt nicht zuletzt, daß er in Schriften oder Briefen sein Werk unablässig ideologisiert und Verstehensanweisungen ausgegeben hat, die dessen komplexen Charakter ins Eindimensionale verkürzt haben. Bei aller Einzigartigkeit als Künstler blieb er zeitlebens nur ein mittelmäßiger, wenn auch überaus wortmächtiger Essayist, thesenstark zwar, aber ohne Freiheit des Gedankens, und was er vermutlich dafür hielt, war nur dessen Weitschweifigkeit. Immerhin haben seine Schriften der Deutbarkeit des oftmals rätselhaften Werks Vorschub geleistet, und bezeichnenderweise lief dessen Vermittlung zum größeren Teil über die ideologischen Begleittexte.

Daran viel mehr als an die Musik oder die ihr zugrundeliegenden Dichtungen hat auch der sektiererische, gerade den Wagnerschen Antisemitismus verengende und verschärfende Clan der Wagnerianer angeknüpft. Und durch dieses unermüdlich tätige, tief in die Gesellschaft hineinwirkende Kartell erst hat der antijüdische Affekt des Komponisten so zahlreiche Ausweitungen, Überblendungen und Zuspitzungen erfahren, daß ein Verhältnis unmittelbarer Nachfolge zwischen Richard Wagner und Hitler nicht ohne Gewaltsamkeit herzustellen ist. Gewiß bot Wagner alle wesentlichen Ansatzpunkte. Aber es ist, bei lediglich vertauschten Vorzeichen, eine ebenso unerlaubte Vergröberung seines Werks, wie sie hundert Jahre zuvor von seiten der antisemitisch-völkischen Ideologen vorgenommen wurde, wenn behauptet wird, daß »all die Zurückgewiesenen in Wagners Werk … Judenkarikaturen« seien, Alberich, Mime oder Beckmesser, und wenn der »Parsifal« als Beleg dafür herhalten muß, daß »das Judenthema im Grunde Wagners einziges Thema überhaupt ist«.[16]

Anders verhält es sich mit der Wirkung der Textwerke Wagners. Jens Malte Fischer hat nachgewiesen, wie die von dem Komponisten in der Schrift über »Das Judentum in der Musik« gegen Mendelssohn und Meyerbeer gerichteten Einwände die musikalische Kritik an jüdischen Komponisten ganz allgemein beeinflußt haben. Einzelne von Wagner erstmals geprägte Begriffe tauchen durch die Jahrzehnte immer wieder auf und finden sich als Stereotypen im Urteil über Mahler, Offenbach, Kurt Weill oder Franz Schreker noch in populären Musikhandbüchern der jüngsten Zeit: so etwa die These von der Sinnlichkeit dieser Musik, der Kälte ihrer Mittel, ihrem Eklektizismus, dem Mangel an Leidenschaft, Herz und Seele oder ihrer Neigung zur Anhäufung äußerer Effekte, die Wagner als »Wirkung ohne Ursache« definiert hat.[17]

Aber das war gleichsam die Innenspur. Gesellschaftlich hatte der Antisemitismus gegen Ende des Jahrhunderts eine Wendung ins Prinzipielle, Unversöhnliche genommen, die weit über alles Bisherige hinausging. Jetzt waren die Juden nicht mehr nur die treibende Kraft des modernen Verfallsprozesses, sondern die Zerstörer jeder natürlichen Ordnung, die vorsätzlichen Ruinierer der Kultur und allen höheren Menschentums, die durch gezielte rassische Promiskuität einen universalen Vernichtungsauftrag erfüllten. Hitlers Beitrag bestand darin, diese wilden Bastardisierungsphantasien zu einem Wahnsystem auszubauen, das sich zugleich als demagogische Erklärung für alle Ängste, Mißgefühle und Krisenerscheinungen der Gegenwart darbot. Aber er ging noch darüber hinaus. Denn er war nicht der Typus des Intellektuellen, dem eine Theorie über die Ursachen der Weltmalaise schon alle Befriedigungen verschafft, nach denen er verlangt. Vielmehr begriff er jede Einsicht immer auch als ein handlungsbestimmendes Instrument und maß ihren Wert an den politischen Möglichkeiten, die sich daraus herleiten ließen. Auch das unterschied ihn von der zurückliegenden Epoche, der Wagner noch, wenn auch im Übergang, angehört hatte. Mit diesem Machtwillen und zugleich der ganzen Buchstabengläubigkeit des Autodidakten nahm er das Ideengemenge, das er sich schließlich verfertigt hatte, beim Wort und übersetzte es in die Wirklichkeit.

Man mag trotz allem fragen, ob sich aus diesen Hinweisen, die hier nur als Andeutungen formuliert sind, ein qualitativer Sprung ergibt. Jacob Katz hat sich in einer lesenswerten Studie ausdrücklich gegen die Herstellung eines direkten Zusammenhangs zwischen dem Antisemitismus Wagners und dem Hitlers gewandt und, im Gegensatz beispielsweise zu Theodor W. Adorno, am Beispiel der Untergangstheoreme Wagners erläutert, daß damit nicht die physische Vernichtung gemeint und der Begriff überdies auf die Menschheit im ganzen ausgedehnt war. Ihn »speziell auf die Juden zu beziehen«, heißt es dann, »und dadurch mit Hitlers Vernichtungsprogramm in Verbindung zu bringen, ist die Willkür einer rück-gewandten Interpretation«.[18]

Die Frage nach Wagners Antisemitismus wirft das Problem aller geistigen Vorläuferschaft auf. Man weiß, wie schwierig dergleichen zu beantworten ist und wie kompliziert oder oftmals willkürlich die Einflußlinien verlaufen, sofern man nicht nur nach den Bestätigungen vorgefaßter Urteile fahndet. Udo Bermbach hat bei Gelegenheit bemerkt, die Rezeption Wagners sei »schiefgegangen«. Vielleicht doch nicht so ganz oder jedenfalls nur insoweit, als jede Rezeption schiefgeht, die zum Problem wird. In diesem Fall ist freilich zu bemerken, daß die

Abhängigkeit nicht schwer dechiffrierbaren Spuren folgt, sondern in aller Öffentlichkeit eingestanden und der Schriftsteller-Komponist von den Wortführern des NS-Regimes als der große Vorläufer und Ideengeber gefeiert worden ist.

Diese Inanspruchnahme macht die Dinge einfach, womöglich aber auch zu einfach. Denn es könnte sein, daß sie den Blick blendet: All die Anrufungen Wagners waren immer auch Akte der Annexion, nicht anders als die Inszenierungen in den großen Festauftritten der an Bayreuther Grandeur orientierten Reichsparteitage, die nicht zufällig regelmäßig mit der »Rienzi«-Ouvertüre eröffnet und von einer »Meistersinger«-Aufführung begleitet wurden mit all der theatralischen Liturgie der Aufmärsche, Fahnenwälder, Totenehrungen und Fakkelspiele zwischendurch. Zwar hat Bayreuth selber in jenen Jahren durchweg versucht, die Festspiele, bei aller persönlichen Verbindung zu Hitler, von Interventionen durch Staat oder Partei freizuhalten. Aber in den »Meistersingern« von 1943, mit denen die sogenannten Kriegsfestspiele abbrachen, wirkten auf der Festwiese HJ, BdM und Angehörige der SS-Standarte »Wicking« mit, wie der Programmzettel ausweist.[19]

Auch im Untergang des Dritten Reiches kamen noch einmal die unvergessenen Wagner-Reminiszenzen auf, die vertrauten Bilder tragischen Weltenbrandes. Göring beschwor in den Tagen von Stalingrad den Nibelungen-Mythos, und wenn die »Halle voll Feuer und Brand«, die er in die Erinnerung rief, auch nicht auf Wagner, sondern auf die Fassung des Nibelungen-Liedes zurückgriff, war das Bild ohne die Anknüpfung an das Bayreuther Werk nicht zu denken. Vielleicht hat auch die so rätselhaft anmutende schicksalhafte Passivität, mit der sich die Deutschen der Situation ergaben, mit dem katastrophischen Kulturgut zu tun, das nicht zuletzt von Wagner auf sie gekommen war.

Hitler selber jedenfalls hat das Ausweichen vor dem Untergang als eine Ursünde der ringenden Menschheit gesehen. In den immer wieder verwendeten Metaphern von den zerstörten Brücken hinter sich oder den verbrannten Schiffen wird der Gedanke greifbar und findet seinen extremsten Ausdruck in der ebenfalls mehrfach überlieferten Bemerkung, daß das deutsche Volk eben zugrunde gehen müsse, wenn es die Schreckensbewährung nicht bestehe. Die letzten Kriegswochen mit dem Rückzug Hitlers in den Bunker unter dem brennenden Berlin wirken wie eine geschäftig betriebene, ins Historische geweitete Veranstaltung der »Götterdämmerung« oder womöglich auch jenes »Rienzi«, der in den Flammen des Kapitols das Ende erwartet und bei dessen Theatertod ihm damals, Jahrzehnte zurück, der verführerische Schauder großer Untergänge so unverlierbar aufgegangen war, daß er sich »jener Stunde« immer erinnerte. Schon während des Krieges hatten, wie bereits im Ersten Weltkrieg, einige Einsatzpläne als Codewort eine Bezeichnung aus der Wagner-Welt erhalten: Es gab die Decknamen »Rheingold«, »Kriemhild« und, am bekanntesten geworden durch die von den Verschwörern des 20. Juli vorgenommene Umkehrung des Ursprungsgedankens, die »Operation Walküre«.

Auch dies alles nur Andeutungen oder richtiger: Anregungen. Ich denke, es ist an der Zeit, Wagner von der so lange vernachlässigten Außenperspektive her zu betrachten. Und auch dies nicht nur mit den Augen einer einzigen Disziplin, sondern philologisch, politisch, gesellschaftlich, kulturhistorisch, ideologiegeschichtlich und was immer noch. Zwar steht das Werk über allem. Aber unstreitig hat sein Glanz ein suggestives Licht auf die trüben Ideologismen geworfen, die es begleiteten. In dem Laboratorium des 19. Jahrhunderts stellen sie das womöglich explosivste Gemisch dar, das dort zusammengebraut worden ist. Eben dies verlangt nach der Erforschung auch alles dessen, was in seinem Umkreis geschah, wie und wohin es wirkte.

*Um einen Wagner von außen bittend*

Was die Innenansichten betrifft, wissen wir vieles, man ist versucht zu sagen: nahezu alles. Deshalb ist es angezeigt, um einen Wagner von außen zu bitten.

# Luxemburger Impromptu

*Glocken für Horst Janssen*

Ich habe mich manchmal gefragt, warum Horst Janssen der Kunstkritik so viel Mühe macht. Das befremdende Bild, das er abgibt, die Widersprüche, Launen und immer neuen Wege, die er gegangen ist, können es nicht sein. Denn die Vielschichtigkeit seines Werkes, in dem eine Phase die voraufgehende im raschen Wechsel verschlingt, ist im Grunde nie gesehen worden. Statt dessen hat sich die fachliche Kritik von Anfang an und bis zur Verödung auf ein paar früh gestanzte Formeln festgelegt und Werk wie Person mit Klischees gleichsam zugedeckt. Da ist immer wieder von »Exzentrik« die Rede, von »chaotischen Figurationen« oder auch »figuraler Anarchie«, von »blinden Eruptionen«, »Berserkertum« und »kunstvollen Barbareien« – alles Wendungen, die ich hier und da über ihn und seine Arbeiten fand; man könnte Seiten damit füllen.

Dergleichen wiederholt sich nun seit Jahrzehnten, seit Janssens erstem ungestümem Einbrechen in die Kunstszene während der fünfziger Jahre, und niemand wird müde, es von den Vorgängern abzuschreiben. Dabei hätte jedem, der Augen hat, längst aufgehen müssen, daß ebenso und mehr noch das genaue Gegenteil zutraf, also Konzentrik, Ordnung, Disziplin oder Selbstzucht und die Eruptionen eben gerade nicht blind, sondern höchst sehend und gleichsam arrangiert waren. Aber die modische Kritikerideologie ist zu vernarrt in ihr Bild vom exzeßhaften Künstler, als daß sie ihre Vorurteile nur deshalb aufgäbe, weil dieser Künstler es sich herausnimmt, sie Lügen zu strafen.

Eine Formel will ich mir zu Beginn aber doch leisten, wiewohl nur als festen Abstoßpunkt vom Ufer, um ins Offene zu gelangen. Und ich halte mich dabei an Arthur Heuser, den keiner von Ihnen kennt, der auch kein Kunstkritiker war und folglich frei von den Versatzstücken, mit denen diese einfallsloserweise hantieren. Arthur Heuser war ein Hamburger Taxifahrer, der mich einmal, Mitte der achtziger Jahre, vom Hotel zum Flugplatz fuhr. Er hatte die Nacht zuvor mit Janssen verbracht, erzählte er mir, eine Odyssee kreuz und quer durch die Stadt, die schließlich vor irgendeiner verschlossenen Tür endete, mit Szenen, Anklagen und leidenschaftlichen Vorwürfen zu einer dunklen Hauswand hinauf, dann neuerlichem Umherirren, bis sie zuletzt zum Mühlenberger Weg zurückgefahren waren, wo aber kein Ende war, sondern es eigentlich erst begann. Janssen legte eine Platte auf und redete, und wenn die Platte abgespielt war, setzte er den Tonarm an den Anfang zurück. Er habe, sagte der Taxifahrer, das Mozart-Divertimento in jener Nacht an die dreißig Mal gehört. Aber es habe ihm nichts ausgemacht: »Wissen Sie«, versicherte er, »das Leben darf nicht langweilig sein, wenn es die Mühe lohnen soll. Immer nur ruhige Tage, das tut's nicht. Manchmal muß es blitzen und donnern, meine ich. Und da hatte ich nun mal Glück. Immer, wenn's langweilig wurde, traf ich Janssen oder machte, daß ich ihn traf. Bei ihm hat es, solange ich ihn kenne, immer geblitzt und gedonnert.«

Das wäre also eine Formel. Sie gilt natürlich nicht nur für den Menschen Horst Janssen, sondern auch für alles, was er je gezeichnet, radiert und lithographiert hat. Der Berliner Kunsthändler Hans Pels-Leusden, dem wir beide freundschaftlich verbunden waren, hat dafür eine schöne Wendung gefunden: »Ein Werk der Kunst, wenn es den Betrachter ergreifen, beschäftigen, zum Denken oder Empfinden bringen soll, muß dröhnen. Das kann ganz leise geschehen, mit verhaltener oder zitternder Stimme, sogar als stummer Schrei. Aber hören muß man es. Alles andere nennt man Kunstgewerbe.«

Daß bei Janssen, auch in der scheinbar gesicherten Zuflucht der Stilleben, dieses Dröhnen unüberhörbar ist, hat mit den schroff gegensätzlichen und eigentlich unverträglichen Elementen zu tun, aus denen er gemacht ist. Irgendeine unergründliche Schöpferlaune hat da wirklich einmal Feuer und Wasser zusammengebracht. Immer bleibt die ungeheure Spannung spürbar, die ihn erfüllt, und selbst, was ganz beruhigt wirkt, manche Blumen oder Porträts junger Frauen, offenbaren doch, wieviel erst besänftigt werden mußte, damit so anstrengungslos Scheinendes zustande kommen konnte.

Manchmal deutet Janssen aber auch, ganz unverhüllt, darauf hin. Es gibt aus den späten sechziger Jahren eine Zeichnung mit dem Titel »Das Flämmchen von heut' morgen.« Das ist nichts als eine dunkelblaue Weintraube auf hellem Untergrund, einige der äußeren Beeren schon leicht eingetrocknet und geschrumpft, wie auf anderen Darstellungen des gleichen Motivs aus jener Zeit auch. Aber im Unterschied zu den parallelen Arbeiten glimmt in dieser, mitten in der Traube, eine kleine, intensiv gelb und rot leuchtende Flamme.

Das ist, würden die Kunstkritiker sagen, ein surrealistisches Motiv. Aber das ist es nicht bei Janssen. Der Surrealismus ist ja eine Kunstrichtung, die, bald nach ihrem Aufkommen, mehr und mehr witzige Einfälle, Aperçus und manchmal auch bloße Kalauer zu Bildinhalten gemacht hat. Janssen dagegen hatte keinen Einfall gehabt, aus dem er ein Kunststück verfertigte. Ich bin sicher, daß er die Flamme an jenem Morgen ebendort, mitten in der Traube, gesehen hat.

Und diese Flamme ist, oft nur als Glimmer, Glutpunkt oder Kräuseln von den Rändern her, für den genaueren Beobachter auf jeder Arbeit Janssens zu entdecken. Durchweg, auch im Idyllischen, nimmt er zwanghaft wahr, was die Idylle zerstören wird. Es ist der Augenblick, die winzige Verzögerung vor der Verwüstung, die er immer wieder festhält. Die tausend Schrecksekunden, die in allem Glück lauern und uns wissen machen, daß es sogleich enden werde und, während der Gedanke ins Bewußtsein drängt, genaugenommen schon vorüber ist. Er hat mir bei Gelegenheit erzählt, seine Frau Verena habe die Vorstellung geliebt, mit ihm und dem Sohn Philipp im Zimmer um den Ofen zu sitzen. Ihre Phantasie habe keinen Raum für die Vorstellung gehabt, daß jenes Feuer, an dem ihr so warm und behaglich war, das gleiche Element sei, das dieses Zimmer, das Haus und ganze Städte niederbrennen konnte. Er selber habe in der kleinen wärmenden Flamme aber immer nur das große Feuer der Feuersbrünste gesehen.

Dieser beängstigte Durchblick aufs Katastrophenhafte, auf die Flammenschriften, von denen die unberührt scheinenden Wände über und über bedeckt sind, auf die Gefährdungen, die in allen friedlichen Zuständen hausen, auf das Chaos im scheinbar Geordneten und schließlich auf den Tod, der schon im Lebendigen und Gesunden gegenwärtig ist: Das gibt den Arbeiten Janssens das charakteristische Pathos.

Denn natürlich und in der Hauptsache ist er ein Pathetiker. In allem die Vergänglichkeit zu entdecken, die Beeren verdorrt, die Blumen welkend, die Baumstümpfe geborsten, das Fleisch modrig und was man sonst noch nennen will, dergleichen bezeugt eine höchst pathetische Auffassung vom Leben und von der Welt. Sie besagt zugleich, daß es nichts Beiläufiges gibt, nichts Unbedeutendes, weil alles das Abbild von allem ist: das Große im Kleinen erkennbar, der Kosmos im plattgefahrenen Bein eines Froschs. Das ist auch der tiefere Grund dafür, daß der Pathetiker keine Halbheiten dulden kann, weder auf dem Zeichenblatt noch im Leben. Immer gerät er augenblicklich an die äußerste Grenze, und wo es nicht wenigstens um Sein oder Nichtsein geht, hat er das Gefühl verlorener Mühe. Vielleicht ist es das, was Janssen so nachdrücklich von der Gegenwartskunst trennt, die alles zum Experiment erklärt, zum Spiel mit Metaphern, Farben oder Flächen, und sich damit ins Unverbindliche rettet. »Ich habe nie etwas auf die leichte Schulter nehmen können«, hat er mir einmal gesagt. »Eine kleine Flüchtigkeit, irgendwo in einer Ecke auf dem Papier, die kein Mensch je entdecken würde – das wäre schon der Schritt weg vom Königsweg, gleich in die Hölle, die dicht daneben liegt.«

Das ist das Pathos, von dem ich spreche. Ich habe mir, bevor ich diese Überlegungen niederschrieb, einige Hefte jener Reihe angesehen, in der Janssen als Autor auftritt, als Redner, Pamphletist, Prediger, Aphoristiker, Erzähler, sogar als eine Art Troubadour, und immer als bedeutender Schriftsteller. Auch mit dem Geschriebenen verhält es sich nicht anders. Es ist stets, wenn auch manchmal hinter einer frivolen oder scheinbar nachlässigen Sprache verborgen, der große Orgelton, der jeder Zeile unterliegt und einen gewaltigen Widerhall macht. Einmal schreibt Janssen, er wolle jetzt mal vom Pegasus steigen und von der Hochtraberei runter auf die Straße kommen. Aber gleich im nächsten Satz ist von den »Expeditionen (des Zeichners) in die Himmel und die Unterwelten« die Rede, und im übernächsten von den »Glückseligkeiten«, den »schmerzhaften und den wollüstigen«, wie es heißt. So spricht Janssen auf der Straße! Und als die Emdener Ausstellung bei Henri Nannen bevorstand, im Juli 1988, sagte er seine Mitwirkung ab; er sei zu müde, erschöpft bis auf den Tod, wie er schrieb, und führte das in einem handgeschriebenen Brief auf sechzehn Seiten aus, fügte gleich zweiunddreißig Zeichnungen und Collagen hinzu und versprach darüber hinaus noch zehn Radierplatten: Janssen, wenn er sterbensmüde ist. Nein, es geht nicht anders, die Saite ist immer zum Zerreißen gespannt, oder man kann sich das Spiel darauf auch schenken.

Ich erinnere mich an die Arbeit, vor der mir zum ersten Mal,

Anfang der sechziger Jahre und einige Zeit, bevor wir uns kennenlernten, Janssens Rang zu Bewußtsein kam: die Radierung »Selbst dramatisch«. Es ist eines der unverhohlen pathetischen Bildnisse Janssens, das Sebastiansmotiv auf ein Gesicht reduziert, mit Kratzern, Striemen und Wundmalen übersät und gleichsam vor dem Betrachter ausgestellt: das ganze Leiden der Welt und des Menschseins auf zwanzig mal fünfunddreißig Zentimetern.

Nun wird womöglich mancher denken: also doch eine Formel, Jupiter Janssen, in Arthur Heusers Blitz und Donner gehüllt, ein Pathetiker. Aber das ist bei näherem Hinsehen nur die Voraussetzung und sozusagen der Grund, auf dem sich sein Werk entfaltet. Er hat es mit zahllosen Widersprüchen durchsetzt und verschleiert, so daß mitunter der Verdacht aufsteigt, er habe das nicht zuletzt so verwirrend angerichtet, damit es sich gerade nicht zusammenreime.

Denn schon der flüchtige Blick beispielsweise auf seine Selbstbildnisse lehrt, daß er auch ein großer Spieler ist, der sich in Rollen gefällt, Masken und Irreführungen liebt und die Kunst der Vermummung nicht weniger virtuos beherrscht als die mit Bleistift und Radiernadel. Man soll sich nicht täuschen lassen! Viele dieser Selbstbildnisse (und für die anderen Arbeiten gilt das selbstverständlich auch) sind wahre Meisterwerke. Aber die Wahrheit über Janssen offenbaren sie deshalb noch lange nicht. Im Gegenteil sind sie oft gerade um so meisterlicher, je mehr sie von ihm verbergen.

Dieses scheinbare Paradox hat mit einer alten Kunstregel zu tun, wonach das überwältigte Gefühl sich nicht selbst darstellen kann: Der von Panik Ergriffene ist außerstande, die Panik ins Kunstwerk zu übersetzen, der Melancholische die Melancholie, der Mitleidende das Mitleid. Nicht zuletzt das ist der Grund, warum es so viele schlechte Liebesgedichte gibt. Wer ein Madonnenbildnis malen wolle, schrieb Kleist, müsse nicht vorher das Abendmahl nehmen, die Sache sei mit einer »gemeinen Lust an dem Spiel« besser abgetan.

Wer einer Empfindung Form geben will, heißt das, braucht, neben vielem anderen, immer auch Abstand, er muß über die Krise schon hinaus sein. So halten auch Janssens Selbstporträts, die so beredt von Ängsten und Alpträumen sprechen, stets nur einen wie kurz auch immer zurückliegenden Zustand fest, sie sind schon der Ausdruck der Überwindung, der das, was ihn soeben noch außer sich brachte, sozusagen als Bild inszeniert. Wer dazu in der Lage sein will, muß schon wieder festen Grund unter den Füßen haben oder ihn doch gewinnen wollen, und tatsächlich hat sich Janssen ins Selbstbildnis immer wieder geradezu gerettet: Es zwang ihn aus seinen Phobien ins Helle und Kalte der Kunst. Die Menge der Selbstbildnisse zeigt deshalb nicht so sehr, wie immer wieder behauptet wird, seine Selbstverliebtheit an, sondern die Vielzahl überwundener Krisen.

Wo ihm der Sprung aufs feste Land nicht gelang, weil sich die Produktionsunruhe vor der wiedergewonnenen inneren Ruhe einstellte, hält er die Arbeiten für mißraten. Ich kam einmal zu ihm, als er, wie damals oft, ein Selbstporträt zerriß. Er begründete, warum es nichts tauge: Er sei aus der Malaise noch nicht heraus. Und da er das Pädagogisieren liebt und seine Erfahrungen gern in Lebensregeln ummünzt, fügte er hinzu: »Eine der Folgen nicht bewältigter Krisen ist, daß man immer gleich auf den Effekt losarbeitet.«

Janssen hat die Maxime, wonach alle Kunst Distanz benötigt und ihre ergreifendsten Werke sicherlich nicht von den Ergriffenen kommen, vor Jahren einmal, in seiner Rede zur Überreichung des Schiller-Preises, am Beispiel Goyas dargelegt. Goya habe, meinte er, die Bestialitäten, die das Thema der »Desastres de la guerra« sind, gar nicht gesehen, er kannte sie nur vom Hörensagen und machte sich ein Bild von den Opfern wie von den Henkern, beide waren Objekte einer zugleich leidenschaftlichen und kalten Phantasie. Denn, heißt es dann, »er hatte eben die schreckliche Lust des Auges an den imaginären Vorstellungen vom gepeinigten und vom peinigenden Menschen – die Lust des Auges, das sich aus vielen kleinen Bruchstücken konkreter Erfahrungen eine Hölle baut, die Lust eines Auges, das nicht weggucken kann und mal das erschreckend Schöne in der Maya, und mal das hoffnungslos Schreckliche so wie in den ›Desastres‹ darstellt«.

Das ist die gleiche Einsicht, die aus dem Satz Goethes spricht, daß Dichten immer auch Verrat sei. Goya war ein großer Verräter, Janssen ist einer. Die Kollwitz, beispielsweise, war es nicht. Das ist ein moralischer Unterschied, der die Kollwitz auf der besseren Seite sieht. Aber ein künstlerischer ist es auch. Und da verhält es sich umgekehrt. »Wer Kunst sagt«, notierte Edgar Degas, »sagt Treulosigkeit, Doppelspiel, Tücke. Kunst ist Verstellung und Grausamkeit. Kunst ist Laster.« So ähnlich hätte es Janssen selber sagen können.

Kein Zweifel, als er von Goya sprach, sprach er von sich selbst. Denn dieses »lasterhafte« Hinsehenmüssen, dieser Blick bis jeweils an die Schmerzgrenze und darüber hinaus, ist das immer durchscheinende, die so unterschiedlichen Lebens- und Arbeitsphasen einende Kennzeichen. Und vielleicht ist es das, womit er so viel Teilnahme noch an den unscheinbarsten Gegenständen seines Zeichnens erzwingt. Es herrschen da eine Eindringlichkeit und eine Überredungskunst, denen ein aufmerksamer und empfindungsfähiger Betrachter nur schwer entkommt. Und obwohl sich, nach den frühen Jahren mit ihren freien Bildthemen, sein Werk motivisch lange Zeit verengte und immer weniger Sujets aufgriff: Landschaften, Blumen, Porträts und die Zufallssachen vom Arbeitstisch, lassen Spannung und Abwechslungsreichtum, auch wo dies in Ausstellungen ganze Wände füllt, keinen Augenblick lang nach. So weniges und so viel. Und mitunter meint man, er, dessen eigentliche

Schwäche die Verführbarkeit durch das Unmögliche ist, habe sich dabei von der Absicht leiten lassen, im Kleinsten das Ganze darzustellen.

In jedem dieser Bilder ist er mit seiner ganzen Person unverkennbar präsent. Immer drängt er sich in die Szenerie, selbst da noch, wo er sich vorsätzlich heraushalten will. Keiner ist weniger zur Selbstverleugnung imstande als er. Von vielen anderen Beispielen weiß man, wie quälend dergleichen sein kann. Nichts von alledem bei ihm. Die ungeheure Egomanie, die bei Janssen ständig durchschlägt und selbst die scheinbar absichtsloseste Vignette auflädt, würde bei einem Künstler minderen Ranges unerträglich sein. Bei ihm steigert sie alles und dramatisiert es. Noch in einer eingetrockneten Birne, wie er sie oft gezeichnet hat, ist er selber unübersehbar gegenwärtig, obwohl seine Bemühung sich aufs bloße »Abzeichnen« richtet. An den zeichnerischen Etüden des »Novemberbuchs« kann man überprüfen, was damit gemeint ist. Eine Glaskugel, eine Streichholzschachtel, eine Pastillendose: Er will nur dies so getreu wie möglich aufs Papier bringen; aber immer wird zugleich eine Art Selbstporträt daraus.

Zu den Wörtern, die ich oft von Janssen gehört, auch hier und da in seinen Texten gelesen habe und die die vielen oberflächlichen Betrachter seines Werks am wenigstens bei ihm vermuten, gehört das Wort »Demut«. Vor Blättern, Steinen, dem verfaulten Kopf eines Fischs, dem ganzen unerschöpflichen Kosmos der stummen, kaum wahrgenommenen Dinge. Aber es bezeichnet mehr eine Anstrengung als ein Ergebnis. Sie geht dahin, das aufdringliche Selbst auszulöschen oder sich wenigstens augenblicksweise in etwas anderem zu verlieren. Womöglich hat er deshalb Thema für Thema so häufig in Schüben von zwanzig und mehr Variationen durchgearbeitet, immer auf der Spur des Geheimnisses, das in jedem Gegenstand steckt, im Flügel einer Motte so sehr wie unter dem Panzer eines Schalentiers. So lange, bis die Sache oder er selbst erschöpft waren. Und vielleicht liegt hier das andere Motiv für die ständige Rückkehr zum Selbstporträt: als seien es Versuche zur Selbstvergewisserung von jemandem, der sich immer wieder in den Gegenständen bis fast zur Selbstaufgabe verlor.

Der extreme Subjektivismus ist zugleich Janssens Weise, mit dem Elend einer Spätzeit fertig zu werden, der lähmenden Kenntnis so vieler Stile. »Nie sitzen wir allein vor dem Objekt«, hat er einmal geschrieben, »die ganze Gesellschaft längst verstorbener Zeiten sitzt dir im Nacken.« In der ersten Hälfte der siebziger Jahre hat er sich gleichsam umgedreht und die Gesellschaft, die ihm da im Nacken aufhockte, ins Auge genommen. Aber er ist nicht zur Säule erstarrt, das heißt, zum Eklektizisten geworden. Vielmehr hat er sich auch da alles einverleibt, sich fast jede der zurückliegenden Schulen und Ausdrucksformen anverwandelt: Botticelli und Grünewald, Rembrandt, Guardi, Füssli und Caspar David Friedrich, Gavarni, Klinger und das Heer der anderen. Es gibt Skizzen von ihm in der Art Brueghels, Backhuysens und Goethes sowie schließlich »Kopien ohne Vorlage«, in denen er parodistisch mit einem erfundenen Original spielt, das erst noch in der Phantasie des Betrachters zu entstehen hätte. Gleichzeitig aber, in allen Aneignungen, bleibt auch jede dieser Zeichnungen immer und unverwechselbar Janssen. »Kopie« ist nur ein Wort dafür. In Wirklichkeit handelt es sich um Projektionen der eigenen Person in die eines anderen. »Wenn du sehr genau hinsiehst«, hat er bemerkt, »wirst du so tief in deine Betrachtung versinken, daß du die Toten vergißt und ihre Bilder sich auflösen.«

Vor der Gefahr, zum Nachahmer und bloß historisierenden Wiederholungskünstler zu werden, haben ihn sein Selbstbewußtsein und das zuzeiten unbegrenzte Vertrauen in die eigene Kraft bewahrt. In der Tat ging er mit der Unbekümmertheit eines Räuberhauptmanns vor, der die Vergangenheit wie eine Schatzhöhle aufbrach und plünderte. Geschützt hat ihn aber auch, daß er, dem Zufall und den Wünschen seiner Freunde folgend, viele Künstler aus vielen Epochen kopierte – und so viele sind immer weniger als nur ein einziger. Aber wenn es Verwandtschaften gibt, Zusammenhänge mit der Tradition, dann wird man sie vor allem in der deutschen Romantik suchen und finden können.

Zu dieser Romantik zählt er nicht nur als Typus, nicht nur in seinem Außenseitertum, sondern auch im Künstlerischen. Die deutsche Spielart des Romantischen hat immer zwei Richtungen gekannt, die aus der gleichen Quelle kamen und doch getrennte Wege gingen. In Janssens Werk sind beide auf merkwürdige Weise vereint. Die eine ist eine Fratzen- und Gespensterwelt, bevölkert von Dämonen und phantastisch verkrüppelten Wesen, »Klein Zaches« geistert darin herum, und E.T.A. Hoffmann zählt zu ihren Ahnherren; die andere dagegen ruft die sanften Bilder einer Idylle herauf, schwarz schweigende Wälder, Mondlicht, Nacht und Träume. Man kann das eine wie das andere in seinen Arbeiten finden, Spukgestalten, freigelassen aus wer weiß welchen Kellern des Bewußtseins; aber dann auch einen zertanzten Schuh, eine in den Nebel starrende Figur, einen Birkenwald von so überwältigendem Zauber wie nur noch in den Erinnerungsbildern alter Märchen.

Ins Romantische gehört Janssen aber auch in einem hintergründigeren Sinne. Ich weiß nicht mehr, wer das Wort von der »doppelten Optik« der Romantik erfunden hat. Gemeint ist damit die Mischung aus Einfachheit und höchstem Kunstraffinement, aus der Vorliebe für die anspruchslosen Themen und Gegenstände, die aber zugleich als Manövrierplatz für ein geistvolles Versteckspiel dienen, so daß die kritischen Köpfe ebenso zufriedengestellt werden wie diejenigen, denen alle Kunsttheorie und aller komplizierte Kunstwitz nichts bedeuten. In manchen Gedichten vor allem haben die Romantiker dieses hochgesteckte Ziel, die Verbindung von volksliedhafter Schlichtheit und ausgepichtem Artistentum erreicht. Wer sich Janssens Bücher ansieht, das der »Landschaften«, der »Nature morte«, der »Frauenbildnisse« oder »Eros, Tod, Maske«, der findet, was damit gemeint ist, nicht an einigen wenigen, sondern an ungezählten Beispielen wieder.

Und eine Verwandtschaft zum Romantischen gibt es schließlich auf eine dritte Weise. Man hat von der Romantik gesagt, sie sei unablässig auf der Suche nach jenem Zauberwort gewesen, das alle Schrecknisse besänftigen, die Schmerzen lösen und die unerfüllbare Sehnsucht zumindest ahnungsweise, wie im Vorbeiflug, stillen werde. Natürlich hat auch Janssen das Zauberwort nicht gefunden, zumal es zu dessen Eigenart gehört, seinen Zauber zu verlieren, sobald es sich einstellt. Aber niemand unter den zeitgenössischen Künstlern hat ihm so ungeduldig nachgespürt wie er. Noch in dem dauernden Wechsel der Stile, Verfahren und Darstellungsarten ist etwas von jener Neurasthenie enthalten, die zum Wesen alles Romantischen gehört. Von den frühen Holzschnitten über die große Zeichnungs- und Radierblöcke der fünfziger, sechziger und siebziger Jahre, die Landschaften, Mädchenkörper, Totentänze und vieles andere, dann zu der – um eher willkürlich eine Markierung zu setzen – Radierfolge des »Laokoon«, die in der Darstellung von Bäumen und Gehölzen ein Dauermotiv der europäischen Kunst aufgreift und neu erfindet, zum grausigen »Paranoia«-Zyklus, zu »Phyllis«, »Bobethanien« oder was sonst noch, bis schließlich hin zu Lichtenberg: welche unendliche Entfernung und wie viele Stationen!

Ungleich fast allen seinen Zeitgenossen, die sich, bedrängt von den Forderungen des Kunstbetriebs oder den Verlockungen des Marktes, einen Stil, ein bestimmtes Motiv zulegten und dann darin erstarrten, hat er begangene Wege immer wieder abgebrochen und, auf jeweils höherer Ebene, von vorn begonnen. Kaum war die genialische, im Doppelsinne rauschhafte »Gummistiefelphase« vorbei, die bis heute vielen so teuer ist, begann er mit Blumen und sanften Mädchenbildnissen, als wolle er sagen: »Ihr sollt Euch in mir getäuscht haben!« Und so immer wieder, rund fünfzig Jahre lang. Erst unlängst hat er in einem Exerzitium für einen ausgedachten Schüler die Mahnung formuliert, Erfolge nicht zu wiederholen, sondern nur als Kühlung gegen »die Hitze des Ehrgeizes« anzusehen und dann einfach weiterzugehen.

Das einzelgängerische Verhältnis, das Janssen zum Zeitgeist und seinen Voreingenommenheiten unterhält, kommt womöglich am auffälligsten in der Beharrlichkeit zum Ausdruck, mit der er von früh an das Todesmotiv zu seiner Passion im einen wie im anderen Sinne gemacht hat. Denn wie in der gegenwärtigen Gesellschaft ist der Tod auch in der Gegenwartskunst kein beherrschendes Motiv mehr.

Janssen dagegen hat vier große Totentänze gezeichnet oder radiert und ist auf das Thema, das schon in den frühen Arbeiten regelmäßig wiederkehrt, mit einer nie nachlassenden Obsession zurückgekommen: Der Tod als Tanzmeister taucht darin ebenso auf wie der Tod als Galan und verführerischer Freund, als Einflüsterer und als Folterknecht. Immer wieder aber wird er auch als Narr und lächerliche Figur vorgeführt, die sich durch den Künstler verhöhnt sieht, und einmal hält er eine riesige Zeichenfeder über das verendet am Boden hingesunkene Gerippe: Da und in vielen gleichartigen Bilderfindungen tritt wieder der Pathetiker Janssen, der in und über seinen Leidensgrimassen triumphierende Künstler auf, der zwar weiß, daß er mit allen das von einem ungerechten Gott verhängte Schicksal teilt, sterben zu müssen, der zugleich aber in der Gewißheit lebt: das Werk nicht. An das Geschaffene rührt kein Tod.

Janssen ist auf seinen lebenslangen Kreuz- und Querwegen auch auf viel Literarisches gestoßen, auf Thomas Mann und die großen russischen Schriftsteller, auf Edgar Allan Poe, Ambrose Bierce und viele andere. Verblüffenderweise sogar auf Ernst Jünger. Ich habe mich oft gefragt, was diese Verbindung zustande gebracht haben mag, und Ernst Jünger hat mir bei Gelegenheit erzählt, wie bewegend und in einem höheren (oder sagte er »erhabenen«?) Sinne komisch ihr Zusammentreffen in Wilflingen gewesen sei: der disziplinierte, auch im Reden und Gebaren immer etwas offiziersmäßig steife Dichter dort, und sein impulsiver, überschwenglicher Besucher hier.

Janssen, der, wie man weiß, ein untrügliches Erinnerungsvermögen für solche Erlebnisse besitzt, ist es seinen Freunden, wie ich meine, noch immer schuldig, diese Begegnung so bildhaft und lebendig, wie er es kann, aufzuschreiben. Ich habe nie herausgefunden, ob Jünger ihn im literarischen Sinne beeindruckt hat. Ich glaube, nicht. Was Janssen spontan als ebenbürtig empfand, waren vermutlich zunächst die vielen überraschenden, abseits aller herkömmlichen Gedankenbahnen liegenden Einfälle Jüngers, seine unvermuteten Assoziationen, mit denen er gleichsam um Ecken geht, die andere nicht einmal wahrnehmen, und mitunter auch, sozusagen, kurzerhand seitlich durch die Wand.

Das ist das eine. Und das andere ist Jüngers Liebe zum Detail, seine Versessenheit auf das Minimale: den Flügel einer Libelle, den oszillierenden Panzer eines Käfers, das Rippenwerk eines Blatts, die auch in seinem Werk niemals nur für sich selber stehen, sondern Chiffren sind für größere, verborgene Zusammenhänge, die zur Enträtselung ebenso einladen wie zur Selbstbescheidung. Zur »Demut« vor dem scheinbar Geringfügigen. In alledem hat Janssen seinen Lehrer Alfred Mahlau wiedergefunden, das Ethos aus der Schulklasse, das unvergessen blieb, kurzum sich selbst.

Was damit zugleich gesagt ist, wird oft als Einwand gegen Janssen vorgebracht. Er sei, heißt es, in der Tradition hängengeblieben. Richtig ist: Was Janssen immer ganz und gar gleichgültig gelassen hat, waren der Zeitgeist und seine Moden, die Tendenzen, die der eine Tag gebiert und der nächste gleich wieder verschluckt. Er hat den Bruch mit der Tradition in der Tat nicht mitgemacht, dem die zeitgenössische Kunst ein oder zwei Generationen lang das ihr eigene Pathos verdankte, das ihr unterdessen aber abhanden gekommen und einer fast inzestuös anmutenden Selbstbeschäftigung gewichen ist, so daß die Problematik dieser Absage mehr und mehr ins Bewußtsein gerät. Aber »hängengeblieben«, wie es heißt, ist er deshalb nicht. Tradition ist nichts, was mit Stillstand zu tun hat, sondern mit bewahrter, auch und gerade im Weitergehen festgehaltener Erinnerung.

Und nun also: Janssen 65. Wer nur seine Arbeiten kennt, hat Mühe, es zu glauben. Mir beispielsweise kommen manche Blumen, Stilleben, Selbstbildnisse oder Landschaften aus den siebziger Jahren bei aller Innenspannung beruhigter vor, freier und, wenn das Wort passend wäre, abgeklärter als die Exaltationen der jüngeren Phase. Die Kunstgeschichte hat ja ein berühmtes Beispiel solcher Greisenemphase im über neunzigjährigen Tizian, auch über die Ursachen solcher späten Selbstentgrenzung ließe sich nachdenken. Und über Janssen und den Eros – und Janssens Lust an der Groteske – und Janssen und Hokusai – und Janssen und Lichtenberg – und Janssen und die Bücher, in denen er über die Jahrtausendwende hinweg sein Werk oder doch den größeren Teil davon sammeln will – und Janssen als Autor sowie vieles noch.

Aber was ich vortrug, war ohnehin lediglich ein freundschaftliches Impromptu: ein paar Themen nur, kurz angeschlagen und ohne Durchführung. Manches auch ohne Überleitung und etwas abrupt zum nächsten Thema wechselnd. Das liegt am Gegenstand, der kein Ende hat. Und anderes zweifellos disharmonisch klingend und ohne Auflösung: Das liegt an der Person, die so widersprüchlich ist. Von der ich aber nicht zuletzt deshalb gern sprach. Jedermann erwartet am Ende selbst solcher einfallsweisen und von persönlichen Erlebnissen geprägten Bemerkungen eine Art Resümee, einen Schlußsatz, mit dem der Zuhörer nach Hause gehen kann. Ich habe mir überlegt, wie der lauten könnte, ohne am Ende doch noch auf Formelhaftes zu geraten.

Am besten hilft man sich mit einem Zitat. Es macht mir Vergnügen, noch einmal auf den Taxifahrer Arthur Heuser zu kommen, der mir während jener Fahrt zum Flughafen auch das noch sagte: »Wissen Sie, meine Frau is ja nich sehr gebildet, man nur ein einfaches Mädchen aus Ostpreußen. Ich habe ihr viel von meinen Erlebnissen mit Janssen erzählt, und sie wunderte sich immer mehr. ›Du und dieser Janssen‹, sagte sie, ›wie geht denn das nur zusammen?‹ Aber dann besorgte sie sich eines Tages alle Bücher von ihm, die sie im Buchladen oder sonstwo finden konnte. Und als sie die Bücher durchgesehen und das meiste auch gelesen hatte, sagte sie nur: ›Du, Arthur, der Janssen, das ist, würde ich sagen, ein Genie!‹«

Ich weiß, wie ungern Janssen, wenn von ihm die Rede ist, das Wort hört. Aber von Frau Heuser, bin ich ziemlich sicher, läßt er sich's gefallen.

So wäre ich eigentlich am Ende. Doch als ich vor Jahr und Tag, anläßlich der erwähnten Ausstellung bei Henri Nannen, schon einmal eine Rede auf unseren Freund hielt, begannen am Schluß, buchstäblich mit dem letzten Wort, weiß der Himmel weshalb, alle Glocken der Stadt zu läuten. Und da frage ich mich jetzt natürlich: Wo bleiben die Glocken von Luxemburg?

# »Wunderlicher Lebenstraum ... bald ausgeträumt«

*Über den letzten Band der Tagebücher Thomas Manns*

»Zufriedenheit nach bestandenen Abenteuern«, notierte Thomas Mann im Sommer 1953 während der Heimkehr von einer Englandreise mit dem ganzen Wohlbehagen an sich selber und seiner Stellung in der Welt: »Seltsam festlich geräuschvolles Abschnurren des Lebensrestes.«

In der Tat sah er sich in diesen Monaten noch einmal überhäuft mit Auszeichnungen, Ovationen und Ruhm. In England hatte er, nach dem Ehrendoktor von Cambridge, den von Oxford erhalten, Frankreich verlieh ihm das Kreuz der Ehrenlegion und huldigte ihm mit einer Hommage seiner hundertfünfzig bedeutendsten Köpfe, er wurde von Papst Pius XII. in Privataudienz empfangen, erlebte die erfolgreiche Verfilmung des Romans »Königliche Hoheit« und belustigte sich darüber, daß er bei der Premiere wie eine Fürstlichkeit gefeiert wurde und ebenso reagierte: Er war sichtlich auf dem Gipfel angelangt. Zwei Jahre später, an seinem 80. Geburtstag, wird das von ihm beifällig vermerkte Wort umgehen, »daß selten oder nie ein Mensch so gefeiert worden sei«.

Dazu war es nicht ohne sein Zutun gekommen. Sein Leben lang hatte er immer auch der »Großschriftsteller« sein wollen, als der er früh und nicht ohne herabsetzende Absicht ausgerufen worden war, und jene Rolle des Repräsentanten im Auge gehabt, die ihm die Umstände fast verdorben hätten. Am Ende hatte er sich gegen alle Widrigkeiten behauptet, und auf manche Besucher dieser späten Jahre wirkte er nahezu wie das Denkmal seiner selbst, abweisend und rätselhaft wie die Standbilder der Größe immer.

Das Hochgeknöpfte, Steife, von Jugend an Honoratiorenhafte seines Wesens kam ihm dabei zugute, und es ist oft bemerkt worden, daß kein Schriftsteller den bürgerlichen Typus so wie er bis fast zur Karikatur dargestellt habe. Doch war das nur die Außenseite. Sein Werk verneinte, was er darstellte, und deckte Mal um Mal die Widersprüche und Unheimlichkeiten auf, die dicht unter den sorgsam gewahrten »Dehors« verborgen lagen. Noch der Begriff des »Zauberers«, den die Familie für ihn hatte, bezog sich nicht nur auf den Erfinder von Geschichten, Figuren oder jene sinnreich verwickelten Situationen, die sich am Ende kunstvoll in Glück oder Unglück auflösten. Vielmehr meinte er zugleich den Menschen, hinter dessen Förmlichkeit etwas nicht Geheures steckte und der mit Karten spielte, in die er niemanden blicken ließ.

Erst vor diesem Hintergrund wird offenbar, was alles Thomas Mann mit der Zustimmung zur späteren Publikation seiner Tagebücher auf Spiel gesetzt hat: die ganze, mit soviel Umsicht, Ausdauer und Geschick betriebene Inszenierung seines Lebensschauspiels. Denn sie enthüllen ohne eine Spur empfundener Anstößigkeit nicht nur das Private und Intime, erotische Anfechtungen, die Regungen des Undanks, der Herzlosigkeit und andere Schwächen, von denen keiner frei ist, sondern tun mit nachlässiger Gebärde und ohne jedes Pathos der Selbstentblößung auch alles an Glanz und Großartigkeit ab, was ihm so wichtig gewesen war.

Entgangen war ihm die Gefahr keineswegs, in die er damit das absichtsvoll verfertigte Bild brachte, zu dem die Welt überredet werden sollte. Jahre zuvor schon hatte er »über das Falsche, Schädliche und Kompromittierende des Tagebuch-Schreibens« nachgedacht und, als ihm einige frühere Hefte in die Hände fielen, geschrieben: »Grauen vor den alten Dingen.«

Man kann nur vermuten, warum er mit zunehmenden Jahren mehr und mehr darüber hinwegsah. Vielleicht war es Hochmut, vielleicht Greisenstoizismus, womöglich aber auch eine Not, die jeden Stilisierungswillen zerbrach.

Natürlich ist auch in diesem Band, wie in den voraufgegangenen schon, breit und manchmal umständlich, von den Beiläufigkeiten des Tages die Rede: vom Wetter und den Spaziergängen, von den Maßschneidern, Friseuren, Besuchern und Dienstboten, auch von den Unpäßlichkeiten und Malaisen des Alters mit all den Tropfen, Salben und Injektionen, auf die er angewiesen war; ferner von der »Haßverzehrtheit« der Tochter Erika und ihrer »Neigung zur Selbstzerstörung« oder den »kritischen Schändungen« seines Lebens durch literarische Widersacher. Zugleich aber fallen in die Kulissen dieser pedantisch geregelten und in nie ermüdender Selbstbeobachtung überwachten Welt immer dunklere Schatten ein. Der Autor verzeichnet sie nur. »Morgenschwärze« nach dem Aufstehen, heißt es in einer der ersten Eintragungen. Thomas Mann schreibt dergleichen einfallsweise und ohne hohen Kunstanspruch hin. Und doch hält kaum ein Werk der Weltliteratur auf ähnlich erschütternde Weise die Verzweiflung von Ende und Abgang fest, die Erkenntnis zerrinnender Kraft und der Vergeblichkeit allen Trostes. Vor Jahren hatte er, im Hochgefühl seiner erzählerischen Meisterschaft, nicht ohne Ironie bekannt, er wisse mit »Todesfällen« umzugehen: »Darin bin ich nun einmal stark.« Der paradoxe Rang dieser letzten Aufzeichnungen hat damit zu tun, daß er es jetzt nicht mehr war.

Der tiefere, über alle bloßen Anwandlungen hinausreichende Grund seiner Verzweiflung ist unschwer auszumachen. Es war nicht der Tod, an den er gelassen und eher wie an ein Ereignis dachte, dessen rechten Zeitpunkt er unterdessen verpaßt hatte. Was ihn statt dessen unaufhörlich umtrieb, war das Empfinden nachlassender literarischer Energie, die »Arbeitsratlosigkeit, … die mich beschämt und quält«, die Flucht ins »Verbummelte« und in die leere Geschäftigkeit, die keinem Werk mehr diente: »Konfuses, verzetteltes, fruchtloses Dasein«, heißt es einmal, und ein andermal: »Es fängt an, schmählich zu werden.« Leben und Schreiben waren immer eines für ihn gewesen, und wenn dieses endete, verlor auch jenes sein Recht, kein äußerer Erfolg und kein Jubel halfen über das Grundgefühl einer »elenden Existenz« hinweg. »Schrecklich zu denken«, schreibt er am 20. Juni 1953, »daß ich meine Produktionskraft überlebe, da bin und nichts mehr zustande bringe.«

Das Werk, an dem er während dieser Aufzeichnungen die längste Zeit arbeitete, war der »Felix Krull«. Aber kaum eine Erwähnung des Buches verzichtet auf den Hinweis tiefer Geringschätzung, die er für die vor Jahrzehnten abgebrochene, auf Drängen vor allem der Familie wiederaufgegriffene Jugendarbeit empfindet: »Angewidert und leidend«, schreibt er im Blick auf ein Tagespensum und spricht verächtlich von »diesem Quark«. Zum Lebensplan, den er sich zurechtgelegt hatte, gehörte die Schicht um Schicht ins Größere und Menschheitliche geführte Steigerung der Gegenstände bis hin zu einem »Weltabschiedswerk«, wie es Goethe mit dem »Faust« oder Richard Wagner mit dem »Parsifal« hinterlassen hatten. Der unselige »Krull« verdarb ihm dieses Vorhaben und warf ihn gleichsam aus der so inständig begehrten Nachfolge. In einer seiner Eintragungen hat er selber auf diesen Zusammenhang verwiesen: »So ist es, wenn man sich überlebt. Wagner schrieb mit annähernd siebzig Jahren sein Schlußwerk, den Parsifal, und starb nicht lange danach. Ich habe ungefähr im selben Alter mein Werk letzter Konsequenz, den Faustus, Endwerk in jedem Sinn, geschrieben, lebte aber weiter. Der Erwählte, noch reizvoll, und Die Betrogene sind bereits überhängende Nachträge, schon unnotwendig. Was ich jetzt führe, ist ein Nachleben, das vergebens nach produktiver Stütze ringt. Den Krull als einen Faust aufzufassen, den es zu beenden gilt, ist schwer möglich. Noch zu leben, ist fehlerhaft.« Und selbst als der Roman, entgegen allen seinen Befürchtungen über dessen »entwürdigende Wirkung«, ein überwältigender Erfolg wird, verwünscht er ihn als ein Werk, »vor dem ich keine Achtung habe«.

Eine Zeitlang trug er sich mit dem Plan eines Luther-Buches, vielleicht auch einer Reihe von historischen Charakterszenen aus der Reformationszeit, die das erbitterte, auf Leben, Tod und Seelenheil gerichtete Gegeneinander der Epoche spiegeln und »humoristisch« aufheben sollte. Aber auch da stellten sich rasch Müdigkeit und Lähmung ein, die wie immer ausgedehnten Vorarbeiten schufen die Inspiration nicht, die er brauchte, vergeblich mühte er sich um »das Bild einer Composition und Gestaltung«, und nicht einmal ein Titeleinfall zeigte sich, wie er bekümmert festhielt. Bewundernd gedachte er Fontanes und seiner »Leichtigkeit im Alter«, während bei ihm alles stockte und ins Schwerflüssige geriet, er wisse nicht, wie er »noch zu neuer Arbeit finden« solle: »Mir ist so bange um den Rest meines Lebens.«

Verstärkt wurden seine Bedrückungen durch die politischen Aufgeregtheiten der Zeit, in die er sich immer wieder verstrickt sah. Von den Hitlerjahren hatte er rückblickend bemerkt, sie seien »moralisch gute Zeit« gewesen, weil nie strittig war, wofür oder wogegen man sich zu stellen habe. Jetzt kam die Undurchsichtigkeit der Verhältnisse zurück, und wie einst versuchte er, den eindeutigen Parteinahmen auszuweichen, die seinem Wesen zutiefst fremd waren. Zwar hatte er sich in den Weimarer Jahren dazu genötigt, doch war er dabei nie das Gefühl der Selbstverleugnung losgeworden.

Sein Soupçon richtete sich, wie seit den »Betrachtungen eines Unpolitischen« und trotz aller Erfahrungen der Emigration, immer wieder gegen »den Westen«, es waren alte, kulturnationale Reflexe, die in ihm wieder wach wurden und sich auf dunkle

Weise eine Art Heil aus dem Osten versprachen. Die Hysterien der McCarthy-Umtriebe lieferten seinem Affekt zusätzliche Begründungen, Amerika treibe unausweichlich dem Faschismus entgegen, schrieb er, und wolle nirgendwo den Frieden. Seine gereizte Verachtung galt dem »Adenauer-Deutschland«, das sich so vorbehaltlos den USA ergeben und mit der Bundestagswahl von 1953 »aus Führerkult u. Wille zum Wohlleben den dritten Weltkrieg gewählt« habe. Mitunter scheint es, als entsetze ihn die »Korruption und Heuchelei« des Westens mehr als das »blutige Schema« der Herrschaftspraxis im Osten, gegen das er sich keineswegs blind machte.

Insoweit sind diese Aufzeichnungen auch eine Sammlung vielfach horrender politischer Fehlurteile, die bis hin zur Gruppe 47 reichen, in der er nicht viel anderes als ein Produkt der »amerikanischen Lieblingskolonie ›Westdeutschland‹« zu sehen vermochte, ein »freches und unmoralisches Wohlsein nach Schandtaten«, urteilte er. Wie stets mischten sich in seinen Äußerungen zur Politik nie aufgegebene Ressentiments mit Entscheidungsunlust sowie mit überaus persönlichen Motiven. Zwar durchschaute er die »Verlogenheit«, mit der Ostberlin ihn umwarb, aber tiefer verstimmte ihn, daß das offizielle Westdeutschland zu seinem 79. Geburtstag stumm blieb. Als er den hochdotierten Stalin-Friedenspreis aus Sorge vor unliebsamer politischer Inanspruchnahme ablehnt, klagt er, worauf alles er schon, der »freien Welt« zuliebe, verzichtet habe, und rechnet aus, daß die Summe inzwischen rund 300000 Schweizer Franken betrage. Am Ende rettet er sich in eine enthoben-verachtungsvolle Hypochondrie, er lebe nun einmal in einer »Zeit des Schreckens«, die Zukunft gehöre »überall dem Totalitarismus«; und an anderer Stelle: »Ekelhafte Welt.« Die Ergriffenheit, mit der er sich noch lange der Audienz bei Pius XII. erinnerte, hatte sichtlich auch mit der Faszination durch eine Autorität zu tun, die, anders und größer als er, unerreichbar für allen Epochenstreit war. »Kniete nicht vor einem Menschen und Politiker«, heißt es da, »sondern vor einem weißen geistlich milden Idol, das 2 abendländische Jahrtausende vergegenwärtigt ... Leidend und ungläubig erhoben. Elend, Begnadung.«

Darüber hinaus hatte die innere Bewegung, in die ihn die Begegnung versetzte, auch mit seinem lebenslang bewundernden Verhältnis zu allem historischen oder lebensgeschichtlich Überragenden zu tun, und als er etwas später in der Zeitung auf einen Artikel über Michelangelo und Beethoven stößt, vermerkt er: »Es spricht für mich, glaube ich, daß ich mich mit der Größe so gern beschäftige.« Am offensichtlichsten hat das essayistische Werk Thomas Manns, schon in der Wahl der Gegenstände, seiner Empfänglichkeit für das Herausragende Ausdruck gegeben: Immer wieder sind es Porträts oder zum Porträt drängende Themen, die sein Interesse anziehen. Aber auch die bedeutenden Romane sind ohne verehrende, sei es thematische oder kompositorische Anknüpfungen nach hierhin und dorthin nicht zureichend zu verstehen, und womöglich ist sein Gesamtwerk mehr der Bewunderung für meisterliche Vorbilder als dem eigenen, elementaren Ausdrucksverlangen abgewonnen.

Ihm selber blieb dieser Gedanke, der unvermeidlicherweise die Frage seines eigenen Ranges aufwarf, keineswegs verborgen. In die Antwort, die er darauf gab, ist sicherlich etwas von dem Altersgram eingegangen, der ihn um diese Zeit erfüllte. Aber mehr wohl noch von der Kälte des Blicks, die ihm in der Darstellung seiner Romanfiguren so oft vorgeworfen und als Ausdruck misanthropischer oder auch nur verspielter Kunstbosheit gedeutet worden war. Jetzt richtete er diesen Blick gegen sich selber und sein Werk, und seine Wahrnehmung war nicht weniger mitleidlos, wie überhaupt zu sagen ist, daß sich kaum je ein selbstgerührter, larmoyanter Ton in diesen Aufzeichnungen findet.

Einmal notiert er sich ein paar Sätze aus einem Schreiben an die Literaturhistorikerin Anni Carlsson, die ihm ein Manuskript über Richard Wagner geschickt hatte, und mißt bezeichnenderweise das eigene Zustandebringen an dem des Komponisten: »Wagner, der ›sieche‹ Gralshüter«, hält er fest, »der ›Zerbrechende‹, der alte Sünder, war … einer der größten Vollbringer der Welt, ein Werk-Mensch, Werk-Held sondergleichen – und ach, wie liebe und bewundere ich das Vollbringertum, das Werk – jetzt zumal, im Alter, wo es damit für mich aus ist. Ich kann von Glück sagen, daß ich doch mit 25, mit 50, mit 60 und 70 Jahren, mit ›Buddenbrooks‹, ›Zauberberg‹, ›Joseph‹ und ›Faustus‹ etwas wie einen kleinen Vollbringer abgeben konnte.« Dann folgt das kühle, apodiktische Eingeständnis, das im Rückblick auf die eigenen Hervorbringungen nun zusehends häufiger auftaucht: »Wahrhaftig, ich war nicht groß. Aber eine gewisse kindliche Intimität meines Verhaltens zur Größe brachte in mein Werk ein Lächeln der Allusion auf sie, das Wissende, Gütige, Amüsable heute und später erfreuen mag.« Und in einem weiteren, im Anhang abgedruckten Brief aus dieser Zeit verwahrt er sich bei einem jungen Verehrer gegen den Vergleich mit Tolstoj und fügt hinzu, sein Werk habe »etwas auf Größe heiter, ja listig Anspielendes …, – das aber niemanden verführen sollte (mich verführt es schon garnicht), dies Werk selbst für ›groß‹ zu halten. Besten Falls ist es ein Abglanz, ein Widerschein.« Schon ein Jahr früher hatte er im Tagebuch beim Wiederlesen der »Brüder Karamasoff« deren »wilde Größe« gerühmt, die ihn »die kultivierte Mittelmäßigkeit« der eigenen literarischen Bemühung empfinden lasse.

Die Zweifel verließen ihn nun, trotz aller Ehrungen, die weiterhin auf ihn herabgingen, nicht mehr: »Ängstigendes Gefühl einer solennen Auflösung meines Lebens«, schreibt er. Am Ende bleibt kaum mehr als der Stolz, so viele Jahre lang, trotz Emigration, ewiger Wohnungswechsel, familiärer Sorgen und ungezählter gesundheitlicher Plagen stets bei seinem Werk geblieben zu sein und durchgehalten zu haben. Verschiedentlich klingt der Trost an, daß dies die für ihn erreichbare Form der Größe gewesen sei. Jedenfalls fand er einige Genugtuung bei dem Gedanken, jenes bürgerliche Ethos von Arbeit, Ausdauer und Zu-Ende-Bringen bewahrt zu haben, das er an seinen bürgerlichen Kunst-Helden von Goethe bis Richard Wagner so gerühmt und als verwandtes Erbteil erkannt hatte. Nicht ohne Grund taucht in diesem Journal mehrfach die wehmütige Erinnerung an den Vater auf, der nicht mehr erleben konnte, daß aus seinem in die Literatur entlaufenen Sohn doch noch »etwas Ansehnliches« geworden sei. Erst vor dieser Überlegung wird das ganze Ausmaß des Unglücks begreiflich, in das ihn seine Schaffensunlust versetzte: Sie drohte, ihm zu nehmen, was er sich, trotz aller Selbstzweifel, allenfalls noch zugute hielt. »Die Sorge um meine Arbeitszukunft bedrückend bis zum Elend«, heißt es in einer der letzten Eintragungen, wenige Wochen vor seinem Tod.

Noch einmal tauchte damit Lübeck auf, die Erinnerung an die Jahre, die Freunde und die Schauplätze seiner Jugend. Im Sommer 1953 war er zum ersten Mal in die Vaterstadt zurückgekehrt und, zwischen »Huldigungen und Versicherungen der Dankbarkeit« von allen Seiten, mehrfach durch die vertrauten Straßen gefahren; er hatte das »Buddenbrookhaus« besucht, Travemünde und den Schulhof des Katharineums, alles im »Gefühl letzten Wiedersehens« und erfüllt von dem Bewußtsein, daß kaum einer noch da war, zu dem das »Weißt du noch?« zu sagen wäre; und schließlich waren aus der Bilderflut die Gesichter der Freunde aufgetaucht, Armin Martens und Willri Timpe, deren er bewegt gedachte: »Ewige Knabenliebe«, schrieb er. Zwei Jahre später, aus Anlaß seines 80. Geburtstags, war ihm die Ehrenbürgerschaft der Stadt angetragen worden. Und obwohl Erika aufgebracht widersprach, hatte er sich zu der beschwerlichen Reise entschlossen und von »biographischer

Rundung« gesprochen, dem »Gedanken an ›Papa‹« und dem Recht des Alters zu »sentimentalen Regungen«: Er wollte zum Frieden kommen, womöglich auch die Märchen-Erfahrung wiederholen, von der er im Alter gern gesprochen hat: die Umkehrung einstigen Außenseitertums und des Überworfenseins mit der Welt in Jubel und öffentliche Devotion. »Wunderlicher Lebenstraum«, notierte er und setzte hinzu, daß er »bald ausgeträumt sein« werde.

Aus der Arbeitsverlegenheit der letzten Monate hatte er sich durch den Entschluß gerettet, die Festrede zum 150. Todestag Schillers zu halten. Er las Carlyle, Nohl und, zu den historischen Arbeiten des Dichters, Ranke, holte noch einmal die Werke selber hervor, er erwähnt unter anderem »Die Räuber«, den »Wallenstein«, die Gedichte und »mit Rührung die ›Jungfrau von Orléans‹, ... von Jugenderinnerung bewegt«. Schon die bloße Arbeit des Exzerpierens versetzte ihn in jene schöpferische Laune, die er so schmerzlich vermißt hatte. Die im Dokumententeil des Bandes abgedruckten »Notizen zu Schillers Sprache« lassen in ihrer gedrängten Diktion etwas von dem produktiven Glück ahnen, das mit dem Gegenstand und der Aufgabe endlich zurückkam. »Erlebnis erster Sprachbegeisterung durch ihn«, schreibt er, spricht von Schillers »oft verzwickter Gescheitheit der Redeweise«, dem »rhetorisch schmetternden ... Intellektualismus« seines dramatischen Ausdrucks, der »moralistischen Tirade«, die bei dem Dichter dazugehöre, seinem »virtuosen Realismus« und wie er allezeit »in der Sache, im Werk, im Menschheits- und Kulturgedanken rein aufging«. Etwas von Schillers schönem Fieber erfaßte während der Arbeit auch ihn, zum letzten Mal erschütterte und inspirierte ihn fremde Größe zum »Eigenen«.

Doch was er schließlich zustande brachte, war ein Essay, der sich unter der Hand ins Breite und Weitschweifige verlaufen hatte und trotz allen sprachlichen und gedanklichen Glanzes mehr eine Zusammenstellung beflügelter Einfälle war als ein komponiertes Werkstück. Erst durch langwierige Bearbeitung, vor allem mit Hilfe Erikas, formte er daraus den Text der Rede, die er im Mai 1955 in Stuttgart und Weimar vortrug. Er selber aber ließ sich weder vom Beifall, den er wie immer hervorrief, noch von den Beteuerungen der Umgebung in seinem kritischen Urteil beirren. Jedenfalls nannte er die Arbeit »armselig«, auch »unneu und hausbacken«, und gewann nun wohl endgültig die Gewißheit, daß es mit seiner schöpferischen Energie zu Ende sei. Als während der Schlußredaktion innerhalb weniger Tage der Tod dreier Menschen gemeldet wurde, denen er freundschaftlich verbunden gewesen war, registrierte er knapp: »Einer nach dem anderen. Und wann ich?«

Überblickt man die Jahre mit ihren Beängstigungen, ihrer Leere und der als Demütigung empfundenen Arbeitsschwäche, blieb als Trost einzig die Musik. Wann immer die Umstände es erlaubten, beschloß er die Tage mit dem Grammophon und fand so etwas wie Glück oder Erleichterung in dem Gefühl, daß der alte Zauber noch seine Wirkung tat, die Bestrickungen und Schauer sich wieder einstellten, die vor allem von der Musik Richard Wagners kamen, seine Sehnsucht danach war nie ermüdet. Wie eh und je überließ er sich der »herrlichen Dreiklang-Welt« des »Rings«, folgte begeistert, wie er einmal schreibt, gerührt und »mit großer Liebe« dem »Parsifal«, auch Beethoven und Mahler werden genannt und zusehends häufiger das Liederwerk von Schubert, Schumann und den Spätromantikern bis Hugo Wolf: auch dies eine Art Rückkehr ins Gewesene oder doch der Versuch, sich die »Stunden tiefen einsamen Glücks« und der Einblicke »in rührende und große Bedeutsamkeiten« zu vergegenwärtigen, die ihn lebenslang begleitet hatten. Einmal hörte er mehrfach innerhalb weniger Tage das Todeslied aus den »Vier ernsten Gesängen« von Johannes Brahms mit der Schlußzeile »O Tod, wie wohl tust du!«, ein andermal spielte er Schuberts »Musensohn« von einer beim Umzug aus Kalifornien zerbrochenen Platte, »unersetzlich«, klagte er. Doch wichtiger war ihm die Erinnerung, die wie so vieles auch dies wiederherstellte.

Lichtpunkte aus zurückliegenden Jahren. Ende Juni flog er nach Amsterdam und über Den Haag nach Noordwijk, wo er den Sommer 1939 verbracht hatte. »Fühle mich hier so wohl wie ich es noch vermag«, schrieb er ins Tagebuch. Doch zehn Tage später fühlte er, wie ihm das Gehen schwer wurde, der hinzugezogene Arzt stellte eine Thrombose fest, die freilich dem Kranken verheimlicht wurde, und stimmte schließlich zu, ihn in ein Zürcher Hospital zu transportieren. Unvermittelt werden die Eintragungen seltener und brechen schließlich für eine Woche ab. Am 29. Juli verfaßt er die letzte Notiz. Sie berichtet von der Krankheit, auch von »erstaunlichen Fortschritten«, die er an sich beobachte, zugleich aber von »oft großer Niedergeschlagenheit« sowie von einem Gespräch mit dem Arzt über Hannos Tod, und glücklich vermerkt er dessen Äußerung, daß seine Darstellung »eine sehr gute medizinische Einsicht« verrate. Die Schlußsätze lauten: »Das Wetter kühl und regnerisch. – Füttern der Spatzen … Lese Einsteins ›Mozart‹. – Lasse mir's im Unklaren, wie lange dies Dasein währen wird. Langsam wird es sich lichten. Soll heute etwas im Stuhl sitzen. – Verdauungssorgen und Plagen.«

Das Urteil über die jetzt abgeschlossen vorliegenden Tagebücher wäre unfertig ohne den Hinweis auf die beispielhafte, von allen Rezensenten auch der voraufgegangenen Bände zu Recht gerühmte Editionsarbeit von Inge Jens, die seit 1982 beim Tod Peter de Mendelssohns die Herausgabe des Journals übernahm. Ihre Sorgfalt und unermüdliche Spurensuche verhelfen nicht nur dem Leser zum Verständnis der verkürzten, oft schwer entschlüsselbaren Eintragungen, sondern ordnen und weiten das Notizen-Durcheinander erst zum Werk. Mit Ausnahme der frühen Aufzeichnungen von 1919 bis 1921, die aus nie geklärten Gründen die verschiedenen Vernichtungsaktionen überstanden, umfassen die Tagebücher die Zeit vom 15. März 1933 bis zum 29. Juli 1955, zehn Bände insgesamt mit weit über fünftausend Seiten. Sie verändern zwar das Bild des Dichters und seines Werkes nicht wesentlich, fügen ihm aber doch eine Fülle von Einzelheiten und Widersprüchen hinzu, so daß hinter der Figur und ihrem »nie aufgegebenen Rest von Rolle«, glaubwürdig wie nirgends sonst, der Mensch sichtbar wird.

In einem Brief an seine amerikanische Gönnerin Agnes Meyer, der im Apparat des Bandes wiedergegeben ist, hat Thomas Mann seine Vorliebe für Hans-Christian Andersens Erzählung vom »Standhaften Zinnsoldaten« bekannt und hinzugefügt: »Er ist im Grunde das Symbol meines Lebens.« Aber dergleichen war stets nur für die Welt gesagt. Was hinter aller Standhaftigkeit und den steifen Posen des Märchensoldaten stand, hat er in diesen Tagebüchern aufgedeckt. Die Überlegung, was alles er mit der Zustimmung zu ihrer Veröffentlichung aufs Spiel gesetzt habe, ist nicht vollständig ohne den Anschlußgedanken, was alles er damit gewann. Nicht nur das womöglich menschlichste und ergreifendste Buch, das er hinterließ, sondern tatsächlich jenes »Weltabschiedswerk«, um das er sich schon betrogen geglaubt hatte und dessen Entstehung ihm bis zuletzt verborgen geblieben war.

# Anmerkungen

Die Mehrzahl der abgedruckten Beiträge enthält keine Quellennachweise für die angeführten Zitate. Es handelt sich überwiegend um publizistische Arbeiten. Ein wissenschaftlicher Apparat würde sie mit einem Anspruch beschweren, dem sie weder gerecht werden können noch wollen. Nur zu zwei Stücken wurden Einzelnachweise angeführt – in der Erwägung, daß es in diesen Fällen dem Leser erwünscht sein könnte, sich genauer und weiterführend zu informieren. Unnötig zu erwähnen, daß auch alle übrigen zitierten Stellen belegt sind.

## Vorstellung bei der Akademie

An der Darmstädter Akademie für Sprache und Dichtung, in die der Autor 1982 gewählt wurde, ist es Brauch, daß jedes neue Mitglied sich mit einem knappen, allenfalls sechs oder sieben Minuten dauernden Selbstportrait vorstellt. Der Text war etwas zu lang geraten, so daß er gekürzt werden mußte. Die hier vorliegende Fassung stellt den ursprünglichen Umfang wieder her. Die gegen Ende vorgetragene Anregung, jemand möge ein Buch über »Die Geburt der historischen Tragödien aus dem Geist der Utopie« schreiben, habe ich, dem eigenen Dementi zuwider, schließlich doch selber aufgegriffen, zunächst 1983 in einem Vortrag in Paris, dann, im Frühjahr 1990, in der weiter unten angeführten Studie über Heinrich Himmler sowie schließlich, im Sommer 1990, nach Mauerfall und beginnendem Zusammenbruch des Sowjetimperiums, in dem Band »Der zerstörte Traum. Vom Ende des utopischen Zeitalters«, Berlin 1991.

## Alessandro Farneses Caprarola

In gekürzter Fassung erschienen in der *Frankfurter Allgemeinen Zeitung* vom 23. Mai 1992.

## Goethes Fremdheit und Nähe

Vorgetragen am 6. April 1987 in Frankfurt zur Verleihung der Goethe-Plakette der Stadt an den Verfasser; die hier wiedergegebene erweiterte Fassung wurde während des Ersten Kunstfests Weimar im Mai 1990 gehalten.

## Der Süden als der Tod von allem

Beitrag für das Programmheft der Bayreuther Festspiele 1989, abgedruckt in der *Frankfurter Allgemeinen Zeitung* vom 14. Oktober 1989 unter dem Titel »Schön, in der Nähe von so etwas zu leben«.

## Kein Ende der Affäre mit Gott

Vgl. *Frankfurter Allgemeine Zeitung* vom 10. April 1982. Dem Essay ging eine längere Unterredung voraus, die der Autor im März des Jahres mit Graham Greene an dessen provenzalischem Wohnsitz in Antibes geführt hat. Die große Mehrzahl der Zitate geht auf dieses Gespräch zurück. Teile davon sind später, zum 80. Geburtstag des Dichters am 29. September 1984, in der *Frankfurter Allgemeinen Zeitung* abgedruckt worden.

## Würde auf engstem Raum

Vgl. *Frankfurter Allgemeine Zeitung* vom 25. März 1995
Quellenhinweise

1 Ernst Jünger, »Strahlungen«. Bd. 1 und 2, München 1988, Bd. 2, S. 390 (Eintrg. v. 29. 3. 45).

2 Peter de Mendelssohn, abgedr. in: »Der Geist in der Despotie«, Berlin 1953, S. 182 ff. Jünger hat auch die Mitarbeit an Ernst Niekischs Zeitschrift nach 1933 fortgeführt und während des Hochverratprozesses, der diesem 1937 gemacht wurde, der Familie Niekischs Unterkunft gewährt. Als die jüdischen Mitglieder aus dem Traditionsverein seiner Weltkriegseinheit ausgeschlossen wurden, protestierte er dagegen durch seinen eigenen Austritt. Vgl. dazu Heimo Schwilk, »Ernst Jünger. Leben und Werk in Bildern und

Texten«, Stuttgart 1988, S. 305. Ferner Ernst Niekisch »Gewagtes Leben. Begegnungen und Begebnisse«, Köln/Berlin 1958, S. 190ff.

3 »Strahlungen«, Bd. 2, S. 423 (Eintrg. v. 2.5.45).

4 Ernst Jünger, »Sämtliche Werke«, Stuttgart 1987ff., Bd. 7, S. 39.

5 A.a.O., Bd. 9, S. 133.

6 »Strahlungen«, Bd. 2, S. 40 (Eintrg. v. 16.4.43) und S. 430 (Eintrg. v. 7.5.45). Vgl. auch ebd. S. 306 und S. 415.

7 A.a.O., Bd. 2, S. 617f. (Eintrg. v. 2.4.46).

8 E. Jünger, »Sämtliche Werke«, Bd. 7, S. 203. Vgl. dazu auch Dolf Sternberger, »Eine Muse konnte nicht schweigen. ›Auf den Marmorklippen‹ wiedergelesen« in: »Gang zwischen Meistern«, Frankfurt/Main 1987, S. 314.

9 »Strahlungen«, Bd. 2, S. 452 (Eintrg. v. 16.5.45). Den Gedanken des Bruders griff auch Thomas Mann auf und äußerte sich beifällig über Jüngers Weigerung, sich als Figur der Opposition auszugeben: »Das ist mir lieber als das humanistische Schwanzwedeln und die gefälschten Leidens-Tagebücher gewisser Renegaten und Opportunisten.« Vgl. Th. Mann–Agnes E. Meyer, »Briefwechsel 1937–1955«, Frankfurt/Main 1992, S. 649 (Brief v. 14.12.45).

10 »Strahlungen«, Bd. 1, S. 11.

11 A.a.O., Bd. 2, S. 13 (Eintrg. v. 28.2.43).

12 A.a.O., Bd. 2, S. 47 (Eintrg. v. 21.4.43) und ebd., S. 82 (Eintrg. v. 22.6.43).

13 A.a.O., Bd. 2, S. 269 (Eintrg. v. 26.5.44).

14 A.a.O., Bd. 2, S. 245 (Eintrg. v. 3.4.44).

15 A.a.O., Bd. 1, S. 17.

16 A.a.O., Bd. 1, S. 191 (Eintrg. v. 25.6.40).

17 A.a.O., Bd. 2, S. 284 (Eintrg. v. 6.7.44).

18 A.a.O., Bd. 2, S. 457 (Eintrg. v. 26.5.45).

19 A.a.O., Bd. 2, S. 139f. (Eintrg. v. 4.9.43).

20 Thomas Mann, »Tagebücher 1949–1950«, hrsg. v. Inge Jens, Frankfurt/Main 1991, S. 103 (Eintrg. v. 24.9.49).

21 So Karl Korn, »Im gläsernen Turm. Ernst Jünger zum siebzigsten Geburtstag« in *F. A. Z.* v. 27.3.65; ferner »Strahlungen«, Bd. 2, S. 503 (Eintrg. v. 5.8.45).

22 Albert v. Schirnding, »Begegnungen mit Ernst Jünger«, Ebenhausen 1990, S. 39.

23 E. Jünger, »Sämtliche Werke«, Bd. 3, S. 271 f.
24 »Strahlungen«, Bd. 2, S. 216 (Eintrg. v. 22.1.44) und S. 422 (Eintrg. v. 2.5.45).
25 A.a.O., Bd. 1, S. 370 (Eintrg. v. 26.8.42).
26 A.a.O., Bd. 1, S. 97 (Eintrg. v. 2.2.40).
27 A.a.O., Bd. 1, S. 287 f. (Eintrg. v. 9.1.42) und S. 315 (Eintrg. v. 6.3. 42).
28 A.a.O., Bd. 1, S. 473 (Eintrg. v. 31.12.42).
29 A.a.O., Bd. 2, S. 286 (Eintrg. v. 16.7.44).
30 A.a.O., Bd. 1, S. 235 (Eintrg. v. 29.4.41).
31 A.a.O., Bd. 1, S. 16.
32 Wolf Jobst Siedler, »Die Entzifferung der Zeichen. Laudatio auf den Goethe-Preisträger der Stadt Frankfurt«, vgl. *Frankfurter Allgemeine Zeitung* vom 30. August 1982.
33 »Strahlungen«, Bd. 2 S. 636 (Eintrg. v. 13.3.47).
34 A.a.O., Bd. 2, S. 549 (Eintrg. v. 22.9.45).
35 A.a.O., Bd. 2, S. 583 (Eintrg. v. 13.11.45).
36 A.a.O., Bd. 1, S. 434 (Eintrg. v. 2.12.42).
37 A.a.O., Bd. 2, S. 401 (Eintrg. v. 11.4.45).
38 A.a.O., Bd. 2, S. 363 (Eintrg. v. 26.1.45).
39 Vgl. zu diesem Motivkomplex Helmuth Kiesel, »Wissenschaftliche Diagnose und dichterische Vision der Moderne. Max Weber und Ernst Jünger«, Heidelberg 1994, S. 185 ff.
40 E. Jünger, »Siebzig verweht I«, Stuttgart 1980, S. 117 (Eintrg. v. 3. bis 12.8.65).

## »Mit der ganzen Vehemenz, die dem Extrem innewohnt«

Der Essay wurde für ein internationales Symposion verfaßt, das das Institut für Zeitgeschichte, München, im September 1989 in Pforzheim veranstaltete. Er ist abgedruckt in den *Vierteljahrsheften für Zeitgeschichte* 1990/Heft 3, S. 359 ff.

## Die andere Utopie

Das Stück entstand Anfang 1990. Damals wandte sich das Münchner Institut für Zeitgeschichte an einen Kreis von Historikern und Publizisten mit der Bitte, den verstorbenen Direktor des Instituts, Martin Broszat, durch einen Aufsatzband zu würdigen. Da in den Gesprächen des Autors mit M.B., zumal während der Vorarbeiten für »Das Gesicht des Dritten Reiches«, aber auch später noch, Himmler verschiedentlich eine Rolle gespielt und die Frage, ob der Nationalsozialismus als Utopie zu verstehen sei, kontroverse Auffassungen gezeitigt hatte, beschloß ich, diesen Essay als einen wenn auch verspäteten Nachtrag zu unserer Meinungsverschiedenheit beizusteuern. Er ist nie veröffentlicht worden, da der Gedenkband nicht zustande kam. Die Beschäftigung mit dem Thema erwies sich als nützliche Vorstudie für die unmittelbar darauf in Angriff genommene, umfangreichere Betrachtung »Der zerstörte Traum. Vom Ende des utopischen Zeitalters«, Berlin 1991.

## Zeitgenosse Hitler

Einleitung zu der im Oktober 1995 erschienenen Neuauflage des Buches »Hitler. Eine Biographie«, Berlin 1973. Vgl. *Frankfurter Allgemeine Zeitung* vom 7. Oktober 1995

## Das verweigerte Vermächtnis

Rede, gehalten an der Universität Heidelberg am 20. Juli 1994, etwas später auch am Clingendael-Institut in Amsterdam. Der Text lehnt sich streckenweise an das Schlußkapitel des Buches »Staatsstreich. Der lange Weg zum 20. Juli« an, Berlin 1994. Die Erweiterungen beziehen sich überwiegend auf die Debatte, die sich im Sommer 1994, nicht zuletzt angesichts der Ausstellungspraxis in der Gedenkstätte des Bendlerblocks, entzündete.

## Schweigende Wortführer

Vgl. *Frankfurter Allgemeine Zeitung* vom 30. Dezember 1989

## Zwischen Westen und nirgendwo

Der Essay wurde Anfang 1992 als Beitrag für die Festschrift zum 60. Geburtstag von Johannes Gross verfaßt. Die *Frankfurter Allgemeine*

*Zeitung* veröffentlichte ihn am 13. Juni 1992 unter der Überschrift »Nicht wie alle Welt. Aktuelle Bemerkungen zu einer Debatte von gestern«. Der Gefeierte selber regte damals an, das Stück, dem eine begrenzte Seitenzahl vorgegeben war, zu erweitern. Das geschah im Sommer jenes Jahres. Infolgedessen gibt der Text den Kenntnisstand jener Monate wieder. Die Absicht, die Arbeit auf den Stand des Herbstes 1995 zu bringen, erübrigte sich, da die Entwicklung die Überlegungen von damals vollauf bestätigt hat. Eine Aussöhnung der Intellektuellen mit der Lage hat, im Grundsatz jedenfalls, nicht stattgefunden. Beispielhaft offenbart das Peter Rühmkorf, der in seinem im Herbst 1995 veröffentlichten Tagebuch während der Vereinigungstage notierte, daß er mit der neuen Welt »nichts Rechtes mehr anfangen« könne: »Ein Vernichtungsgefühl«; und natürlich Günter Grass, der seinen pompös vorgetragenen Widerspruch gegen den Einigungsprozeß in dem ebenfalls im Herbst 1995 veröffentlichten Roman »Ein weites Feld« noch erheblich verschärft hat.

## Das nie endende Menetekel der Geschichte

Das Stück entstand auf Anregung von Dieter Brusberg aus Anlaß des 70. Geburtstags von Bernhard Heisig. Es ist abgedruckt in dem von der Galerie herausgegebenen Katalog der Ausstellung, vgl. »Brusberg Dokumente«, Nr. 35. Eine stark gekürzte Fassung erschien am 5. Juni 1995 in der *Frankfurter Allgemeinen Zeitung*.

## Um einen Wagner von außen bittend

Vortrag, gehalten am 16. August 1994 auf einem von Udo Bermbach und Dieter Borchmeyer veranstalteten Symposion in Bayreuth zu dem Thema: »Richard Wagner – ›Der Ring des Nibelungen‹. Ansichten eines Mythos«. Gekürzte Fassung in der *Frankfurter Allgemeinen Zeitung* vom 1. Oktober 1994.

Quellenhinweise

1 Heinz-Klaus Metzger/Rainer Riehl (Hrsg.), »Richard Wagner. Wie antisemitisch darf ein Künstler sein?« Musik-Konzepte, Bd. 5, München 1978. Zu den Ansätzen einer Wirkungsgeschichte ge-

hört trotz aller grellen Übertreibungen, Hartmut Zelinsky, »Richard Wagner – ein deutsches Thema. Eine Dokumentation zur Wirkungsgeschichte Richard Wagners 1876–1976«, Frankfurt/Main 1976, dessen auch anderwärts bekundeter obsessiver Vortrag gerade sichtbar macht, wie weit der Weg zu einem nüchternen Urteil ist. Ferner: Michael Karbaum, »Studien zur Geschichte der Bayreuther Festspiele«, Regensburg 1976.

2 Vgl. dazu Dieter Borchmeyer, »Wagner-Literatur. Eine deutsche Misere. Neue Ansichten zum ›Fall Wagner‹« in: *Internationales Archiv für Sozialgeschichte der deutschen Literatur,* 3. Sonderheft.

3 Brief an Karl Gaillard vom 5. Juni 1845, zitiert nach Hans Mayer, »Richard Wagner in Selbstzeugnissen und Bilddokumenten«, Hamburg 1959, S. 37.

4 Friedrich Nietzsche, »Der Fall Wagner« in: »Sämtliche Werke«. Kritische Studienausgabe in 15 Bänden hrsg. von Giorgio Colli und Mazzino Molinari, München 1980, Bd. 6, S. 21 f., S. 323 f.

5 Fritz Stern, »Kulturpessimismus als politische Gefahr. Eine Analyse nationaler Ideologie in Deutschland«, Bern/Stuttgart 1963, S. 118 f.

6 Ebenda, S. 167.

7 Ebenda, S. 168.

8 Vgl. Kurt Rietzler, »Tagebücher, Aufsätze, Dokumente«, Göttingen 1972, S. 73 f.

9 Ernst Hanisch, »Die politisch-ideologische Wirkung und Verwendung Wagners«, in: Ulrich Müller/Peter Wapnewski, »Richard Wagner-Handbuch«, Stuttgart 1986. Hanischs Darstellung zählt zu den wenigen Arbeiten, die auf die politische Wirkung Wagners verweisen.

10 Joachim C. Fest, »Hitler. Eine Biographie«, Berlin 1973, S. 252 ff.

11 Ebenda, S. 75.

12 August Kubizek, »Adolf Hitler, mein Jugendfreund«, 4. Aufl., Graz/Stuttgart 1975, S. 111 f.

13 Thomas Mann, »Gesammelte Werke«, Frankfurt/M 1974, Bd. XII, S. 848.

14 Hermann Rauschning, »Gespräche mit Hitler«, Zürich/Wien/New York 1940, S. 215 f. Die Aufzeichnungen Rauschnings begegnen zwar zunehmend kritischen Einwänden, und tatsächlich darf man

die Wörtlichkeit der von ihm wiedergegebenen Äußerungen Hitlers nicht hoch veranschlagen. Sie sind sichtlich stark stilisiert und streckenweise auch ergänzt. Aber im Faktischen treffen sie doch in einem Maße zu, das in den Polemiken gegen Hermann Rauschning keine Berücksichtigung fand. Das belegen beispielsweise die von ihm zur Zeit des Hitler-Stalin-Pakts übermittelten Pläne für die Eroberung und rücksichtslos imperiale Ausbeutung des russischen Raumes, die damals so starken Zweifeln begegneten, und doch, wie sich alsbald herausstellte, die Praxis der Ostpolitik weithin zutreffend beschrieben. Eine abgewogene, von allem Enthüllungs- und Anprangerungsfuror freie Würdigung der »Gespräche mit Hitler« steht noch aus. Golo Mann, der mit Rauschning bekannt war und dessen Glaubwürdigkeit mit kühler Sympathie beurteilte, hatte sie dem Verfasser mehrfach zugesagt, zuletzt noch im Jahre 1990. Doch kam es dazu nicht mehr.

15 »Hitler. Sämtliche Aufzeichnungen 1905–1924«, hrsg. von Eberhard Jäckel zusammen mit Axel Kuhn, Stuttgart 1980, S. 53.

16 So im Anschluß vor allem an Th. W. Adorno: Hartmut Zelinsky in »Wie antisemitisch darf ein Künstler sein?« Musik-Konzepte 5, a.a.O., S. 79ff. sowie »Parsifal«, Musik-Konzepte 25, München 1982, S. 74ff.

17 Jens Malte Fischer, »Das ›Judentum in der Musik‹. Kontinuität einer Debatte«, in: »Conditio Judaica. Judentum, Antisemitismus und deutschsprachige Literatur vom Ersten Weltkrieg bis 1933/38«, 3. Teil. Hrsg. von Hans Otto Horch und Horst Denkler, Tübingen 1993, S. 227ff.

18 Jacob Katz, »Richard Wagner, Vorbote des Antisemitismus«, Königstein 1985, S. 203f.

19 Attila Csampai/Dietmar Holland (Hrsg.), »Richard Wagner. Die Meistersinger von Nürnberg. Texte, Materialien, Kommentare«, Reinbek 1981, S. 168.

## Luxemburger Impromptu

Um den vorhersehbaren Turbulenzen seines 65. Geburtstags zu entgehen, hatte Horst Janssen eine Einladung nach Luxemburg angenommen. Dort richtete ihm die Deutsche Bank eine Feier aus, die mit einer umfangreichen Ausstellung von jüngst entstandenen Zeichnungen zu Georg Christoph Lichtenberg verbunden war. Die hier abgedruckte Rede wurde auf dieser Veranstaltung am 19. November 1994 gehalten.

## »Wunderlicher Lebenstraum ... bald ausgeträumt«

Vgl. *Frankfurter Allgemeine Zeitung* vom 5. Dezember 1995.

# Personenregister